Uni-Taschenbücher 1370

UTB FÜR WISSEN SCHAFT

Eine Arbeitsgemeinschaft der Verlage

Wilhelm Fink Verlag München
Gustav Fischer Verlag Jena und Stuttgart
Francke Verlag Tübingen
Paul Haupt Verlag Bern · Stuttgart · Wien
Hüthig Verlagsgemeinschaft
Decker & Müller GmbH Heidelberg
Leske Verlag + Budrich GmbH Opladen
J. C. B. Mohr (Paul Siebeck) Tübingen
Quelle & Meyer Heidelberg · Wiesbaden
Ernst Reinhardt Verlag München und Basel
F. K. Schattauer Verlag Stuttgart · New York
Ferdinand Schöningh Verlag Paderborn · München · Wien · Zürich
Eugen Ulmer Verlag Stuttgart
Vandenhoeck & Ruprecht in Göttingen und Zürich

Grundwissen der Ökonomik
Betriebswirtschaftslehre

Herausgegeben von

F. X. Bea, Tübingen
E. Dichtl, Mannheim
M. Schweitzer, Tübingen

Werbung

Eine Einführung

Günter Schweiger · Gertraud Schrattenecker

78 Abbildungen

3., bearbeitete und ergänzte Auflage

Gustav Fischer Verlag · Stuttgart · Jena

Anschrift der Verfasser:

o. Univ. Prof. Dr. Günter Schweiger
Dr. Gertraud Schrattenecker
Wirtschaftsuniversität Wien, Institut für Absatzwirtschaft
Augasse 2–6, A 1090 Wien

Die Deutsche Bibliothek – CIP-Einheitsaufnahme

Schweiger, Günter:
Werbung : eine Einführung / Günter Schweiger ; Gertraud Schrattenecker. – 3., bearb. u. erg. Aufl. – Stuttgart : G. Fischer, 1992
(UTB für Wissenschaft : Uni-Taschenbücher ; 1370) (Grundwissen der Ökonomik : Betriebswirtschaftslehre)
ISBN 3-437-40271-4
NE: Schrattenecker, Gertraud:; UTB für Wissenschaft / Uni-Taschenbücher

Gesamtherstellung: Friedrich Pustet, Regensburg
Umschlaggestaltung: Alfred Krugmann, Stuttgart
Printed in Germany

Vorwort der Herausgeber

Für die Studierenden im Anfänger- wie im Fortgeschrittenenstadium ist es erfahrungsgemäß eine große Hilfe, wenn ihnen der Stoff eines Teilgebietes eines Faches in einer knappen, systematisch aufbereiteten und leicht faßlichen Form dargeboten wird. Gleichzeitig müssen sie die Gewißheit haben, daß die wichtigsten Inhalte in einer Weise abgedeckt sind, die den jeweiligen Prüfungserfordernissen Rechnung trägt.

Diesem Ziel dienen die Uni-Taschenbücher (UTB), die wir in der Reihe «Grundwissen der Ökonomik: Betriebswirtschaftslehre» beim Gustav Fischer Verlag, Stuttgart – New York, herausgeben. Die Themen der einzelnen Bände sind so gewählt, daß davon der Wissensbereich der modernen Betriebswirtschaftslehre erfaßt wird. Welche Werke bereits erschienen sind, geht aus einer Übersicht am Ende dieses Buches hervor. Die Liste zeigt, daß der Plan, der für die Reihe Pate gestanden hat, in seinen wesentlichen Elementen in die Tat umgesetzt werden konnte.

Als Autoren konnten Hochschullehrer gewonnen werden, die dank der Verschiedenheit von Alter, Herkunft und Wissenschaftsauffassung die Gewähr dafür bieten, daß der Charakter der Reihe von keiner bestimmten Schulrichtung geprägt, sondern ein getreues Abbild der Wissenschaftsvielfalt in der Betriebswirtschaftslehre geboten wird.

Eine Besonderheit der Reihe besteht im übrigen darin, daß Bände, bei denen es sich vom Gegenstand her anbietet, durch Arbeitsbücher ergänzt werden. Diese Studienhilfen dienen vor allem der Vertiefung theoretischer Erörterungen, der Einübung von Wissen und der Anwendung des Erlernten auf praktische Fälle. Außerdem sind sie ein nützliches Instrument für eine wirksame Lernkontrolle. Mit diesem Konzept ist zugleich die Chance verbunden, die Tätigkeit von Dozenten didaktisch zu unterstützen und sie von Arbeiten zu befreien, deren Erledigung zwangsläufig zu Lasten vordringlicher Aufgaben ginge.

Abschließend sei noch darauf hingewiesen, daß Teil der Reihe eine «Allgemeine Betriebswirtschaftslehre» in drei Bänden ist, die, von einem Expertenteam verfaßt, die Klammer um die einzelnen Titel bildet. Die positive Aufnahme, die diese am Markt gefunden hat, führte bereits nach kurzer Zeit zu Neuauflagen, eine Gelegenheit, die von Autoren und Herausgebern zu beträchtlichen Erweiterungen und Verbesserungen genutzt wurde.

Mannheim und Tübingen, Juli 1986

F. X. Bea
E. Dichtl
M. Schweitzer

Vorwort der Verfasser zur 3. Auflage

Vorliegender Band hat sich zur Aufgabe gestellt, eine Einführung in das betriebswirtschaftliche Teilgebiet «Werbung» zu geben. Werbung ist ein äußerst vielschichtiges Phänomen, das unter den verschiedensten Aspekten betrachtet werden kann. Häufig wird im Zusammenhang mit Werbung an kreative und gestaltungsbedingte Aspekte gedacht. Damit aber die Effektivität der Werbung in ihrer absatzwirtschaftlichen Funktion gewährleistet wird, bedarf es umfassender betriebswirtschaftlicher Planungsprozesse. Diese sollen in vorliegendem Buch aufgezeigt werden. Ebenso wird auf Anwendungsmöglichkeiten verhaltenswissenschaftlicher Erkenntnisse in der Werbepraxis eingegangen. Da das Buch als Einführung in das Marketinginstrument «Werbung» gedacht ist, wurden alle wesentlichen Themen der Werbung behandelt, wie begriffliche Grundlagen, Werbung als Marketinginstrument, Werbeplanung, Werbeanalyse, Budgetierung, Zielgruppenbestimmung, Streuplanung, Botschaftsgestaltung, Erfolgsprognose und Kontrolle, rechtliche Bestimmungen und gesellschaftliche Rahmenbedingungen. Zahlreiche Beispiele und Abbildungen veranschaulichen die Theorie.

Das Buch richtet sich somit als Einführung sowohl an Studenten des Fachgebietes «Werbung» als auch an Praktiker in der Wirtschaft. Kapitelweise zusammengefaßte Literaturhinweise ermöglichen im Bedarfsfall eine vertiefende Auseinandersetzung mit den entsprechenden Spezialproblemen.

In der 3. Auflage konnten zahlreiche Beispiele aufgenommen werden. Dies gilt insbesondere für die Abschnitte Positionierung, Copy Strategy und Imagetransfer. Hinzugekommen ist das wichtige Kapitel der Nutzung des Herkunftsland-Effekts in der Werbung, insbesondere in der Exportwerbung.

Durch diese internationalen Beispiele sollen einerseits die Attraktivität des Buches verbessert und andererseits nicht nur das internationale Schrifttum, sondern auch die internationale Werbung Eingang in dieses Buch finden. Die Verfasser hoffen, daß die 3. Auflage damit Spaß am Lesen bereitet. Trotz der zahlreichen zusätzlichen Beispiele und inhaltlichen Ergänzungen gelang es, den knapp bemessenen Umfang weiterhin beizubehalten.

Wien, im März 1992

Dr. Günter Schweiger
Professor für Werbewissenschaft und Marktforschung

Dr. Gertraud Schrattenecker
Marketingleiter Schneekoppe GesmbH

Inhalt

Geschichte der Werbung

Will man sich eingehend mit Werbung beschäftigen, ist es nötig, auch einen kurzen Blick auf ihre Entstehungsgeschichte zu werfen: Werbung ist so alt wie bewußtes Wirtschaften; allerdings war sie nicht immer das moderne Marketinginstrument, als das wir sie kennen, sondern hat sich erst im Laufe vieler Jahrhunderte zu dem entwickelt, was sie heute ist.

Ihre Entstehung ist unmittelbar verknüpft mit dem Beginn der Herstellung von Waren und Dienstleistungen, die nicht mehr ausschließlich zur Deckung des Eigenbedarfs benötigt wurden, und sie diente der Information der potentiellen Käufer.

Das Wort «werben» selbst hat seinen Ursprung in dem althochdeutschen Wort «werban» bzw. «wervan», das «sich drehen», «hin- und hergehen», «sich bemühen» und «etwas betreiben» bedeutete.

Das erste, jemals eingesetzte Werbemittel war zweifellos die menschliche Stimme. Ausrufer für den Verkauf sind schon für das antike Ägypten belegt. Die Stimme wirkt nicht nur durch den Wortinhalt, sondern auch durch Variation der Tonhöhe, Tonfolge und Modulation.

In Babylon hatten die Händler angeblich bereits Tafeln, auf denen in Keilschrift alle Waren aufgelistet waren, die angeboten wurden. Diese Tafeln befanden sich vor dem Verkaufsort und dienten dazu, Kunden anzulocken.

Im Athener Agora Museum findet man Beispiele antiker Güte- und Herkunftszeichen. Diese wurden auf den zu Lagerung und Transport von Wein dienenden Amphoren eingebrannt. Die Zeichen stimmten vielfach mit den zu dieser Zeit für die Münzprägung verwendeten Motiven überein. Es ist belegt, daß Münzen damals – neben ihrer Hauptfunktion als Zahlungsmittel – auch als Werbemittel eingesetzt wurden.

Bei Ausgrabungen in Pompeji fand man Öllampen aus Ton, die bereits damals in sehr hohen Stückzahlen produziert wurden. Diese überwiegend schmucklosen Massenprodukte tragen fast ausnahmslos am Außenboden den Namen des Herstellers als Firmennamen und sind unter der Bezeichnung «Firmalampen» bekannt. Schon in der Antike wurden also in Massen hergestellte Waren werblich gekennzeichnet, um den Verkauf zu fördern.

Auch in der Austria Romana hatten Firmen- und Markenzeichen schon Bedeutung. In der Gegend um den Magdalensberg (Kärnten) bestand ein bedeutendes Handelszentrum, das auf einen im Jahr 170

v. Chr. geschlossenen Handelsvertrag zwischen Rom und Noricum zurückging. Unter zahlreichen Scherbenfunden befinden sich auch solche mit Inschriften über Art, Qualität und Erzeuger der beinhalteten Waren; so gibt es Überreste von Tongefäßen mit Beschreibungen von Öl, Fruchtsäften und Gewürzen. Ebensolche Töpferware wurde in Carnuntum gefunden, da die Römer auf Qualitätsdeklarationen großen Wert legten.

Die folgenden Jahrhunderte in der Entstehungsgeschichte der Werbung sind nur unzureichend dokumentiert. So war Werbung im Mittelalter zum Schutz der Zünfte nur in Ausnahmefällen gestattet, wie z. B. bei allgemeinen Aufrufen, Häuser aus Sicherheitsgründen aus Stein zu bauen. Eine weitere Ausnahme bildete Werbung für inländische Produkte, die obrigkeitlich geduldet wurde, während Werbung für Produkte aus fremden Ländern verboten war.

Bereits zu dieser Zeit wurde auch die Bedeutung von Bildern für die Kommunikation erkannt, und zwar vor allem als Möglichkeit, auch Schichten zu erreichen, die nicht lesen und schreiben können. Gregor der Große stellte bereits im 6. Jahrhundert n. Chr. folgendes fest: «Was ein Buch für die ist, die lesen und schreiben können, ist ein Bild für alle – auch für die Ungebildeten. Sie können in den Bildern lesen, als ob es Bücher wären.» Bilder hatten damals vor allem für die Vermittlung von religiösen Inhalten Bedeutung, wobei vielfach Angstappelle eingesetzt wurden: drastisch wurde gezeigt, was jemand zu erwarten hatte, der sich gegen den Glauben stellt; mittels Hell-Dunkel-Kontrasten wurde der Gegensatz zwischen Gut und Böse veranschaulicht.

Ihren ersten wesentlichen Bedeutungsaufschwung verzeichnete die Werbung mit dem Aufstieg der Städte als Ballungs- und Handelszentren im Spätmittelalter. Neben den seßhaften Händlern und Handwerkern gab es damals eine Vielzahl von Reisenden, die ihre Waren durch lautes Rufen anboten. Neben diesen Händlern, die ihre Waren selbst anpriesen, gab es noch professionelle Ausrufer, die fremde Botschaften verkündeten. Diese waren die ersten reinen Werbemittler.

Die Erfindung der beweglichen Buchdrucklettern durch Johannes Gutenberg Anfang des 15. Jahrhunderts eröffnete schließlich ungeahnte Möglichkeiten auch für die Werbung. Noch bevor die ersten redaktionellen Zeitschriften erschienen, entstanden in Frankreich zu Beginn des 17. Jahrhunderts Anzeigenblätter, in denen nur persönliche werbliche Botschaften veröffentlicht wurden. In weiterer Folge entwikkelten sich Zeitschriften mit Schwerpunkt auf dem redaktionellen Teil parallel zu reinen Anzeigenblättern, in denen nur fallweise redaktionelle Beiträge erschienen.

Durch diese Entwicklung änderte sich schließlich auch der Inhalt der

Werbung: War es früher das alleinige Ziel gewesen, auf die angebotenen Güter und Dienstleistungen aufmerksam zu machen, also Informationen über Art und Preis der Waren zu vermitteln, so konnte die gedruckte Anzeige nun eine viel längere und ausgefeiltere Botschaft transportieren.

Die Entwicklung der modernen Werbung ist in hohem Maß an die industrielle Revolution gekoppelt, die Anfang des 19. Jahrhunderts voll einsetzte. Diese veränderte nicht nur die Technik und die Wirtschaft, sondern auch die Gesellschaft und den Menschen selbst und leitete damit ein neues Zeitalter ein.

Der technische Fortschritt und zahlreiche bedeutende Erfindungen machten es möglich, Güter in großen Mengen zu produzieren. Diesem drastisch gestiegenen Angebot stand anfangs jedoch nur eine geringfügig wachsende Nachfrage gegenüber. Dadurch waren die Produzenten gezwungen, alle erdenklichen Maßnahmen zur Steigerung der Nachfrage zu ergreifen. Dies und eine Reihe von Erfindungen in Hinblick auf Gestaltungs- und Verbreitungsmöglichkeiten von Werbemitteln bewirkten den Aufschwung der Werbung in ihrer heutigen Form.

Bereits um die Mitte des 19. Jahrhunderts entdeckten die neu entstandenen Zeitungen die Möglichkeit, aus dem Verkauf von Anzeigen zusätzliche Erlöse zu erwirtschaften. Diese Einnahmequelle gewann in der Folge rasch an Bedeutung und durch die ständige Verbesserung der drucktechnischen Möglichkeiten wurde die Zeitung als Werbeträger auch für die Werbungtreibenden immer interessanter.

Während die ersten Inserate in der Regel den Leser noch eher durch zu lange Texte ermüdeten als ihn zum Kauf eines bestimmten Produktes zu bewegen, bildete sich nach und nach eine gewisse Technik der werbewirksamen Anzeigengestaltung heraus, die vor allem in den USA zu einer rasanten Entwicklung des Inseratenwesens führte. Mit einigem Abstand folgten schließlich auch England und Frankreich, sowie die restlichen europäischen Länder.

In diese Zeit – Mitte des vorigen Jahrhunderts – fällt auch die Gründung der ersten Werbeagenturen, die anfangs nur Anzeigenraum in Zeitschriften vermittelten; die allererste Agentur wurde 1841 in den USA gegründet. Viele Firmen schätzten bald die Vorteile, die ihnen die Agentur durch ihr Fachwissen bieten konnte, und das Geschäft begann zu florieren.

Ähnlich verlief die Entwicklung des Plakats. Handgemalte und -geschriebene Anschlagzettel hat es wohl schon sehr lange gegeben; sieht man jedoch ein wesentliches Charakteristikum des Plakats darin, daß es sich dabei um ein reproduzierbares Werbemittel handelt, so darf man erst die mittels Holzschnitt produzierten Anschlagblätter als Plakate bezeichnen. Diese Technik der Holzschnitts stammte ursprünglich aus China und bildete die Grundlage für Gutenbergs bewegliche Lettern.

Ende des 18. Jahrhunderts brachte Senefelder durch die Erfindung der Lithographie die entscheidende Änderung in der Plakattechnik. Allerdings blieb das Plakat in dieser Form noch schwarz-weiß; erst die Erfindung des Siebdrucks 1846 brachte und ermöglichte den Durchbruch der farbigen Plakate.

Einen künstlerischen Höhepunkt verzeichnete das Plakat zu Beginn dieses Jahrhunderts in Frankreich, als sich so berühmte Maler wie Jules Cheret, Edouard Manet oder Henri de Toulouse-Lautrec der Plakatgestaltung widmeten.

1854 gestaltete der Buchdrucker Ernst Litfaß die nach ihm benannte Plakatanschlagsäule, die von Berlin ausgehend die Welt eroberte. Während das kommerzielle Plakat sich in Deutschland erst allmählich durchsetzte, war es in Amerika schon in den 70er Jahren des vorigen Jahrhunderts ein beliebtes Werbemittel. Sehr früh schon wurden dort auch 20- und 30-Bogen-Formate eingesetzt, und auch die erste Kritik an der «Verschandelung des Straßenbilds» durch diese Plakate kam bald darauf aus den USA.

Im Lauf des 20. Jahrhunderts wurden die beiden Werbeträger Zeitung und Plakat durch weitere Neuerungen entscheidend verbessert. 1905 wurde in Amerika das Offset-Druckverfahren entwickelt, das den schweren und unhandlichen Bleisatz ablöste. Es folgten der Licht- oder Photosatz und schließlich, als zur Zeit letzte Stufe, der Computersatz. Das Schlagwort «Desktop-Publishing» leitet derzeit eine neue Ära in bezug auf Satzherstellung und grafische Gestaltung bei niedrigen Druckauflagen ein.

Um die Jahrhundertwende entstanden zwei weitere Werbeträger, die heute bereits als klassisch gelten: Radio und Kino. 1897 gelang dem Italiener Marconi die erste drahtlose Übertragung; der erste Rundfunksender ging 1923 in Betrieb. Die erste Filmvorführung fand 1895 statt; 1906 wurde die Erfindung des Tonfilms patentiert und weiterentwikkelt, bis 1928 der erste komplette Tonfilm «Lights of New York» gezeigt werden konnte.

Anfang der 30er Jahre wurden die ersten Fernsehsendungen gezeigt. Von da an trat das Fernsehen seinen Siegeszug rund um die Welt an und ist heute als Träger von Werbesendungen nicht mehr wegzudenken.

Die in jüngster Zeit entstandenen sog. «neuen Medien» wie Kabel- und Satellitenfernsehen, Bildschirmtext und dgl. mehr lassen erkennen, daß die Entwicklung noch lange nicht abgeschlossen ist, und daß

Werbung auch in Zukunft in immer vielfältigeren und ausgereifteren Formen eine wichtige Rolle in unserer Gesellschaft spielen wird.

Weiterführende Literatur

Buchli, H., 6000 Jahre Werbung – Geschichte der Wirtschaftswerbung und der Propaganda, Walter de Gruyter & Co., Berlin 1966.

Kluge, F., Ethymologisches Wörterbuch, Walter de Gruyter & Co., Berlin 1975.

Longman, K. A., Advertising, Harcourt Brace Jovanovich Inc., New York 1971.

Müller, R., Fremdenverkehrswerbung, Historische Beispiele seit 1884, Hrsg. Rep. Österreich, 1984.

Müller, R., Geschichte der Werbung als geistige Grundlage unserer fachlichen Zukunft, in: Sprang (Hrsg.), Jahrbuch der Werbung, Econ, 1984.

Scheele, W., Historische Aspekte der Werbung, in: Tietz, B. (Hrsg.), Die Werbung, Handbuch der Kommunikations- und Werbewirtschaft, Band III, Verlag Moderne Industrie, Saarbrücken 1982.

Szuchanek, W., Die Revolution in der Satzherstellung, Hausarbeit am Universitätslehrgang für Werbung und Verkauf an der Wirtschaftsuniversität Wien 1981.

Wasilewski, A., Wirtschaftwerbung im Rom der Kaiserzeit und in der Austria Romana, in: Werbeforschung & Praxis 4/1987.

I. Werbung als Form der Marktkommunikation

Mit anderen in Beziehung zu treten, Meinungen, Gedanken und Informationen auszutauschen, also zu kommunizieren, ist ein fundamentales Bedürfnis aller Menschen. Kommunikation kommt vom Lateinischen «communis» (= gemeinsam). Wenn wir kommunizieren, versuchen wir, «eine Gemeinsamkeit mit jemandem herzustellen». Wir versuchen also, eine Information, eine Idee oder eine Einstellung mitzuteilen, um sie mit anderen zu teilen.

Der folgende Satz (nach Lasswell) zeigt anschaulich, welche Elemente ganz allgemein an einem Kommunikationsprozeß beteiligt sind:

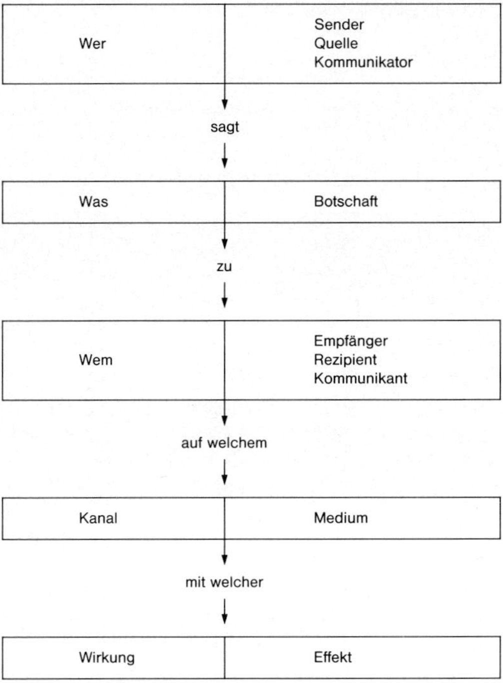

Abb. 1: Paradigma der Kommunikation nach Lasswell

Handelt es sich bei Sender und Empfänger von Informationen um Anbieter und Nachfrager von Produkten und Dienstleistungen, also um Marktteilnehmer, so spricht man von Marktkommunikation.

Unter Marktkommunikation versteht man den Vorgang der Übermittlung von Informationen, die Austauschprozesse am Markt beeinflussen können.

1 Formen der Marktkommunikation

Für die Untergliederung der Marktkommunikation erscheint die Einteilung in symbolische Kommunikation und Produktinformation vorteilhaft.

Die symbolische Kommunikation umfaßt hierbei alle Arten von Kommunikationsprozessen, bei denen das Produkt oder die Dienstleistung in Form von Zeichen und Symbolen (in Worten, Bildern) physisch nicht greifbar dargestellt wird.

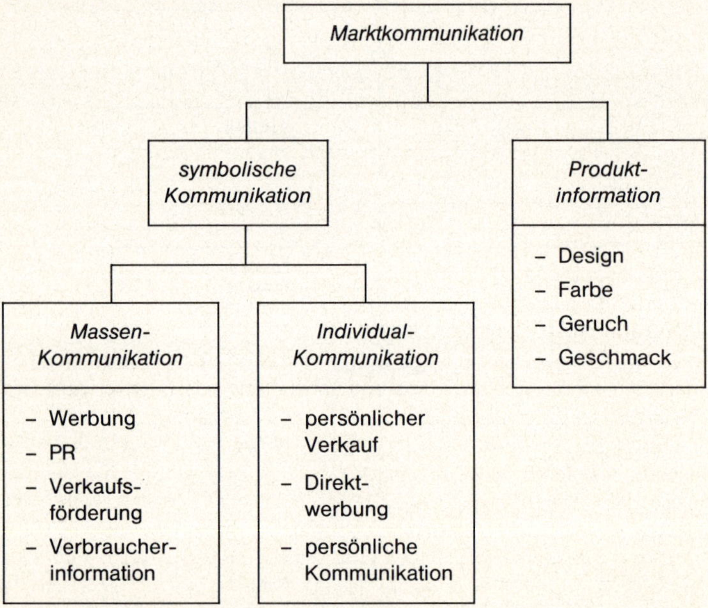

Abb. 2: Formen der Marktkommunikation

Unter Produktinformation (signifikative Kommunikation) hingegen werden all jene Kommunikationsprozesse verstanden, bei denen das Produkt selbst Träger und Übermittler der Informationen ist.

1.1 Symbolische Kommunikation

Symbolische Kommunikation kann als Massenkommunikation oder als Individualkommunikation stattfinden.

1.1.1 Massenkommunikation

Unter Massenkommunikation verstehen wir jene Form der Kommunikation, bei der Aussagen
- indirekt mit Hilfe technischer Verbreitungsmittel
- an ein disperses Publikum
- einseitig, d. h. ohne Feedback

herangetragen werden.

Die Wirkung der Massenkommunikation hängt damit nicht nur vom Sender und dem Inhalt der Botschaft ab, sondern auch von den Merkmalen des Mediums, dessen sich der Sender bedient. Bei den Empfängern der Botschaft handelt es sich um einen mehr oder weniger abgrenzbaren (dispersen) Personenkreis. Dadurch ist es nicht möglich, die Kommunikation exakt auf die Eigenschaften und Bedürfnisse jeder einzelnen Zielperson abzustimmen. Da der Kommunikationsvorgang einseitig stattfindet, hat der Empfänger auch keine Möglichkeit, seinerseits mit Fragen, Einwänden oder Antworten zu reagieren.

Die wichtigsten Erscheinungsformen dieser Form der Marktkommunikation sind:
- Werbung
- Public Relations
- Verkaufsförderung
- Verbraucherinformation.

Unter Werbung versteht man die beabsichtigte Beeinflussung von marktrelevanten Einstellungen und Verhaltensweisen ohne formellen Zwang unter Einsatz von Werbemitteln und bezahlten Medien.

Durch den Ausschluß von formellem Zwang wird der Werbebegriff gegenüber Befehlen bzw. physischem Zwang abgegrenzt, also beispielsweise der gesetzlichen Vorschrift einer Haftpflichtversicherung für Fahrzeuglenker. Andere Formen von Zwang – psychisch oder sozial – werden durch diese Definition jedoch nicht ausgeschlossen. In welchem Maße Werbung auf den Umworbenen Druck ausübt – sei es durch Anwendung von Erkenntnissen der Psychologie oder durch Modediktate, Verhaltensvorschriften, um von den Mitmenschen anerkannt zu werden, etc. – bzw. inwieweit Manipulation legitim ist, wird lebhaft diskutiert.

Abb. 3 zeigt, welche Formen der Werbung nach den jeweils beworbenen Gegenständen (Werbeobjekten) unterschieden werden können.

Die Aufgabe der Public Relations (PR) besteht in der Erzielung und Pflege des öffentlichen Vertrauens für das Unternehmen bzw. seine Produkte. Dies geschieht u. a. durch Veranstaltungen, Aktionen (z. B. Tag der offenen Tür) und Berichte in den Medien.

Bei geeigneten Informationen, d. h. allgemein interessanten Themen, erfolgt die Berichterstattung in den Medien – im Gegensatz zur Werbung – kostenlos. Als Folge der mangelnden Entgeltlichkeit ist es jedoch ungleich schwieriger, eine inhaltsgetreue Informationsweitergabe durch unabhängige Journalisten zu erreichen.

Die Vorteile gegenüber der Werbung liegen hauptsächlich in der höheren Glaubwürdigkeit, die redaktionelle Beiträge in den Augen der Empfänger genießen. Das ist auch der Grund, warum PR – mißbräuchlich im Sinne unserer Definition – manchmal dazu verwendet wird, bezahlte Anzeigen in Pressemedien bewußt unscharf zu kennzeichnen.

Unter Verkaufsförderung (Sales Promotion) sind in engerem Sinn Maßnahmen der Hersteller zu verstehen, die unmittelbar am Verkaufsort (Point of Sale) eingesetzt werden. Dazu zählen vor allem Display-Materialien für die Verkaufsstelle, Ausstellungen und verschiedene andere, nicht routinemäßig eingeplante Sonderanstrengungen seitens des Herstellers oder Händlers (Preisausschreiben, Gutscheine, Sonderangebote etc.). Damit ist die Verkaufsförderung aber keine ausschließlich kommunikative Tätigkeit, sondern beinhaltet auch andere Elemente des Marketing, wie Preispolitik und Service.

Die Bedeutung von Verkaufsförderungsmaßnahmen liegt in der Kontaktwiederholung und Verstärkerfunktion der Werbung am Point-of-Purchase (POP) bzw. Point-of-Sales (POS). Dadurch wird einem Absinken der Erinnerung an massenmediale Werbung gegengesteuert. Insbesondere Impulskäufe wurden durch Sales Promotion angeregt.

Verkaufsförderungsmaßnahmen können

- kurzfristig
- geografisch gezielt
- abnehmerspezifisch und
- situationsspezifisch, z. B. bei
    - ○ Produkteinführung
    - ○ Relaunch
    - ○ Preisaktion

eingesetzt werden (Koppelmann, 1981, S. 34).

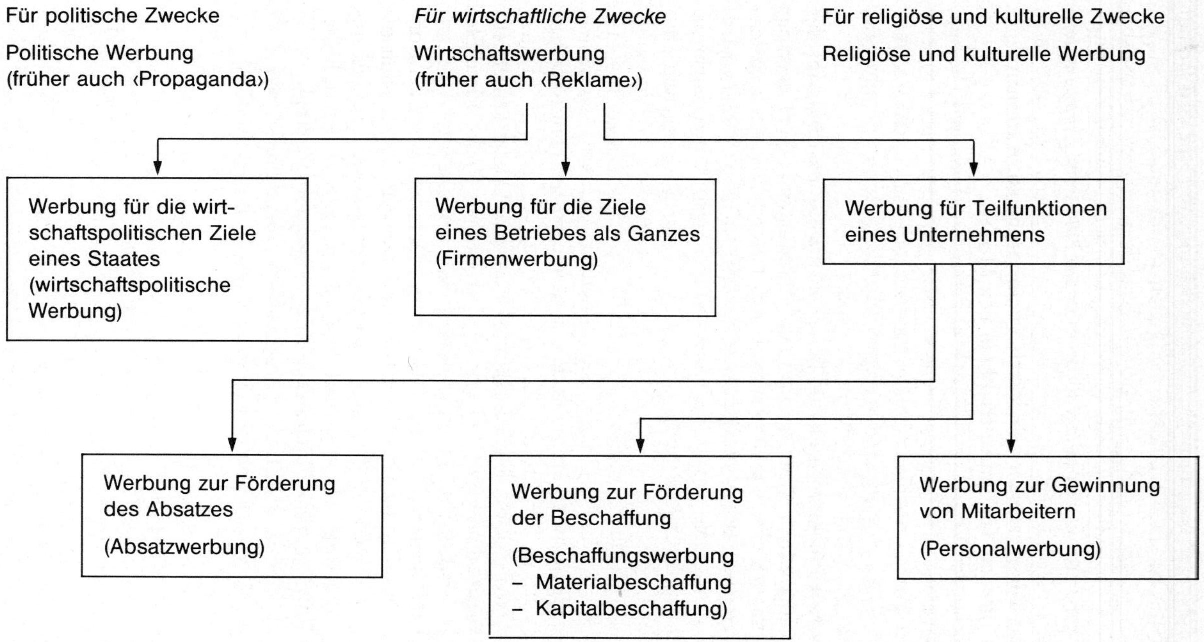

Abb. 3: Erscheinungsformen der Werbung

Verkaufsförderungsaktionen können sich an Konsumenten, an den Handel oder an das Verkaufspersonal richten und sind sowohl für den Hersteller als auch für den Handel ein Weg, dem Geschäft kurzfristige Impulse zu verleihen. Durch das Aktionsverhalten können Schwerpunkte in bezug auf Produktgruppen oder auf Kundensegmente gesetzt werden.

Für die Akzeptanz von Verkaufsförderungsmaßnahmen durch den Handel ist es wichtig, diese Aktionen z. B. in logistischen Fragen (Art und Größe der Verpackung, Display, Palette etc.) mit dem Handel abzustimmen.

Die wesentlichsten Elemente der Argumentation aber auch der Werbelinie sollten über alle eingesetzten Werbemittel gleich sein, um einen möglichst großen Synergie-Effekt zu erzielen.

Unter Verbraucherinformation (Konsumenteninformation) sind alle Informationen über Produkte und Dienstleistungen zu verstehen, die von neutralen Stellen wie Konsumentenberatungsstellen oder unabhängigen Konsumentenzeitschriften stammen. Sie sollen dazu dienen, den Käufer unabhängig von Firmeninteressen zu informieren und ihm Entscheidungshilfen zu liefern.

1.1.2 Individualkommunikation

Bei der Individualkommunikation handelt es sich um eine direkte, zweiseitige Kommunikation mit dem Vorteil einer direkten Rückkoppelung zwischen den Kommunikationspartnern.

Aus diesem Grund ist die Wirkung der Individual- gegenüber der Massenkommunikation im allgemeinen größer: Der Sender kann die Reaktion des Empfängers auf seine Botschaft unmittelbar feststellen; die Rollen können getauscht und die Kommunikation wesentlich intensiviert werden. Mißverständnisse aufgrund mehrdeutiger Zeichen und Symbole können sofort beseitigt, fehlende Informationen nachgefragt werden.

Je nach Absicht des Senders kann man zwischen
- persönlichem Verkauf und Direktwerbung (Werbebrief) sowie
- persönlicher Kommunikation (Face-to-Face-Communication)

unterscheiden.

Sowohl der persönliche Verkauf als auch die Direktwerbung zielen darauf ab, die Zielperson durch ein persönliches Gespräch bzw. einen Werbebrief mit persönlicher Anrede im Sinne des Unternehmens zu beeinflussen. Der persönliche Verkauf ist vor allem bei erklärungsbedürftigen Produkten und Dienstleistungen von zentraler Bedeutung.

Die Direktwerbung soll hier ebenfalls zur Individualkommunikation gezählt werden: Sie richtet sich an namentlich ausgewählte Zielpersonen und erfüllt damit das Kriterium der Direktheit. Als zweiseitige Kommunikation kann sie aber nur angesehen werden, wenn dem Medium (Werbebrief) ein Antwortinstrument (z. B. Bestellkarte, Telefonnummer ...) beigefügt und dieses in der Folge genutzt wird. Manche Formen der Direktwerbung, wie z. B. ungezielte Postwurfsendungen an Haushalte, sind der Massenkommunikation zuzurechnen.

Unter persönlicher Kommunikation (Mund-zu-Mund, Face-to-Face) ist der Erfahrungsaustausch zwischen den Konsumenten zu verstehen. Der Empfänger nimmt hier keine Beeinflussungsabsicht wahr, er sucht «unparteiliche» Informationen von Personen, die am Verkauf des Gutes nicht interessiert sind. Zu den oben angeführten Vorteilen der direkten gegenüber der indirekten Kommunikation kommt noch die hohe Glaubwürdigkeit des persönlichen Kommunikators wegen dessen Unabhängigkeit.

Besonders bei Entscheidungen, die als sehr risikoreich empfunden werden, sucht man in erster Linie Rat und Informationen im persönlichen Gespräch.

In einer Untersuchung von Lazarsfeld (1948) während der amerikanischen Präsidentschaftswahlen von 1940 erwies sich die Wirkung der Massenmedien auf die Meinung der Wähler als wesentlich schwächer als die von Freunden und Bekannten. Im Bekanntenkreis und in der jeweiligen Gruppe hatten wiederum bestimmte Personen besonders großen Einfluß auf ihre Mitmenschen.

Diesen Personen, die als Meinungsführer (Opinion Leaders) bezeichnet werden, gilt aufgrund folgender Hypothese das besondere Interesse der Werbung: Gelingt es, diese «Werbeweiterpflanzer» (Seyffert, 1966) zu erreichen, so geben sie ihre Erfahrungen im Bekanntenkreis weiter und verstärken durch ihre Glaub- und Vertrauenswürdigkeit den Einfluß der Massenmedien. Sie wirken also als Multiplikatoren der Werbewirkung.

Allerdings ist es in der Praxis schwierig, Meinungsführer eindeutig zu identifizieren, d. h. sie durch sozio-demographische (Alter, Geschlecht, Schulbildung etc.) und psychographische (Bedürfnisse, Einstellungen, Interessen etc.) Merkmale generell von Meinungsfolgern zu unterscheiden.

Um Meinungsführerschaft zu messen, sind grundsätzlich zwei Verfahren möglich:

- Fremdeinstufung als «Ratgeber» durch die Mitglieder der Gruppe (soziometrische Verfahren) oder
- Selbsteinstufung der Befragten.

Die Verfahren der Fremdeinstufung sind aus ökonomischen Gründen nur schwer anwendbar: Als Voraussetzung müssen alle Interaktionen und Vorlieben zwischen den Personen einer Gruppe festgestellt werden. Diejenigen Personen, die überdurchschnittlich oft und gern kontaktiert werden, gelten dann als Meinungsführer. Diese Verfahren sind daher nur bei kleinen Gruppen (z. B. einander bekannten Ärzten) einsetzbar.

Die Ermittlung von Meinungsführern durch Selbsteinschätzung der Befragten, inwieweit sie Einfluß ausüben, ist wesentlich wirtschaftlicher – allerdings auch ungenauer und schwer kontrollierbar.

Eine der erfolgreichsten Untersuchungen auf diesem Gebiet wurde vom Institut für Demoskopie Allensbach (Spiegel Verlag 1983) durchgeführt. Hier wurden Selbsteinstufung und objektive Kriterien zur Messung des psychographischen Merkmals Persönlichkeitsstärke kombiniert.

Als Indikator für ihre «Führungsqualitäten» hatten die Befragten selbst zu beurteilen, wie gerne und mit welchem Erfolg sie Führung, Verantwortung und Beratung übernehmen. Als objektive Kriterien wurden berufliche Führungspositionen, die Mitarbeit in Parteien, Vereinen und Organisationen erhoben. Personen mit hoher Persönlichkeitsstärke üben also im Sinne von Meinungsführern Einfluß auf ihre Mitmenschen aus.

Allerdings ist das Konzept der Persönlichkeitsstärke umfassender als das der Meinungsführer: Einerseits wurden außer Beratung und Einfluß auch zusätzliche Dimensionen erfaßt, andererseits erfolgte die Messung nicht bezüglich des Einflusses in bestimmten Produktbereichen, sondern allgemein.

Faßt man die bisherigen Studien zum Thema Meinungsführer zusammen, so kommt man zu folgenden Ergebnissen:

- Meinungsführer gibt es in allen sozialen Schichten. Der Einfluß erfolgt also horizontal. Man orientiert sich an Personen mit ähnlichem sozialen Status und nicht, wie früher angenommen, grundsätzlich an sozial höher stehenden Persönlichkeiten.
- Meinungsführer sind wesentlich kommunikativer als Meinungsfolger, sie haben mehr Kontakt zu ihren Mitmenschen.
- Meinungsführer sind auf die Beratung in bestimmten Themenbereichen spezialisiert. Sie zeichnen sich durch fachliche Kompetenz auf diesen Gebieten aus. Es sind dies insbesondere die Bereiche der höherwertigen Wirtschaftsgüter, wie z. B. Autos, HiFi-Anlagen, Sportgeräte oder auch Mode, also Bereiche, die durchwegs mit Sozialprestige verbunden sind oder die spezifisches technisches Know-how erforderlich machen (beispielsweise aufgrund rascher technologischer Entwicklung).
- Es gibt Personen, die auf mehreren Produktmärkten meinungsfüh-

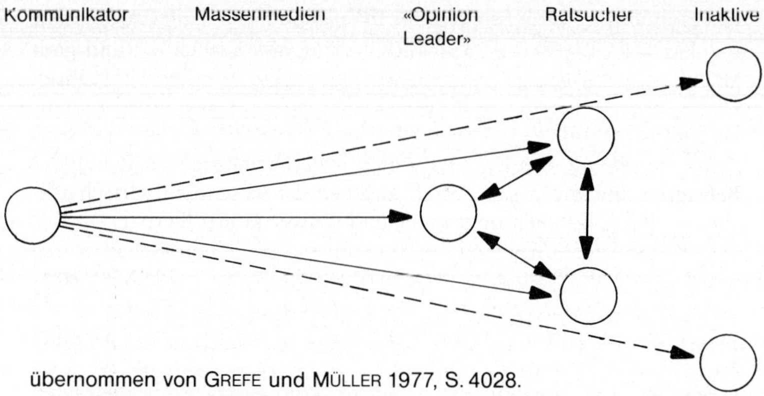

übernommen von GREFE und MÜLLER 1977, S. 4028.

Abb. 4: Meinungsführer (= Opinion Leader) und Meinungsfolger (= Ratsucher) im Kommunikationsprozeß

rend sind, besonders, wenn diesen gemeinsame Interessen zugrunde liegen.

– Meinungsführer nutzen nicht mehr Massenmedien als ihre Mitmenschen, jedoch häufiger Fachmedien (z. B. Fachzeitschriften), die sie über den jeweiligen Kompetenzbereich informieren. Diese Tatsache ist insbesondere für die Mediaplanung wichtig: zum ersten hat die Landschaft der Fachzeitschriften in letzter Zeit einen beachtlichen Zuwachs erfahren (z. B. Auto, HiFi, Computer, Technik, Wirtschaft, Sport etc.), zum anderen ist es auch leichter, in solchen Medien gezielt die Meinungsführer zu erreichen.

Eine andere wichtige Zielgruppe für die Werbung bilden die *Innovatoren*. Da sie die ersten sind, die neue Produkte oder Ideen übernehmen, kommt ihnen entscheidende Bedeutung für die Diffusion (Ausbreitung) von Innovationen zu.

Meinungsführer müssen nicht gleichzeitig Innovatoren sein. Untersuchungen haben ergeben, daß der Anteil an Innovatoren unter den Meinungsbildnern in der Regel zwar größer ist als bei den Meinungsfolgern, jedoch vom jeweiligen Produktbereich abhängt.

Die ursprüngliche Hypothese vom zweistufigen Informationsfluß – daß generell Massenmedien die Meinungsführer informieren, diese wiederum die Informationen an die Meinungsfolger weitergeben – wurde durch verschiedene empirische Studien in Frage gestellt.

Diese ergaben, daß der Kommunikationsprozeß viel komplexer, mehrstufig, erfolgt: Meinungsführer suchen ihrerseits Rat und Information bei Bekannten und stehen damit in wechselseitiger Beziehung mit Meinungsfolgern. Andererseits nehmen auch die sogenannten Meinungsfolger die meisten ihrer Informationen direkt von den Massenmedien auf, besonders wenn es sich um wenig risikoreiche Entscheidungen handelt.

In Hinblick auf diese Forschungsergebnisse ist eine strenge Trennung der Wirkung von Massen- und Individualkommunikation nicht möglich.

1.2 Produktinformation

Jedes Produkt besitzt eine mehr oder minder ausgeprägte Fähigkeit, Informationen über seine Existenz, Verfügbarkeit und Nützlichkeit zu vermitteln. Besonders bei Gütern, bei denen die Kaufentscheidung zum Großteil von direkter Begutachtung (z. B. Investitionsgüter) oder vom Berührungskontakt (z. B. Kleider) abhängt, ist die Information durch das Produkt selbst von großer Bedeutung.

Bereits die ersten Anmutungen, die das Produkt durch Dimension, Form, Oberflächenstruktur, Materialbeschaffenheit, Geruch, Farbgebung usw. auslöst, lassen auf dessen Eigenschaften schließen. Aus diesem Grund steigt die Bedeutung des Produktdesigns.

Unter Design versteht man die gesamte, sinnlich wahrnehmbare Gestaltung eines Produktes, wobei auch die Verpackung dazu gerechnet wird. Dieser sehr weit gefaßte Begriff geht über die visuelle Produktgestaltung hinaus. Es sollen auch andere Sinne angesprochen werden, beispielsweise durch die Verwendung von Duftstoffen bei Schreibwaren, Spielzeugen und Lebensmitteln oder «klingenden» Glückwunschkarten. Durch ein «erlebnisbetontes» Design wird das eigene Produkt klar von den Konkurrenzprodukten abgehoben (vgl. dazu ausführlich Kap. III. 6.1.9).

Auch Produktinformationen wirken wie die Massenkommunikation nicht nur unmittelbar, sondern auch mittelbar auf dem Umweg über Meinungsführer und soziale Normen.

2 Der Kommunikationsprozeß

In Kapitel 1.1 wurden zur Einführung bereits die Elemente eines Kommunikationsprozesses nach Lasswell anhand des Merksatzes: «wer sagt was zu wem auf welchem Kanal mit welcher Wirkung» dargestellt.

Ein anderes allgemeines Kommunikationsmodell bezieht die Prozesse des Verschlüsselns (Encodierens) und des Entschlüsselns (Decodie-

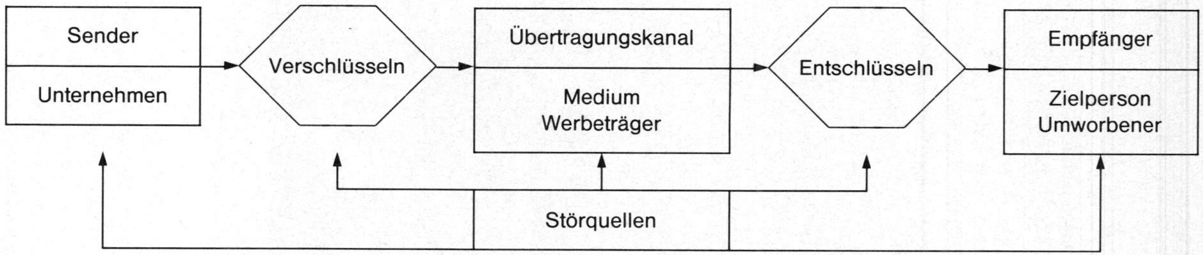

Abb. 5: Modell des Kommunikationsablaufs

rens) der Botschaft auf dem Weg vom Sender zum Empfänger mit ein (vgl. Abb. 5).

Im Falle der Wirtschaftswerbung will das werbende Unternehmen als Sender mittels einer Werbebotschaft seine Zielpersonen, also die Konsumenten, beeinflussen. Dazu muß vorerst die Werbeidee verschlüsselt, d. h. in Worte und Bilder gefaßt, als Anzeige gedruckt oder gefilmt werden. Diese Aufgabe wird meist einer Werbeagentur übertragen.

Mittels eines Werbeträgers (z. B. Zeitung, TV) wird das Werbemittel (Anzeige, TV-Spot) an die Empfänger herangetragen. Die Zielperson übersetzt und interpretiert die Botschaft im Hinblick auf eigene Wertvorstellungen, Erfahrungen und Bedürfnisse, versteht sie also nicht unbedingt in dem vom Sender beabsichtigten Sinn.

Wie schwierig es ist, eine Botschaft so zu vercoden, daß sie leicht und richtig decodiert werden kann, zeigt das Beispiel der Fa. Palmers: Sie affichierte Plakate, die Damen in reizenden Dessous mit Slogans wie «Komm bald heim» und «Ich liebe dich» zeigten. Die Aussage «Trau dich doch» (vgl. Abb. 6) erregte jedoch die Gemüter: Während diese Botschaft Frauen auffordern sollte, den Mut zum Tragen solcher Wäsche aufzubringen, faßten es engagierte Feministinnen als Aufruf an die Männer auf, Frauen gegenüber keinerlei Hemmungen zu zeigen.

Abb. 6: Mehrdeutig interpretierbare Werbebotschaft (Original farbig)

In der Werbung läßt es sich nicht immer verhindern, daß ein Empfänger eine Botschaft anders interpretiert, als das vom Sender beabsichtigt war. Dies geschieht ja sogar – wie jeder Leser wohl aus eigener Erfahrung weiß – in der persönlichen zwischenmenschlichen Kommunikation. Hier ist es allerdings möglich, solche Ver- bzw. Encodierungsfehler sofort zu erkennen und zu beseitigen.

In der Werbung können solche Codierungsfehler dann passieren, wenn die Werbebotschaft vor ihrem Einsatz nicht auf Verständnis geprüft wird (vgl. Kap. III. 7). Allerdings kann auch bei guten, in Pretests abgesicherten Lösungen in der Änderung der Umweltsituation eine Quelle für Mißinterpretationen liegen:

Ein berühmtes Beispiel für den Mißerfolg eines Slogans durch die Änderung der Situation, in der dieser Slogan decodiert wurde, ist jener der Firma American Telegraph and Telephone Company (AT & T) in den USA: «We hear you». Der Slogan schien aufgrund der Testergebnisse sehr gut geeignet, Kundennähe zu demonstrieren. Die Situation änderte sich aber schlagartig durch den Watergate-Skandal, nach dem der Slogan nur noch als «Wir hören Ihre Gespräche ab» interpretiert wurde.

Weitere Störungen im Kommunikationsfluß können durch Mißverständnisse zwischen Unternehmen und Werbeagentur oder bei der Übermittlung durch Medien auftreten. Diese Übermittlungsstörungen können entweder technischer Art sein oder dadurch zustande kommen, daß die Einstellung zum Medium (z. B. mangelnde Glaubwürdigkeit einer Zeitung) die Interpretation der Botschaft beeinflußt.

Innerhalb der Kommunikationskette vom Unternehmen zur Zielperson existieren also zahlreiche Fehlerquellen, die die gewünschte Beeinflussung gefährden. In der Realität wirken jedoch außer dem werbenden Unternehmen eine Vielzahl anderer Sender auf den Konsumenten ein, wie Abb. 7 verdeutlicht.

Das Verhalten der Zielperson hängt damit nicht nur von allen Marketinginstrumenten des Unternehmens ab, sondern auch von vielen anderen Impulsen, wie etwa den Maßnahmen der Konkurrenten, von der sonstigen Umwelt, dem Einfluß von Bezugsgruppen und Meinungsführern sowie von ihren eigenen Erfahrungen und Einstellungen.

Literaturverzeichnis zu I

Einführende Literatur

Behrens, K. Ch., Handbuch der Werbung, Verlag Dr. Th. Gabler, Wiesbaden, 2. Aufl. 1975.

Schweiger, G., Schwarz, H., Kommunikation im Markt, in: Hoyos, C. Graf, Kroeber-Riel, W., Rosenstiel, L. von, Strümpel, B., (Hrsg.) Grundbegriffe der Wirtschaftspsychologie, Kösel, München 1980.

Seyffert, R., Werbelehre, Theorie und Praxis, C. E. Poeschel, Stuttgart 1966.

Steffenhagen, H., Wirkungen absatzpolitischer Instrumente, Theorie und Messung der Marktreaktion, Poeschel-Verlag, Stuttgart 1978.

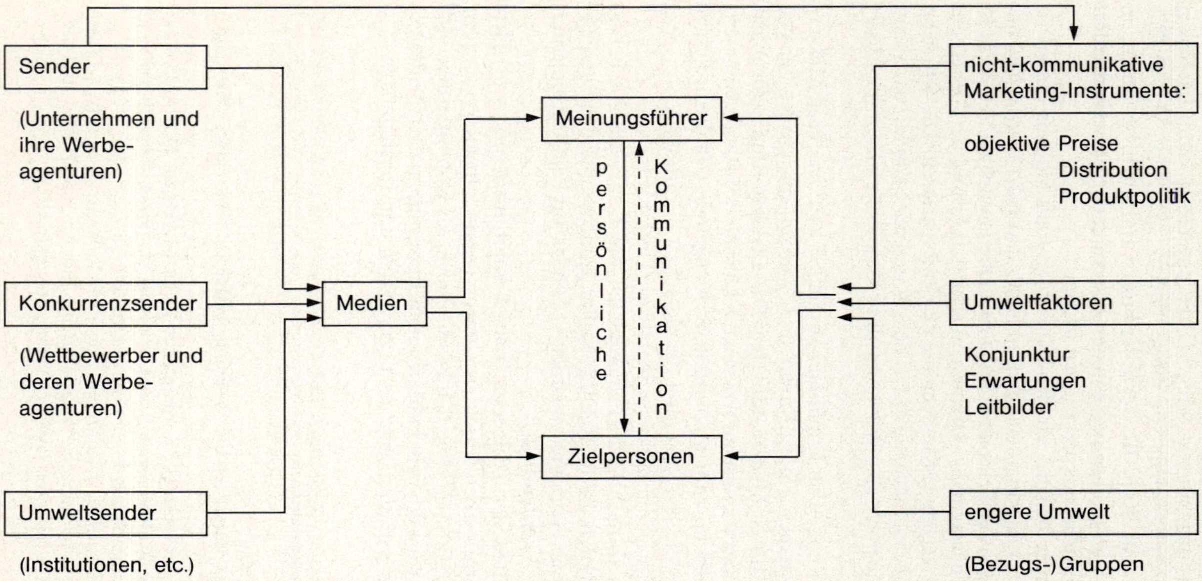

Abb. 7: Struktur der Marktkommunikation

Weiterführende Literatur

Cristofolini, P., Die Verkaufsförderung im Überblick, in: Tietz, Bruno (Hrsg.), Die Werbung Band 1, Handbuch der Kommunikations- und Werbewirtschaft, Verlag Moderne Industrie, Landsberg am Lech 1981, S. 424–447.

Engel, J. F., Warshaw, M. R., Kinnear, T. C., Promotional Strategy: Managing the Marketing Communications Process, 6th Edition, Richard D. Irwin Inc., Homewood 1987.

Grefe, R., Müller, S., Die Entwicklung des «Opinion Leader»-Konzeptes und der Hypothese vom zweistufigen Kommunikationsprozeß, in: Zeitschrift für Markt-, Meinungs- und Zukunftsforschung, Nr. 19, 1976.

Koppelmann, U., Produktwerbung, W. Kohlhammer, Stuttgart, Berlin, Köln, Mainz 1981.

Koppelmann, U., Produktmarketing, Entscheidungsgrundlage für Produktmanager, 2. Auflage, W. Kohlhammer, Stuttgart, Berlin, Köln, Mainz 1987.

Köppler, K., Opinion Leaders, Merkmale und Wirkung, Schriftenreihe der Verlagsgruppe Bauer, Band 18, 1985.

Lasswell, H. D., The Structure and Function of Communication in Society, in: Berelson, B., Janowitz, M., (Hrsg.), Reader in Public Opinion and Communication, New York, London, 2. Aufl. 1967.

Lazarsfeld, P. F., Berelson, B., Gaudet, A., The People's Choice, Columbia University Press, Ney York 1948.

Meffert, H., Marketing, 7. Aufl., Th. Gabler, Wiesbaden 1986.

Nieschlag, R., Dichtl, E., Hörschgen, H., Marketing, 14. Auflage, Duncker & Humblot, Berlin 1985.

Spiegel-Verlag, Persönlichkeitsstärke, Hamburg 1983.

Steffenhagen, H., Marketing: Eine Einführung, W. Kohlhammer, Stuttgart, Berlin, Köln, Mainz 1988.

Vögele, S., Das Verkaufsgespräch per Brief und Antwortkarte, 3. Auflage, Verlag Moderne Industrie, Landsberg am Lech 1987.

Zenk, H. G., Werbung und Verkaufsförderung, in: Tietz, Bruno (Hrsg.), Die Werbung Band 1, Handbuch der Kommunikations- und Werbewirtschaft, Verlag Moderne Industrie, Landsberg am Lech 1981, S. 448–477.

II. Werbung als Marketinginstrument

1 Marketing

Mit dem Begriff Marketing wird eine unternehmerische Denkhaltung umschrieben: Das Unternehmen soll so geführt werden, daß die Unternehmensziele durch Befriedigung der Kundenwünsche erreicht werden können.

Dies bedingt eine konsequente Orientierung der Unternehmung am Markt. Grundlage der Marketingpolitik bilden daher, wie Abb. 8 verdeutlicht, laufende Informationen über Konsumentenwünsche und -verhalten, die durch Marktforschung erkundet werden und Grundlage für die Marketingpolitik bilden. Aber auch über Maßnahmen der Konkurrenten, über Wirkung der eigenen marketingpolitischen Maßnahmen, über technologische, rechtliche und gesellschaftliche Trends, sowie über betriebsinterne Sachverhalte hat sich die Unternehmung zu informieren, um mit ihrer Marketingpolitik erfolgreich zur Erreichung der Unternehmensziele beitragen zu können.

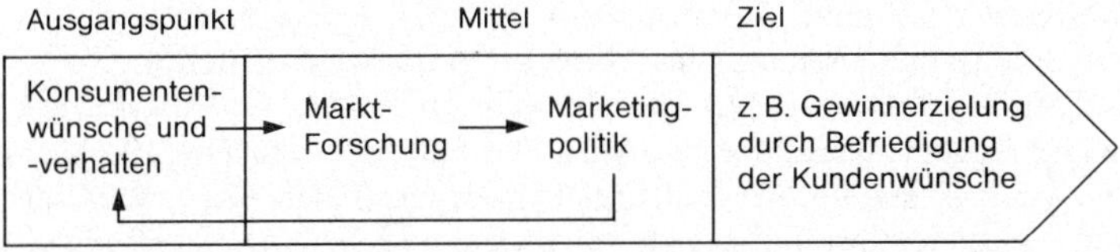

Abb. 8: Marketingorientierte Unternehmenspolitik

Marketinginstrumente umfassen alle Aktionen bzw. Handlungsalternativen, zwischen denen das Unternehmen wählen kann, um den Markt zu beeinflussen und den Absatz zu erhöhen.

Die Marketingtheorie unterscheidet vier Gruppen von Marketinginstrumenten (vgl. Abb. 9).

Die Produktpolitik umfaßt alle Entscheidungen, die sich auf die Gestaltung der Absatzleistung von Gütern und Dienstleistungen beziehen.

Diese Entscheidungen betreffen die Produktgestaltung (Material, Funktion, Design etc.), die Neuentwicklung, Änderung oder Ausscheidung von Produkten, aber auch den Kundendienst, der eine technische oder kaufmännische Zusatzleistung nach dem Kauf darstellt (Schulung, Beratung, Wartung etc.). Da Produkte bzw. Leistungen in der Regel

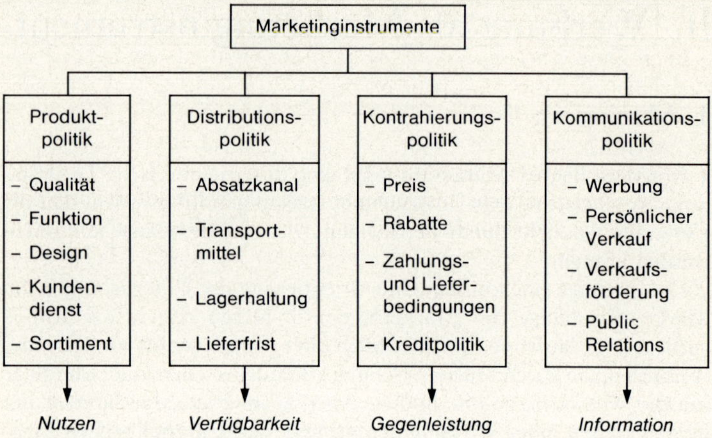

Abb. 9: Marketinginstrumente

nicht allein, sondern im Verbund eines Programms (Sortiment) angeboten werden, sind auch Überlegungen bezüglich der art- und mengenmäßigen Zusammensetzung des Absatzprogrammes anzustellen.

Die Distributionspolitik bezieht sich auf Fragen des Absatzweges vom Erzeuger zum Endverbraucher. Diese betreffen einerseits die Wahl der Kanäle, die aus Verkaufsorganen des Herstellers (Reisende) oder aus rechtlich selbständigen Absatzmittlern und -helfern (Einzel-, Großhandel, Handelsvertreter) bestehen können. Andererseits gilt es, Probleme der physischen Distribution zu lösen, also Produkte in der gewünschten Menge zur rechten Zeit und zu optimalen Kosten anzuliefern. Dazu sind Entscheidungen über Lieferfristen, Transportmittel, Lagerhaltung usw. zu fällen.

Die Kontrahierungspolitik umfaßt die Gesamtheit vertraglicher Vereinbarungen über das Leistungsangebot: Preis- und Rabattpolitik, Liefer- und Zahlungsbedingungen und Kreditpolitik.

Schließlich hat das Unternehmen im Rahmen der Kommunikationspolitik die Aufgabe, potentielle Verbraucher über die Existenz seiner Produkte, deren Merkmale und Preise zu informieren. Die vier Hauptinstrumente Absatzwerbung, persönlicher Verkauf, Verkaufsförderung und PR wurden bereits in Kapitel I, 1.1.1 ausführlich dargestellt.

1.1 Der Einsatz einzelner Marketinginstrumente

Beim Einsatz bestimmter Marketinginstrumente ist darauf Bedacht zu nehmen, daß nicht alle stetig teilbar und variierbar sind: Außenlager müssen beispielsweise aus wirtschaftlichen Gründen eine bestimmte Größe aufweisen, Werbung ist bei den meisten Werbeträgern nur in einer bestimmten Größenordnung möglich.

Viele absatzpolitische Instrumente entfalten nicht sofort ihre Wirkung, da die Konsumenten erst mit einer Verzögerung reagieren: Änderungen der Produktqualität oder Werbemaßnahmen, die das Image eines Produktes ändern sollen, wirken mit einem bestimmten Time-Lag (Verzögerung).

Auch rechtliche, vertragliche und finanzielle Beschränkungen bestimmen den Einsatz der Instrumente. Beispiele für rechtliche Bestimmungen sind Rabattgesetz, staatlich festgesetzte Höchst- und Mindestpreise, Lebensmittelgesetze, Einschränkung der vergleichenden Werbung (wie z. B. in der Bundesrepublik Deutschland und in Österreich).

Schließlich hängt die Wirkung einzelner absatzpolitischer Instrumente von verschiedenen Umweltfaktoren ab: von den Konkurrenzreaktionen, von der wirtschaftlichen und gesellschaftlichen Entwicklung. Preispolitische Maßnahmen etwa spielen in Hochkonjunkturperioden eine geringere Rolle als in Zeiten der Depression.

1.2 Die Kombination der einzelnen Marketinginstrumente (Marketing-Mix)

Nun will das Unternehmen aber nicht nur ein Marketinginstrument einsetzen, sondern mehrere Maßnahmen kombinieren: Man denke nur an einen technisch ausgereiften, gut gestylten Sportwagen mit hervorragendem Service . Die hohen Ausgaben für das Instrument Produktpolitik wären sicher vergebens, wenn niemand davon erführe (zu geringes Budget für Kommunikationspolitik) bzw. das Auto kaum lieferbar wäre (geringes Budget für Distributionspolitik).

Die Wirkung der Produktpolitik auf den Umsatz ist in diesem Beispiel also vom Einsatz der beiden anderen Instrumente abhängig (komplementäre Beziehung zwischen den Marketinginstrumenten).

Zwischen anderen Absatzmaßnahmen kann das Unternehmen wählen, sie sind gegeneinander austauschbar (substituierbare Marketinginstrumente). Information, Beratung, Überzeugung der Kunden kann beispielsweise entweder durch Werbung oder durch Mitarbeiter im Außendienst erfolgen.

Aber auch bei diesen Instrumenten kann eine bestimmte Kombination die beste Wirkung erzielen: Der Außendienstmitarbeiter wird mit größerem Interesse empfangen werden, wenn das Produkt oder die Firma durch Werbung bereits bekannt ist, kann aber andererseits die Wirkung der Werbung durch eine intensive Beratung im persönlichen Gespräch verstärken. Diese Instrumente sind also nur innerhalb bestimmter Grenzen ohne Auswirkung auf den Umsatz substituierbar.

Das Unternehmen steht also vor dem Problem, aus all den möglichen Maßnahmen diejenigen auszuwählen und zu einem Marketing-Mix zu kombinieren, die insgesamt – in ihrer Wechselwirkung – den größten Beitrag zur Zielerreichung versprechen.

Im Rahmen des Marketing-Mix geht es also um die Frage, welche Instrumente mit welcher Intensität eingesetzt werden sollen, um die Ziele des Unternehmens bestmöglich zu erfüllen. Die Schwierigkeit besteht darin, daß

- eine Vielzahl von Kombinationen der einzelnen Instrumentenausprägungen möglich ist,
- die Elemente des Marketing-Mix in verschiedenen Beziehungen zueinander stehen können: vollkommen substituierbar, vollkommen komplementär oder in Mischform.

Wir wollen nun für jede dieser drei möglichen Beziehungen jeweils zwei Absatzinstrumente herausgreifen und in Beziehung zum damit bewirkten Umsatz setzen. Mittels dieser Absatzfunktionen sollen optimale Kombinationen ermittelt werden.

1.2.1 Absatzfunktionen, die die vollkommene Substituierbarkeit der Marketinginstrumente annehmen (klassischer Ansatz)

Wenn beide Marketinginstrumente vollkommen gegeneinander ausgetauscht werden können, so gibt es unendlich viele (gleichzeitig optimale) Kombinationsmöglichkeiten, um den gleichen Umsatz zu erzielen: Wird der Einsatz eines Instrumentes vermindert, so muß der Einsatz des anderen entsprechend erhöht werden.

Graphisch kann diese Beziehung durch Isoquanten (Linien mit gleichem Umsatz) dargestellt werden, wobei der Umsatz U 2 größer ist als U 1 (siehe Abb. 10).

Beispiel: Höhere Ausgaben für Werbung kompensieren eine schlechtere Produktgestaltung.

In der Realität ist eine derartige Kompensation jedoch nur in engen Grenzen möglich: Erfüllt das Produkt nicht die Erwartungen, die mit hohem Werbeaufwand geweckt wurden, so wird der Umsatz sinken. Das Sprichwort «Es gibt kein besseres Mittel, um ein schlechtes Produkt umzubringen, als eine gute Werbung» veranschaulicht diese Problematik.

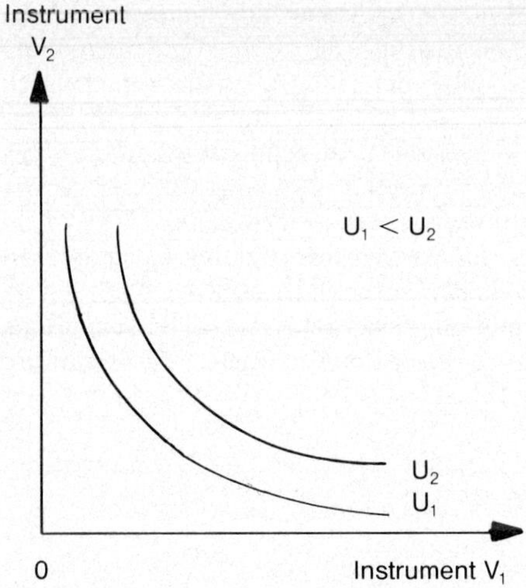

Abb. 10: Klassische Absatzfunktion

1.2.2 Absatzfunktionen, die eine vollkommen komplementäre Beziehung zwischen den Marketinginstrumenten annehmen (limitationale Absatzfunktionen)

Bei dieser Absatzfunktion kann jeder Umsatz nur mit einer einzigen optimalen Kombination der Instrumente erreicht werden. Der Einsatz der Instrumente und die Höhe des Umsatzes sind direkt proportional.

Die graphische Darstellung dieser Absatzfunktion ist Abb. 11 zu entnehmen.

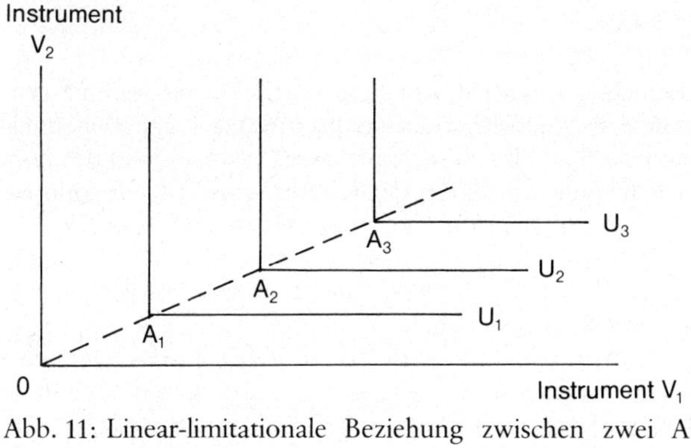

Abb. 11: Linear-limitationale Beziehung zwischen zwei Absatzinstrumenten

Die Kurven gleichen Umsatzes sind in diesem Fall geknickte Geraden. Jede Vermehrung eines Instrumentes über die Optimalkombination im Eckpunkt ist ökonomisch sinnlos; der Umsatz ändert sich dadurch nicht.

Beispiel: Nachfrage durch zusätzliche Werbung anzukurbeln führt nicht zu höherem Umsatz, wenn aufgrund eines Engpasses (z. B. in der Lagerkapazität) nicht rechtzeitig geliefert werden kann.

Wird allerdings ein neues, für die gegenwärtige Nachfrage vorerst noch zu großes Lager eingerichtet, so befindet sich die Werbung im Minimum: Der Absatz könnte mit zusätzlicher Werbung solange gesteigert werden, bis die richtige Koppelung mit dem Distributionsinstrument erreicht ist (siehe Abb. 12).

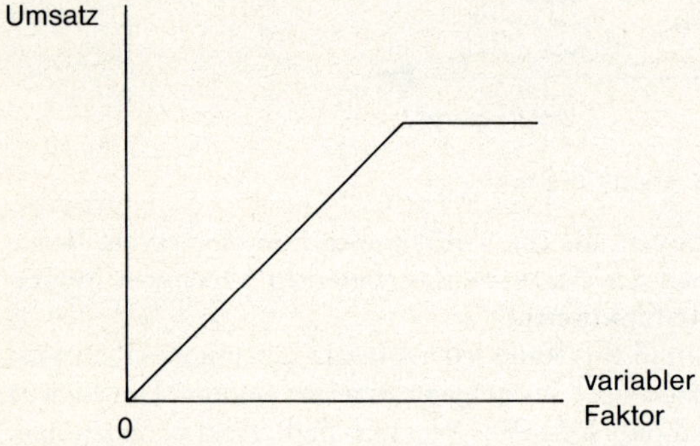

Abb. 12: Verlauf der Absatzfunktion bei voll komplementären Instrumenten

In vielen Branchen sind die Substitutionsmöglichkeiten wirklich sehr gering, zentrale Absatzinstrumente sind oft nicht ersetzbar. Die limitationale Absatzfunktion schließt jedoch generell *alle* Substitutionsmöglichkeiten aus. Wie die klassische Absatzfunktion ist diese Hypothese damit aber in dieser allgemeinen Formulierung nicht haltbar.

1.2.3 Absatzfunktionen, die Interdependenzen zwischen den Marketinginstrumenten annehmen

Im Gegensatz zu limitationalen Absatzfunktionen, bei denen nur eine einzige effiziente Marketingstrategie zur Verfügung steht, kann in diesem Fall zwischen mehreren Marketingstrategien gewählt werden, wie Abb. 13 zeigt.

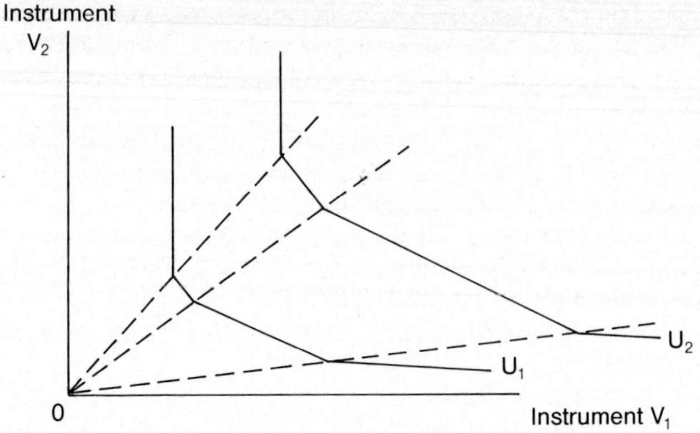

Abb. 13: Absatzfunktion mit einer endlichen Anzahl von Substitutionsmöglichkeiten

Die Marketinginstrumente sind also gleichzeitig komplementär und gegenseitig substituierbar, sie stehen untereinander in Beziehung. So kann die Gesamtwirkung zweier Instrumente größer sein als die Summe ihrer Einzelwirkungen bei isoliertem Einsatz. Die gemeinsame Wirkung von Qualitätspolitik und Werbung kann z. B. größer sein als die Einzelwirkungen, weil der Konsument auf die Vorzüge des Produktes gezielt aufmerksam gemacht wird.

Diese Art der Absatzfunktion entspricht den meisten realen Situationen.

Bei der Bestimmung der Optimalkombination der einzelnen Instrumente muß diesen Interdependenzen Rechnung getragen werden. In der Praxis ist es aufgrund der hohen Datenanforderungen ökonomisch nicht möglich, diese Funktionen empirisch abzuleiten. Das Unternehmen weiß daher nicht genau, um wieviel größer die Verbundwirkung mehrerer Instrumente ist als die Summe deren Einzelwirkungen bzw. wie weit es von einer Optimalkombination entfernt ist.

Umgekehrt ist es genau so schwierig festzustellen, welcher Teil der Gesamtwirkung aller absatzpolitischen Instrumente jeweils einem bestimmten Instrument zuzuschreiben ist. Damit muß aber jeder Kosten-Nutzen-Vergleich daran scheitern, da nur die Kosten, nicht aber der jeweils bewirkte Erlös, den einzelnen Marketinginstrumenten zurechenbar sind.

Das ist auch der Hauptgrund, warum der klassische theoretische Lösungsansatz zur Bestimmung der Optimalkombination, die Marginalanalyse, nicht den praktischen Anforderungen entspricht: Die Marginalanalyse fordert, daß der Marketingetat so auf die einzelnen Instrumente aufgeteilt wird, daß jedes Instrument den gleichen Grenzertrag (Ertragszuwachs durch die letzte Geldeinheit) erzielt.

Größere Realitätsnähe ist ein Vorteil der Simulationsverfahren: Der Einsatz mehrerer Kombinationen von Marketinginstrumenten wird mit Berücksichtigung von Zufallseinflüssen, der geschätzten Kundenreaktionen und Konkurrenzmaßnahmen möglichst genau durchgespielt. Anhand der prognostizierten Wirkung auf den Umsatz wird dann aus den Alternativen die beste Kombination gewählt. Allerdings wird statt des optimalen Marketing-Mix nur die jeweils relativ günstigste Kombination gesucht.

Auf die Problematik der Berücksichtigung der Interdependenzen zwischen den Instrumenten, der Wirkungszuordnung und damit der günstigsten Aufteilung des Marketingetats werden wir bei der Bestimmung des Werbebudgets (Kap. III, 3) zurückkommen.

2 Organisation der Werbung im Rahmen des Marketing

Grundsätzlich gibt es zwei Möglichkeiten, die Durchführung der Absatzwerbung zu organisieren (vgl. Abb. 14):

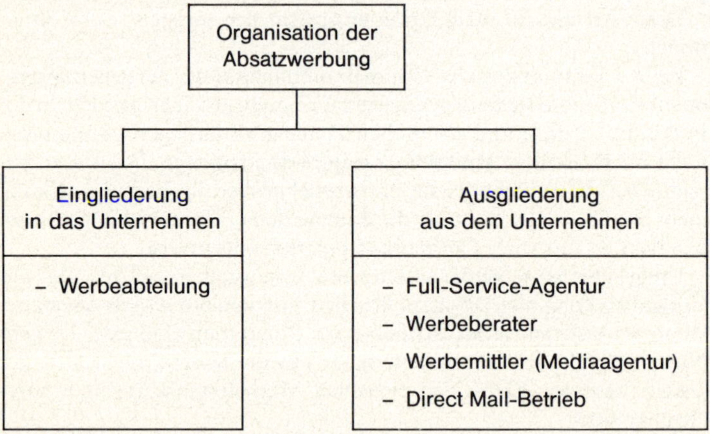

Abb. 14: Organisation der Werbung

2.1 Durchführung der Werbung im eigenen Unternehmen

Der große Vorteil betriebseigener Werbeabteilungen, die außerbetriebliche Werbeinstitutionen nur von Fall zu Fall – vor allem für Spezialaufgaben – heranziehen, liegt darin, daß sie über die zu bewerbenden Produkte oder Dienstleistungen bestens unterrichtet sind und daher mit den Werbedurchführenden besser kommunizieren können: Je komplizierter ein Werbeobjekt, desto vorteilhafter ist eine eigene Werbeabteilung.

Von Nachteil ist die Gefahr der Kritiklosigkeit eines Unternehmens gegenüber eigenen Werbemaßnahmen. Aufgrund von Betriebsblindheit können falsche Werbemaßnahmen eingeleitet und lange beibehalten werden.

Um einen optimalen Einsatz des gesamten Marketing-Mix zu gewährleisten, ist es notwendig, die Werbung mit den anderen Marketinginstrumenten zu koordinieren und alle Maßnahmen auf die Kunden abzustimmen. Dieses Ziel wird am besten durch integriertes Marketing erreicht. Dabei übernimmt die Marketingabteilung die Koordination für alle kundenorientierten Aktivitäten, wie Abb. 15 zeigt.

Diese Organisationsform verhindert, daß beispielsweise Verkaufs- und Werbeleiter eine möglicherweise widerspruchsvolle Marketingpolitik betreiben. Voraussetzung für ein reibungsloses Funktionieren des

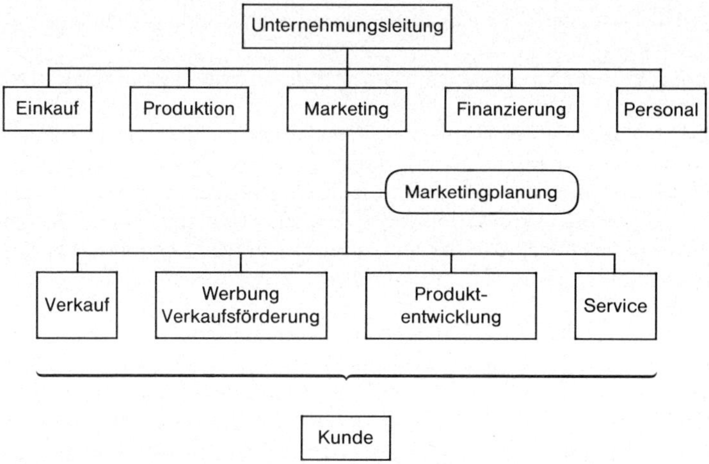

Abb. 15: Integriertes Marketing

integrierten Marketing ist ein effizientes Informations- und Kommunikationssystem zwischen den einzelnen Abteilungen.

Wenn übergeordnete Entscheidungsträger gegenüber ihren nachgeordneten Entscheidungsträgern weisungsbefugt sind, so spricht man von einem Liniensystem. Liniensysteme können gegliedert sein nach:
- Funktionen
- Produkten bzw. Produktgruppen
- Kunden bzw. Kundengruppen
- Absatzgebieten.

In Abb. 15 ist die Marketingabteilung selbst wieder nach Funktionen, d. h. nach Verrichtungen gleicher Art, untergliedert. Von Vorteil ist dabei, daß Spezialisten für die einzelnen Aufgaben eingesetzt werden können. Nachteilig kann sich eine mangelnde Koordination auf einzelne Produkte, Kunden oder Regionen auswirken.

Eine andere Möglichkeit bestünde darin, die Marketingabteilung zunächst nach Produkten und erst auf einer tieferen Ebene nach Funktionen zu gliedern. Diese Organisationsform ist sinnvoll, wenn eine Reihe sehr verschiedenartiger Produkte vertrieben oder z. B. ganze Betriebsanlagen erstellt werden.

Wird die Marketingorganisation in erster Linie auf Kunden ausgerichtet, so ist ein gezieltes Eingehen auf deren Wünsche möglich – unter der Voraussetzung, daß in dieser Hinsicht eine klare Kategorisierung möglich ist.

Bei sehr heterogenen Märkten mit großer räumlicher Trennung (Inland – Ausland) ist eine Orientierung nach Verkaufsgebieten empfehlenswert.

Neben dem Liniensystem existieren in der Marketingorganisation sogenannte Stabstellen, die kein Weisungsrecht haben, sondern nur Empfehlungen geben können. Sie dienen hauptsächlich der Entlastung der jeweiligen Entscheidungsinstanzen. (Die Funktion Marketingplanung z. B. ist in Abb. 15 als Stabstelle eingegliedert.)

Eine weitere Organisationsform, die den Erfordernissen nach Koordination und Flexibilität des Marketing Rechnung trägt, ist die Matrixorganisation. Diese Organisationsform findet häufig im Projektmanagement Verwendung, so z. B. bei der Organisation der Werbung für Großveranstaltungen wie den Olympischen Spielen. Hier werden Entscheidungen gleichzeitig nach Funktionen und Produkten (Projekten) abgestimmt (siehe Abb. 16). Daß die Mitarbeiter dabei sowohl von Funktions- als auch von Produktmanagern Anweisungen erhalten, kann allerdings zu Konflikten zwischen den Abteilungen führen.

Funktions-Management / Produkt-Management	Werbung	Verkauf	Produktentwicklung
Produkt A			
Produkt B			
Produkt C			
Produkt D			

Abb. 16: Beispiel für Matrixorganisation des Marketing

2.2 Übertragung der Werbung auf selbständige Werbebetriebe

Die Zusammenarbeit mit Werbebetrieben bietet den Vorteil, je nach Bedarf erfahrene Experten heranziehen zu können, die im eigenen Unternehmen nicht zur Verfügung stehen. Allerdings erhalten dabei außenstehende Personen – insbesondere bei lange dauernden Beratungsperioden – notwendigerweise Einblick in Betriebsinterna.

Zwar verpflichten sich die Werbeagenturen gegenüber ihren Klienten durch vertraglich vereinbarten Konkurrenzausschluß, jeweils nur ein Unternehmen eines Geschäftszweiges zur gleichen Zeit zu betreuen. Es ist jedoch oft schwierig zu entscheiden, wann ein Konkurrenzverhältnis vorliegt: Sind z. B. die Konkurrenten von Coca Cola nur Pepsi-Cola und andere Cola-Getränke oder gehören dazu auch andere Limonaden und Mineralwasser?

2.2.1 Die Full-Service-Werbeagentur

Eine Full-Service-Agentur übernimmt die gesamte werbepolitische Betreuung von Produkten in eigenem Namen und auf eigene Rechnung. Sie bietet grundsätzlich folgende drei Teilleistungen:

- Beratung: für Marketing, Medien, Marktforschung usw.
- Mittlung: Mediakauf und -abwicklung, Produktionseinkauf und -abwicklung
- Konzeption, Gestaltung und Durchführung: für Werbung, Verkaufsförderung, PR, Packungsentwicklung usw.

In den einzelnen Bereichen einer Agentur müssen daher eine Reihe von Spezialisten beschäftigt werden: Fotografen, Graphiker, Texter, Regisseure im Gestaltungsbereich, Spezialisten für Druck, Satz, Film/Funk/Fernsehen (FFF), Mediaplaner und -einkäufer sowie Meinungs- und Marktforscher. Vielfach werden manche dieser Tätigkeiten, besonders aus den kreativen Bereichen, an agenturexterne freie Mitarbeiter (sog. freelancer) auf Honorarbasis vergeben.

Als Bindeglied zwischen der Agentur und dem Auftraggeber fungieren die Kontakter: Sie verwalten die Etats der Kunden und überwachen die Werbekampagne von ihrer Entstehung bis zu ihrer Abwicklung.

Die häufigste Organisationsform für eine Werbeagentur ist somit die Matrix-Organisation: Sie ermöglicht eine Koordination der Maßnahmen sowohl nach Kundenetats als auch innerhalb der Leistungsbereiche (siehe Abb. 17 a).

Account Manager	Werbe-vorbereitung	Kreativ	Text	FFF*	Media	Ver-waltung
Etat A						
Etat B						
Etat C						

* Film, Funk, Fernsehen

Abb. 17 a: Matrixorganisation einer Werbeagentur

Grundlage der Agenturarbeit bildet das schriftliche Briefing, das der Auftraggeber entweder vorgibt oder mit der Werbeagentur gemeinsam erarbeitet.

Es gibt Auskunft über die Ausgangslage des zu bewerbenden Unternehmens und Produktes und über das Werbevorhaben.

Es sollte, um Mißverständnissen vorzubeugen, schriftlich abgefaßt werden, präzise und klar formuliert sein und nur die wichtigsten Informationen enthalten (Briefing kommt von «kurz»). Die Werbeagentur soll damit zielgerichtet arbeiten können.

Die Erstellung eines Briefings zwingt den Auftraggeber, die Istsituation und damit die zugrundeliegenden Probleme zu analysieren.

Das Briefing bildet nicht nur die Arbeitsgrundlage, sondern auch die verbindlichen Richtlinien für die Agentur und ist gleichzeitig Kontrollmaßstab für den Auftraggeber.

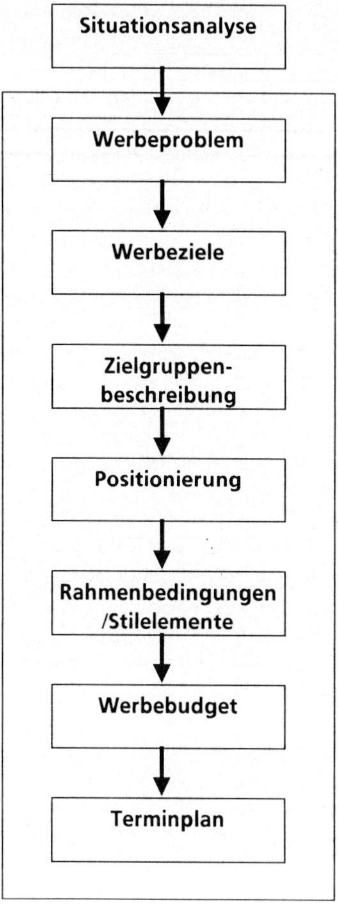

Abb. 17b: Agenturbriefing

Die Situationsanalyse (vgl. dazu Kapitel III.1.) umfaßt eine aufgabenbezogene Standortbestimmung der Marke, wie Marktvolumen, Marktanteile der eigenen Marke und der Konkurrenz und die zu erwartende Entwicklung, sowie eine Darlegung der eigenen eingesetzten Marketinginstrumente und jener der Konkurrenz, also vor allem Informationen über Marktbearbeitungsmethode, Vertriebskanäle, Preise, Verkaufsförderung, Höhe der Werbeausgaben, verwendete Medien und deren zeitlicher Einsatz, Beschreibung und Analyse der bisherigen Werbekampagnen bzw. -botschaften. Ebenso gehören zur Situationsanalyse Daten über Verbraucherverhalten, Kaufverhalten und Imageanalysen der eigenen Marke und der Konkurrenzmarken.

Das Agenturbriefing selbst beginnt meistens mit der Darlegung des Werbeproblems und begründet somit die Abgabe des Briefings und die Aufgabenstellung (z. B. weil mit der derzeitigen Werbung die Ziele nicht erreicht werden konnten, oder weil das Konkurrenzverhalten eine Änderung der Werbung notwendig macht, oder weil die Änderung einer Marketingvariablen (z. B. Preis) durch Werbeaktivitäten unterstützt werden sollte).

Weiters enthält das Briefing die Zielsetzung dessen, was mit Werbung erreicht werden soll.

Es beschreibt die Zielgruppe – sowohl nach soziodemografischen, als auch psychografischen Merkmalen – und bestimmt die Positionierung der Marke, indem es den funktionellen und/oder den Zusatznutzen (Nutzen emotionaler Art; vgl. dazu Kap. III.1.) festlegt. Die Positionierung ist die Basis für die zu erarbeitende Kommunikationsstrategie und als solches der zentrale Punkt eines Briefings (vgl. dazu Kap. III.4.2.3.).

Zu den Rahmenbedingungen gehören Informationen über Stilelemente, die auf Wunsch des Auftraggebers weiterhin eingesetzt werden sollen, damit das Firmen- bzw. Markenbild gewahrt bleibt, wie z. B. Farbe und Schrifttypen, aber auch Slogans, Musikelemente, Symbole oder sogar eine Werbeidee selbst (wie z. B. ein Presenter). Auch Vorgaben über den Einsatz bestimmter, in der Branche üblicher Werbemittel (Messen, Ausstellungen, Prospektmaterial und ähnliches) fallen unter die Rahmenbedingungen.

Schließlich sind im Briefing noch Angaben über die Höhe des Werbebudgets und über den Terminplan (geplanter Werbestart oder Abgabe der Präsentationsunterlagen) zu machen.

Die Zusammenarbeit des Auftraggebers mit der Werbeagentur findet ihren Niederschlag in einer Reihe informeller und institutionalisierter Abstimmungen während des gesamten Entwicklungsprozesses der Werbekampagne.

Wann und wie oft Agentur und Kunden zusammentreffen, um die einzelnen Entwicklungsschritte der Werbekampagne zu diskutieren, hängt aber vom Kunden ab. Um rechtzeitig Korrekturen vornehmen zu können, sind Kundengespräche zumindest dann notwendig, wenn das Agenturbriefing und später die ersten Kampagneideen vorliegen, ferner nach Fertigstellung der Gestaltungsentwürfe und Mediapläne sowie nach Produktion der Werbemittel.

Für die Vergütung der Agenturleistung gibt es international übliche Standards. In der Praxis haben sich vier Grundformen der Abrechnung zwischen Agentur und Kunden entwickelt:

- Provisionssystem («deutsches System»):
  Die Agentur behält das ein, was sie in ihrer Eigenschaft als Werbemittler von den Werbedurchführenden für die Einschaltung streufähiger Werbemittel (z. B. Anzeigen, Radio- und TV-Spots) an Provision erhält. Diese Provision beträgt im Regelfall 15% vom Kunden-Netto-Preis (Brutto-Preis minus Rabatte).
- Service-Fee-System («amerikanisches System»):
  Die Agentur tritt sämtliche ihr zufließende Vergütungen (Rabatte und auch Provisionen) an den Kunden ab. Dafür erhält sie vom Kunden eine Pauschalvergütung, üblicherweise 17,65% vom Netto-Netto-Umsatz (Brutto minus Rabatte minus Provisionen).
- Honorarsystem:
  Die Agentur tritt sämtliche ihr zufließenden Vergütungen an den Kunden ab und berechnet Einzel- oder Pauschalhonorare in vorher vereinbarter Höhe.
- Kosten-Plus-System:
  Die Agentur tritt ebenfalls sämtliche Vergütungen an den Kunden ab und berechnet die bei der Arbeit für den Kunden entstehenden Selbstkosten plus einen Aufschlagsatz für den Gewinn der Agentur.

Fordert ein Werbungtreibender mehrere Agenturen auf, Werbekonzeptionen für den von ihm zu vergebenden Etat im Wettbewerb zueinander zu präsentieren, dann erhalten die teilnehmenden Agenturen in der Regel ein Anerkennungshonorar, das zumindest die Fremdkosten, die der Agentur durch die Wettbewerbspräsentation entstanden sind, decken sollte.

2.2.2 Sonstige Werbebetriebe

Neben den Full-Service-Agenturen existieren eine Reihe von Institutionen, die sich auf einzelne Werbeaktivitäten spezialisiert haben:

- Werbeberater beschäftigen sich vorwiegend mit der Erarbeitung von Werbekonzeptionen, von Werbebotschaften und mit der Vergabe und Überwachung der bei der Durchführung notwendigen Tätigkeiten.
- Werbungsmittler oder Mediaagenturen übernehmen lediglich die Planung und Durchführung der Werbemittelstreuung.
- Grafiker, Texter, Fotografen und Druckereien übernehmen die Gestaltung und Herstellung der Werbemittel.

– Adressenverlage bzw. Direct Mail-Betriebe nehmen eine gewisse Sonderstellung ein: Sie stellen Adressenmaterial bereit, vervielfältigen und versenden Werbebriefe bzw. konzipieren Direktwerbemaßnahmen, führen sie durch und kontrollieren sie.

2.2.3 Auswahl der Werbeagentur

Das Agenturgeschäft ist in den letzten zwanzig Jahren immer internationaler geworden. Durch zahlreiche Zusammenschlüsse, Übernahmen und Fusionen sind große internationale Agentur-Konzerne entstanden, die multinationalen Unternehmen länderübergreifende Betreuung garantieren können. Insbesondere in Deutschland und Österreich wird diese Tendenz auch weiterhin anhalten bzw. sich zusätzlich noch verstärken. Zu den größten internationalen Agenturen zählen beispielsweise Backer Spielvogel Bates, Grey, J. Walter Thompson, Lintas, McCann Erickson, Ogilvy & Mather, Saatchi & Saatchi, Team BBDO sowie Young & Rubicam. Diese Agenturen dominieren in Europa und den USA. In Europa gibt es zusätzlich eine Reihe von bedeutenden Agenturen, wie z. B. die GGK, mit dem Schwerpunkt im deutschsprachigen Raum (siehe Tabelle, S. 39). Aus Japan expandieren Agenturen, wie z. B. Dentsu, nach Europa.

Das wichtigste Instrument bei der Auswahl einer Agentur ist die sog. Wettbewerbspräsentation. Die Vorgehensweise dabei ist folgende:

Einige Agenturen, darunter im allgemeinen auch die jeweils bis dahin betreuende, werden vorab ausgewählt und eingeladen, sich um den zur Diskussion stehenden Etat zu bewerben. Innerhalb der vorgegebenen Zeit entwickelt jede Agentur anhand des Briefings einen Vorschlag für die zu konzipierende Werbelinie und stellt diese Ideen und Entwürfe im Rahmen der eigentlichen Wettbewerbspräsentation dem potentiellen Auftraggeber vor. Die Agentur mit der erfolgversprechendsten Kampagne erhält den Zuschlag.

Die weitere Zusammenarbeit zwischen Auftraggeber und Agentur wird im Agenturvertrag geregelt. Dieser umfaßt in seiner Maximalvariante folgende Punkte:

– Aufgabenstellung und Leistungsumfang
– Die Vergütung der Agenturleistung (vgl. Kap. II.2.2.1.)
– Die Grundsätze des Arbeitsablaufs: Geregelt werden hier Details wie die grundsätzliche Erstellung und Gegenzeichnung von Protokollen nach den jeweiligen Arbeitssitzungen, der Modus der Auftragsvergabe – Anzahl der einzuholenden Offerte, Zustimmung des Auftraggebers – oder die Zuständigkeit für die Verwaltung der Werbematerialien.
– Die Nebenpflichten: Unter die sog. Nebenpflichten fallen der Kon-

kurrenzausschluß, die Geheimhaltungspflicht und die Haftung für die Sorgfalt eines ordentlichen Kaufmanns für die Agentur und die Pflicht zur Ausschließlichkeit der Mittlung für den Kunden. Die Konkurrenzausschlußklausel bedeutet, daß die Agentur ohne Zustimmung des Kunden keinen Mitbewerber derselben Branche betreuen darf; die Geheimhaltungspflicht erstreckt sich auf sämtliche Tatsachen, die nach Bekunden des Auftraggebers oder nach seinem erkennbaren Willen geheim bleiben sollen, und gilt sowohl für alle Mitarbeiter der Agentur als auch für Dritte, deren sich die Agentur bedient. Die Haftung für die Sorgfalt eines ordentlichen Kaufmanns bezieht sich vor allem auf die Einhaltung der gesetzlichen (UWG) und außergesetzlichen (IHK-Richtlinien) Bestimmungen (vgl. Kap. IV.1.). Der Kunde verpflichtet sich durch die Klausel zur Ausschließlichkeit der Mittlung, die Agentur beim Einsatz aller streufähigen Werbemittel einzuschalten.

- Den Rechtsübergang: In der Regel liegen alle Rechte, wie z. B. gewerbliche oder Urheberrechte, zeitlich und inhaltlich uneingeschränkt beim Auftraggeber. Nicht verwendete und bezahlte Ideen und Entwürfe bleiben bei der Agentur.
- Den Zahlungsverkehr
- Die Vertragsdauer: Sie beträgt zumeist ein Jahr; außerdem sollte eine angemessene Kündigungsfrist vereinbart werden.
- Die Schlußbestimmungen, wie Erfüllungsort, Gerichtsstand u. ä.

Die Top 10 in Europa

Rang	Agentur	Bruttoerlös 1989 in Mio. $
1.	Eurocom Advertising (HDM+EWDB)	503,070
2.	Publicis/FCB	354,773
3.	Young & Rubicam	337,494
4.	Saatchi & Saatchi	332,708
5.	McCann Erickson	278,082
6.	Backer Spielvogel Bates (BSB)	264,626
7.	Ogilvy & Mather	260,999
8.	Lintas	226,518
9.	J. Walter Thompson	210,725
10.	Grey	197,349

Quelle: Horizont Nr. 1/2, 18. Januar 1991

Abb. 17c: Die Top Agenturen in Europa

Literaturverzeichnis zu Kapitel II

Einführende Literatur

Bidlingmaier, J., Marketing 1+2, Rowohlt, Reinbek bei Hamburg 1973.

Böcker, F., Thomas, L., Marketing, UTB, Stuttgart, New York 1981.

Huth, R., Pflaum, D., Einführung in die Werbelehre, W. Kohlhammer, Stuttgart, Berlin, Köln, Mainz 1980.

Kotler, Ph., Marketing-Management, C. H. Poeschel, Stuttgart, 4. Aufl. 1982.

Meffert, H., Marketing, Th. Gabler, Wiesbaden, 6. Aufl. 1982.

Nieschlag, R., Dichtl, E., Hörschgen, H., Marketing, Duncker & Humblot, Berlin, 14. Aufl. 1985.

Zuberbier, I., Die Werbeagentur – Funktionen und Arbeitsweise, in: Tietz, B., (Hrsg.), Die Werbung, Bd. 3, Verlag Moderne Industrie, Landsberg am Lech 1982.

Weiterführende Literatur

Böcker, F., Marketing-Kontrolle, W. Kohlhammer, Stuttgart 1988.

Brockhoff, K., Produktpolitik, G. Fischer Verlag, Stuttgart, New York 1981.

Diller, H., Marketingplanung, Vahlen, München 1980.

Diller, H., Preispolitik, W. Kohlhammer, Stuttgart, Berlin, Köln, Mainz 1985.

Hansen, U., Leitherer, E., Produktpolitik, C. E. Poeschel, Stuttgart, 2. Aufl. 1984.

Köhler, R., Zimmermann, H.-J., (Hrsg.), Entscheidungshilfen im Marketing, C. E. Poeschel, Stuttgart 1977.

Kulhavy, E., Internationale Marketing, Trauner, Linz 1981.

Müller-Hagedorn, L., Handelsmarketing, W. Kohlhammer, Stuttgart, Berlin, Köln, Mainz 1984.

Scheuch, F., Dienstleistungsmarketing, Vahlen, München 1982.

Schweiger, G., Der marketingstrategische Ansatz zur Optimierung des Marketing-Mix, in: Der Markt, Nr. 58, 1976.

Schweiger, G., Die Absatzfunktion als Grundlage der Optimierung des Marketing-Mix, in: Der Markt, Nr. 50, 1974.

Stahl, U., Zum Berufsbild des Werbefachmanns, Marketing Journal, Hamburg 1983.

Steffenhagen, H., Marketing – Eine Einführung, W. Kohlhammer, Stuttgart 1988.

Steffenhagen, H., Wirkungen absatzpolitischer Instrumente, C. E. Poeschel, Stuttgart 1978.

Strothmann, K.-H., Investitionsgütermarketing, Verlag Moderne Industrie, München 1979.

Wehrmann, H., Verträge in der Werbung, W. Girardet, Essen 1973.

Weis, H. Chr., Marketing, Kiehl Verlag, Ludwigshafen 1983.

III. Die Werbeplanung

Jede Werbekampagne sollte nach einem vorher festgelegten Plan durchgeführt werden. Dieser Werbeplan, der sich aus einer Reihe von Einzelplänen zusammensetzt, muß in den übergeordneten Marketingplan integriert werden: Zum einen werden die Werbeziele aus den Marketingzielen abgeleitet, zum anderen wird innerhalb des Marketing-Mix entschieden, welche Ressourcen auf die einzelnen Marketinginstrumente verteilt werden. Aufgrund der bereits in Kap. II,1.2.3 ausführlich behandelten Interdependenzen zwischen den einzelnen Instrumenten ist es wichtig, die Werbeplanung auf das restliche Marketing-Mix abzustimmen.

Aber auch externe Rahmenbedingungen beeinflussen die Werbeplanung: Gesetzliche und soziale Umweltbedingungen sowie die Aktivitäten der Konkurrenten müssen bei allen Entscheidungen berücksichtigt werden (vgl. Abb. 18). Außerdem muß eine marketingorientierte Unternehmung auf Kundenwünsche eingehen. Insofern ist es notwendig, die Wertvorstellungen, Einstellungen, das Kauf- und Kommunikationsverhalten der Zielpersonen zu erforschen, um ihr Verhalten mittels der Werbekampagne gezielt beeinflussen zu können.

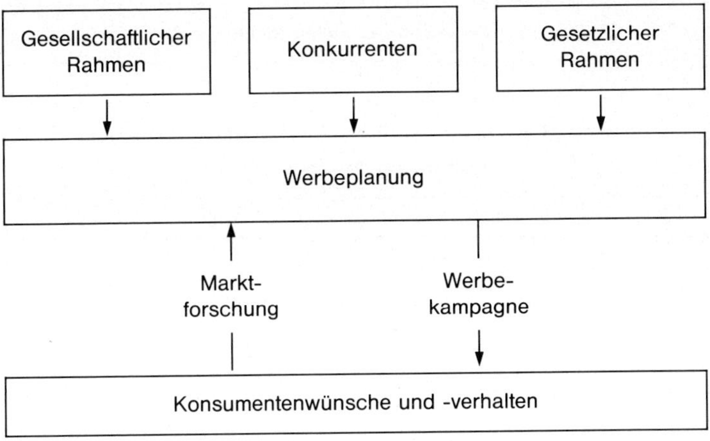

Abb. 18: Inhalt und Rahmen der Werbeplanung

Da alle Planungsbereiche eng miteinander zusammenhängen, wäre es das beste, die einzelnen Entscheidungen simultan zu treffen – eine Forderung, die in der Praxis kaum zu erfüllen ist.

Abb. 19 zeigt eine logische Abfolge der einzelnen Planungsgegenstände, die jedoch nicht immer eingehalten wird. So kann der Impuls für eine Werbekampagne z. B. auch von einer guten Idee für die Botschaftskonzeption ausgehen.

Der Planungsprozeß beginnt mit der Werbeanalyse, also der Ermittlung jener Tatbestände, die dem werbenden Unternehmen vorgegeben sind: Mittels Marktforschung wird der Ist-Zustand festgestellt und analysiert, um Ansatzpunkte für die Werbekonzeption zu sammeln. Diese Informationen sind Grundlage aller folgenden Entscheidungen, müssen also bei Bedarf auch noch in späteren Phasen besorgt werden.

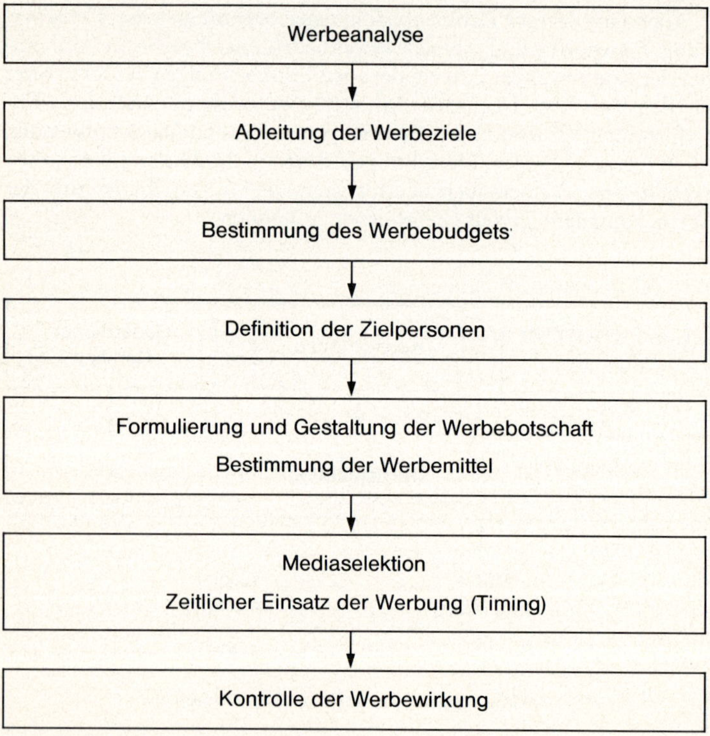

Abb. 19: Etappen der Werbeplanung

Aufgrund der gesammelten Daten müssen präzise Ziele festgelegt werden, um schließlich den Erfolg der Kampagne überprüfen zu können.

Im Rahmen der Werbebudgetierung wird jener Teil des Marketingetats, der auf das Instrument Werbung entfallen soll, in seiner Höhe bestimmt und zeitlich und sachlich verteilt.

Zur Werbeplanung gehört ferner die Festlegung der Zielgruppen. Darunter versteht man die Auswahl der Verbraucherschichten, an die sich die Werbebotschaften richten sollen (nach Alter, Geschlecht, Konsumgewohnheiten, Bedürfnissen etc.). Um die Zielpersonen auch sicher zu erreichen, müssen die Botschaftsgestaltung und die Wahl der Werbemittel möglichst genau auf deren Merkmale abgestimmt werden.

Ziel der Mediaselektion ist es, diejenigen Werbeträger zu wählen, die von der Zielgruppe besonders intensiv genutzt werden. Schließlich muß die Einschaltfolge und -häufigkeit der Werbemittel festgelegt werden (Timing).

Die verschiedenen Stufen des Planungsprozesses müssen untereinander abgestimmt werden. Nach der Durchführung der Werbemaßnahmen erfolgt die Kontrolle, inwieweit die gesetzten Werbeziele erreicht wurden. Aufgrund etwaiger Abweichungen werden neue Werbeziele formuliert.

1 Die Werbeanalyse

Auf die grundlegende Bedeutung der Datenbeschaffung und -analyse für die Werbeplanung wurde bereits hingewiesen: Ohne Kenntnis des Ist-Zustandes ist es kaum möglich zu beurteilen, welcher Soll-Zustand anzustreben ist und welche Botschaft an welches Zielpublikum mit Hilfe welcher Werbemittel und Medien gerichtet werden soll.

Die Werbeanalyse ist Aufgabe der Marktforschung. Diese ermittelt einerseits Primärdaten (meist durch Befragungen) oder wertet bereits vorliegende Sekundärdaten aus. Sekundärdaten umfassen sowohl betriebsinterne Daten (Absatz- und Reklamationsstatistiken etc.) als auch betriebsexterne Daten (Aufzeichnungen der Statistischen Ämter, von Interessensvertretungen usw.).

In der Folge soll ein Überblick über die für die spätere Werbekonzeption wesentlichen Daten gegeben werden. Etwas genauer behandelt werden nur diejenigen Kriterien, auf die im Rahmen der weiteren Planungsstufen nicht mehr eingegangen wird.

Die Werbeanalyse umfaßt die in Abb. 20 wiedergegebenen Bereiche.

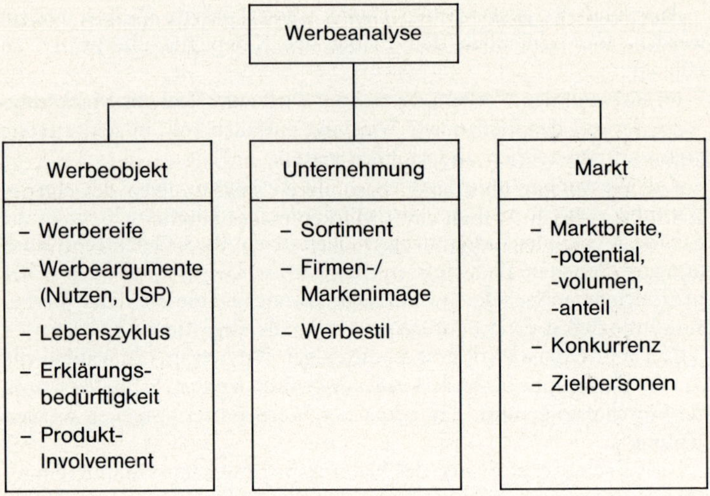

Abb. 20: Objektbereiche der Werbeanalyse

1.1 Das Werbeobjekt

Die Frage, welche Produkte oder Dienstleistungen beworben werden sollen, hängt – unter anderem – von der Werbereife des Werbeobjektes ab: Werbereif ist es dann, wenn echte Wertangaben, Argumente, durch die es sich von Konkurrenzprodukten unterscheidet, angeführt werden können. Erst dann kann der Verbraucher ermessen, ob das angebotene Gut für ihn von Nutzen ist.

Schon Viktor Mataja (Die Reklame, 1910), der Begründer der Werbetheorie im deutschsprachigen Raum, hat um die Jahrhundertwende darauf hingewiesen, daß Werbeargumente mit Ausschließlichkeit, also Argumente, die nur für ein Produkt ins Treffen geführt werden können, den größten Erfolg versprechen. Rosser Reeves hat diese Voraussetzung als «unique selling proposition» (USP) bezeichnet, als «einzigartiges Verkaufsversprechen».

Ein Ziel der Werbeanalyse muß es also sein, Leistungen aufzuspüren, die Konkurrenzprodukte entweder nicht aufweisen oder die von den Konkurrenten nicht genannt werden. Dieser besondere Nutzen kann dabei auf zwei Ebenen liegen:

- Der stofflich-technische Nutzen betrifft die Funktion des Produktes (Grundnutzen): «braucht um die Hälfte weniger Strom», «hat eine größere Motorleistung» …

– Der seelisch-geistige Nutzen wird persönlich empfunden, betrifft Gefühle, Prestige, soziale Anerkennung usw. (Zusatznutzen): «erhöht das Ansehen bei den Mitmenschen», «ein Hauch von Luxus», ...

Bei physisch oder technisch homogenen Produkten (hohe Substituierbarkeit mit Konkurrenzprodukten) ist eine Abhebung von den Konkurrenten oft *nur* über einen besonderen Zusatznutzen des eigenen Produktes, durch Aufbau eines Markenimages möglich.

Weitere Anhaltspunkte für die Entscheidung, für welches Produkt in welchem Ausmaß geworben werden soll, liefert das Stadium des Lebenszyklus, in dem sich das Produkt befindet.

Das Modell des Produkt-Lebenszyklus stellt den Versuch dar, unterschiedliche Phasen der Umsatzentwicklung eines Produktes im Zeitablauf nachzuweisen, wie etwa Abb. 21 zeigt.

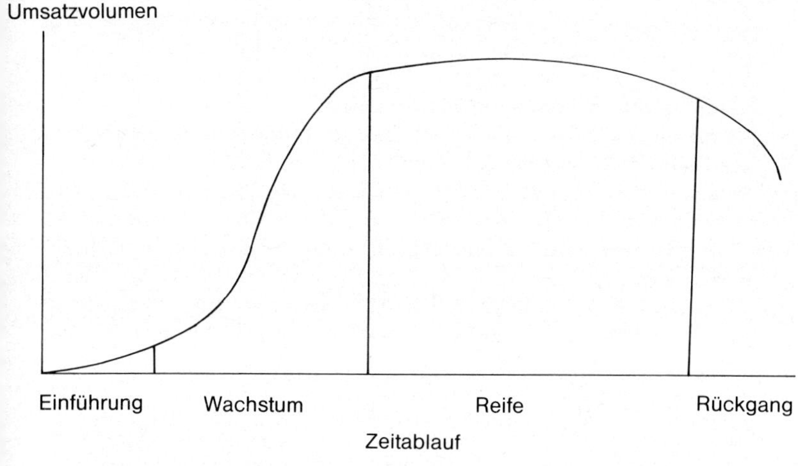

Abb. 21: Modell des Produkt-Lebenszyklus

Das Produkt durchläuft von seiner Einführung bis zur Verdrängung vom Markt unterschiedliche Stadien, die von bestimmten Verhaltensweisen der Kunden, Absatzmittler und Konkurrenten geprägt sind. Der Einsatz der Marketinginstrumente, also auch der Werbung, muß den jeweiligen Bedingungen gerecht werden.

– In der Einführungsphase sind erhebliche Investitionen vor allem auch in Werbung und Verkaufsförderung notwendig, um einen Marktdurchbruch zu erzielen.

- In der Wachstumsphase sind die Werbeaufwendungen relativ am geringsten.
- In der Reifephase verstärkt sich der Konkurrenzdruck, eine Intensivierung der Werbemaßnahmen wird notwendig.
- In der Sättigungsphase versucht man oft, Produkte mit Hilfe einer geänderten Werbekampagne zu aktualisieren (Werberelaunch). Meist aber wird das gesamte Marketing Mix aufgeboten, um ein Produkt zu aktualisieren und dadurch seinen Lebenszyklus zu verlängern: So werden bei einem Relaunch meistens die Packung (Aussehen, Größe, Packungsart), das Produkt selbst (z. B. Geschmack, Farbe, u. ä.) und die Kommunikation (Inhalt und/oder Aufmachung) geändert. Ziel der Relaunchmaßnahmen ist es, Akzeptanz beim Konsumenten zu erhalten oder zu steigern, wodurch gleichzeitig auch die Marktposition verteidigt werden soll.

Ein anderes Merkmal, das sowohl die Botschaftsgestaltung als auch die Medienwahl beeinflußt, ist die Erklärungsbedürftigkeit eines Produktes oder einer Dienstleistung. Sind das Werbeobjekt selbst, seine Anwendung oder Verwendung völlig neuartig oder kompliziert, so besteht großer Bedarf an Sachinformationen.

Sind die Zielpersonen von sich aus am Produkt stark interessiert (man spricht in diesem Fall von hohem Produkt-Involvement), so werden sie diese Informationen aktiv suchen. Die Botschaft muß also in erster Linie nicht darauf ausgerichtet werden, große Aufmerksamkeit zu erregen, sondern das Informationsbedürfnis der Zielpersonen zu befriedigen.

Dabei gilt es zu überlegen, welche Medien eine geeignete Darstellung erlauben: Präsentation in Farbe, ausführliche schriftliche Beschreibung, Demonstration der Anwendung etc.

Das Werbeobjekt selbst ist also durch eine Reihe von Merkmalen gekennzeichnet, die den Spielraum für die Werbekonzeption einengen.

1.2 Die Unternehmung

In der Regel bietet ein Unternehmen nicht nur ein einziges Produkt oder eine einzige Dienstleistung an, sondern mehrere. Die Werbekonzeption für ein Objekt ist daher sowohl auf die gesamte Angebotspalette als auch auf das Firmenimage als ganzes abzustimmen.

So können sämtliche Produkte einer Unternehmung unter dem Firmennamen oder unter einem gemeinsamen Markennamen (mit demselben Image) angeboten werden. Ergänzen sich Produkte eines Sortiments (z. B. Haarshampoo und -balsam), so wird eine gemeinsame Marke zu empfehlen sein.

Es kann aber auch sinnvoll sein, eine Image-Isolation durchzuführen, insbesondere dort, wo «technologische Barrieren» zwischen Partnerprodukten bestehen (z. B. zwischen Suppenwürze und Schokolade). Es gibt aber auch eine Reihe von Beispielen, wo technologisch ähnliche Produkte nur durch die Schaffung verschiedener Markenimages auf die Bedürfnisse bestimmter Zielgruppen abgestimmt wurden. Man denke nur an die verschiedenen Zigarettenimages.

Auf das Problem, einzelne Markenimages mit der Unternehmensidentität (Corporate Identity) zu vereinbaren, und auf die Bedingungen für die Werbekonzeption, die sich aus der Einhaltung eines bestimmten Werbestils ergeben, werden wir in Kap. III,5.2 ausführlich eingehen.

1.3 Der Markt

Um die Marktstellung eines Produktes beurteilen und daraus Werbeziele und -maßnahmen ableiten zu können, ist es notwendig, folgende Daten zu analysieren:

- Marktbreite und Marktpotential, Marktvolumen und Marktanteil
- Struktur und Leistungsfähigkeit der Konkurrenten
- Position des Produktes und der Konkurrenzprodukte aus der Sicht der Zielpersonen.

Unter Marktbreite versteht man die Anzahl der potentiellen Anhänger (Käufer, Verwender), also diejenigen Personen, die das Produkt nachfragen würden, unter der Voraussetzung, daß sie über genügend Kaufkraft verfügten und daß ihnen ihre Bedürfnisse bewußt wären. Marktpotential hingegen ist als die bei diesen Personen absetzbare Menge des Produktes definiert.

Die Größe der potentiellen Abnehmergruppen beeinflußt vor allem die Zielgruppenplanung, die Höhe des notwendigen Werbeetats sowie die Ansprachelinie: Eine Darstellung als Prestige- oder Statusprodukt wird bei einer großen Marktbreite wenig geeignet sein.

Das Marktvolumen bringt die tatsächliche Nachfrage pro Periode zum Ausdruck und umfaßt alle Produkte einer Gattung. Die Höhe des Marktvolumens ist einerseits von der Zahl der Nachfrager abhängig, andererseits von deren durchschnittlichem Bedarf. Der Marktanteil entspricht dem Bruchteil des Marktvolumens, der auf eine bestimmte Produktmarke entfällt.

Der Marktanteil ist als marketingpolitische Zielgröße besonders geeignet: Ein Umsatzanstieg kann auch nur auf günstige Umweltbedingungen (z. B. einen allgemeinen Wirtschaftsaufschwung) zurückzuführen sein. Aus einer Veränderung des Marktanteils hingegen kann direkt auf die Güte des Marketing im Vergleich zu den Konkurrenten geschlossen werden.

Die Analyse der Konkurrenten ist Voraussetzung, um eigene Marktchancen zu identifizieren. Folgende Fragen sind dabei von Interesse:
- Wer sind die Konkurrenten?
- Was bieten sie an?
- Wie verhalten sie sich auf dem Markt in Hinblick auf Produkt-, Preis-, Distributions-, Promotion und Kommunikationspolitik?

Für die Werbestrategie sind sowohl eine qualitative als quantitative Konkurrenzanalyse wichtig, wobei bei der qualitativen Konkurrenzanalyse vor allem der Inhalt der Werbebotschaft und die daraus ableitbare Positionierung interessiert (vgl. dazu Kap. III.4.2.3.).

Für die quantitative Analyse sind vor allem die Entwicklung der Marktanteile sowie die Höhe der Werbeausgaben, die benutzten Medien und deren zeitlicher Einsatz interessant.

Um das Entscheidungsverhalten der Zielpersonen gezielt beeinflussen zu können, interessiert den Werbetreibenden vor allem:
- Nach welchen Kriterien erfolgt die Beurteilung der Alternativen (sachbezogene Merkmale, gefühlsbetonte Eindrücke, wahrgenommenes Risiko, ...)?
- Wie beurteilen die Konsumenten das eigene Produkt im Vergleich zu den Konkurrenzprodukten?
- Wie werden Kaufentscheidungen getroffen (extensiv, gewohnheitsmäßig, impulsiv, ...)?
- Wie werden Informationen aufgenommen (aktiv oder passiv, über welche Medien, ...)?
- Welche Bedeutung haben soziale Faktoren (Gruppeneinfluß, Meinungsführer, Leitbilder, Rollenverhalten, ...)?

Diese Fragen werden in den folgenden Kapiteln diskutiert.

Literatur zu Kapitel III,1

Einführende Literatur

Aaker, D. A., Myers, J. G., Advertising Management, Prentice Hall, Englewood Cliffs 1982.

Bidlingmaier, J., Marketing 1+2, Rohwolt, Reinbek bei Hamburg 1973.

Weiterführende Literatur

Berekoven, L., Eckert, W., Ellenrieder, P., Marktforschung, Methodische Grundlagen und praktische Anwendung, Th. Gabler, Wiesbaden 1977.

Mataja, V., Die Reklame, Duncker & Humblot, Leipzig 1910.

Mazanec, J., Objekte der Wirtschaftswerbung, C. E. Poeschel, Stuttgart 1975.

Meffert, H., Marketing, Th. Gabler, Wiesbaden, 6. Aufl. 1982.

Mühlbacher, H., Selektive Werbung, R. Trauner Verlag, Linz 1982.

Tellis/Fornell, The Relationship Between Advertising and Product Quality Over the Product Life Cycle: a Contingency Theory, in: Journal of Marketing Research, XXV, February 1988, Seite 64–71.

2 Die Festlegung der Werbeziele

Ist die grundsätzliche Entscheidung der Unternehmung gefallen, für bestimmte Produkte bzw. Dienstleistungen Werbemaßnahmen zu treffen, sind zunächst die Werbeziele zu präzisieren. Diese Ziele müssen auf die Gesamtziele der Unternehmung abgestimmt und aus den Marketingzielen abgeleitet werden.

Folgende generelle Werbeziele sind denkbar:
- Information über Existenz eines Produkts (Einführungswerbung)
- Erhaltung und Sicherung des Absatzes (Erhaltungs-, Erinnerungswerbung)
- Abwehr gewisser Bedrohungen des Marktanteils durch die Konkurrenten (Stabilisierungswerbung)
- Erweiterung des Marktanteils (Expansionswerbung).

Aufbauend auf diese generellen Ziele lassen sich spezielle, operationale Ziele formulieren. Um operational zu sein (d. h., daß aufgrund dieser Ziele effektive Maßnahmen gesetzt und abschließend Kontrollen der Zielerreichung durchgeführt werden können), müssen die Werbeziele drei Dimensionen aufweisen: Inhalt, Ausmaß und Zeitbezug.

Ein operational formuliertes Ziel könnte beispielsweise lauten: «Der Bekanntheitsgrad des Produktes X (Inhalt) soll innerhalb des nächsten Jahres (Zeitbezug) um 5% gesteigert werden (Ausmaß).»

Nach dem Inhalt der Ziele kann man grundsätzlich zwischen ökonomischen und außerökonomischen Werbezielen unterscheiden.

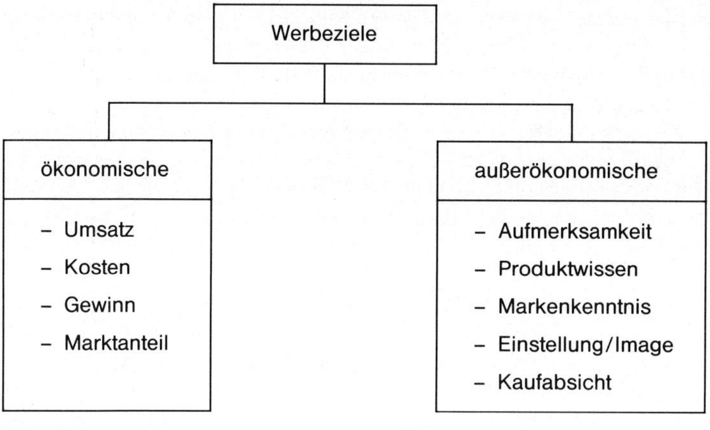

Abb. 22: Werbeziele

2.1 Ökonomische Werbeziele

Die Inhalte ökonomischer Ziele betreffen monetäre, wirtschaftliche Größen, wie Gewinn, Umsatz oder Kosten. Es handelt sich also um die Kriterien, die letztlich durch die Werbemaßnahmen beeinflußt werden sollen und damit relevant sind.

Die Verwendung ökonomischer Zielkategorien ist jedoch insoferne problematisch, als sie kaum operational sind:

- Sie enthalten keine Anhaltspunkte für die Werbedurchführenden, welche Werbestrategien zu wählen sind.
- Die Wirkung der Werbung auf diese ökonomischen Größen ist nicht oder nur mit unverhältnismäßig großem Aufwand meßbar: Die Höhe von Umsatz und Gewinn wird von sämtlichen Marketinginstrumenten beeinflußt. Es ist kaum möglich, den Teil, der auf Werbemaßnahmen zurückzuführen ist, zu isolieren.

  Darüber hinaus setzt die Werbewirkung oft erst mit zeitlicher Verzögerung ein bzw. erstreckt sich über einen längeren Zeitraum (z. B. langfristige Imagewerbung). In diesen Fällen kann eine Umsatzsteigerung nicht dem Werbeaufwand einer bestimmten Periode zugerechnet werden.

Aus diesen Gründen ist es notwendig, auf Ersatzkriterien für Werbeziele, die unmittelbar meßbar sind, auszuweichen. Solche Ersatzziele sind die außerökonomischen oder kommunikativen Ziele.

2.2 Außerökonomische Werbeziele

Werbung als beeinflussende Kommunikation zielt auf das Verhalten der Konsumenten, also z. B. auf den Kaufabschluß ab. Dieser Handlung geht aber ein psychischer Prozeß voraus, der sich im Inneren des Menschen abspielt: Die Werbebotschaft muß aufgenommen, verarbeitet und gespeichert werden.

Zur Darstellung dieses nicht beobachtbaren, geistigen Verarbeitungsprozesses wurden zahlreiche Modelle entwickelt. Ein Modelltyp sind die Stufenmodelle der Werbewirkung, die unterstellen, daß die Zielperson verschiedene Stufen der Beeinflussung durchläuft, bevor sie ihre Kaufentscheidung trifft. Abb. 23 zeigt ein vereinfachtes Stufenmodell.

Grundvoraussetzung für eine Werbewirkung ist demnach die Wahrnehmung der Botschaft. Um die Aufmerksamkeit der Zielpersonen zu erregen, müssen sowohl Inhalt als auch Gestaltung der Botschaft auf deren Motive, Bedürfnisse abgestimmt und die von ihnen häufig genutzten Medien gewählt werden.

Im nächsten Schritt muß die Werbeaussage verarbeitet werden: Text

Wirkungsstufe	Kriterium der Werbewirkung	Merkspruch
0. Ausgangslage	Soziodemographische Merkmale und *Motive* der Zielpersonen, Befriedigung durch die vorhandenen Produkte, usw.	
1. Wirkungsstufe	*Aufmerksamkeit* und Wahrnehmung	Gesendet heißt noch lange nicht empfangen!
2. Wirkungsstufe	Verstehen der Werbebotschaft (also Verarbeiten der Werbeaussage, *Markenkenntnis*, Produktwissen, usw.)	Empfangen heißt noch lange nicht verstanden!
3. Wirkungsstufe	*Einstellung*, Image, Kaufabsicht	Verstanden heißt noch lange nicht einverstanden!
4. Wirkungsstufe	*Handlung* (z.B. Kauf, Probierkauf)	Einverstanden heißt noch lange nicht getan!
5. Wirkungsstufe	*Handlungswiederholung* (Wiederkauf) auf Grund von Erinnerung und Präferenz	Getan heißt noch lange nicht dabeigeblieben!

Abb. 23: Vereinfachtes Stufenmodell der Werbewirkung

und visuelle Gestaltung sollten es den Umworbenen möglichst leicht machen, die wesentlichen Punkte der Aussage (je nach Werbeziel Kenntnis der Marke, Wissen um die Eigenschaften des Produktes usw.) rasch und richtig zu verstehen.

Die Werbung muß dazu beitragen, daß der Kunde eine positive Einstellung zum Produkt entwickelt: Erkennt der Konsument die Vorteile gegenüber den Konkurrenzangeboten, beabsichtigt er, dieses Produkt zu kaufen, so ist die Wahrscheinlichkeit eines Kaufes bereits relativ hoch.

Ob in der Kaufsituation dann tatsächlich das beworbene Produkt gewählt wird, hängt noch von einer Reihe anderer Einflußfaktoren ab: vom Preis und von der Verfügbarkeit des Produktes und der Konkurrenzprodukte, von der Beratung durch das Verkaufspersonal, von der Meinung der Begleitpersonen usw.

War man mit dem Kauf zufrieden, wurden die Erwartungen, die z. B. durch Werbung geweckt wurden, tatsächlich durch das Produkt erfüllt, so kann es zu einem Wiederkauf kommen.

Bei jedem Stufenmodell wird unterstellt, daß die Wahrscheinlichkeit eines Kaufes mit jeder weiteren Stufe, die durch Werbemaßnahmen erreicht wird, zunimmt.

Gelingt es, die Wirkung der Werbung auf die einzelnen Stufen (d. h. psychischen Konstrukte) auch zu messen, so können diese als operationale Ziele auf dem Weg zum Werbeerfolg verwendet werden.

In Abb. 24 sind einige Stufenmodelle und damit verschiedene Werbeziele, wie sie in der Literatur zu finden sind, angeführt.

Die Kritik an diesen Stufenmodellen richtet sich vor allem gegen den hierarchischen Aufbau: Eine solche «Kettenreaktion» kann nicht unterstellt werden.

Es ergeben sich Widersprüche hinsichtlich der Reihenfolge der einzelnen Wirkungsphasen: Meist sind Interessen, Kaufabsicht, sogar Kaufhandlung nicht Folge der Aufmerksamkeit für eine Werbebotschaft, sondern lenken – im Gegenteil – gerade erst die Aufmerksamkeit auf eine Information.

Die einzelnen Stufen sollten somit vielmehr als miteinander in Wechselwirkung stehende, gleichrangige innere Determinanten für ein bestimmtes Verhalten betrachtet werden. Allerdings sind die einzelnen Konstrukte nicht in allen Situationen gleich wichtig: Für jedes Produkt, für jede Zielgruppe müßte jeweils überprüft werden, welche Kriterien tatsächlich den größten Bezug zum Kaufverhalten haben.

Weiters ist zu beachten, daß auch psychologische Wirkungen das Resultat aller Marketinginstrumente sind, wenn auch manchmal die Werbung dominiert. So werden Einstellungen und Präferenzen nicht nur von der Werbung beeinflußt, sondern auch von Produktqualität, Service, Preis etc.

Ein Problem bei Verwendung der einzelnen Stufen als Zwischenziele liegt auch darin, die anzusprechende Stufe abzugrenzen. Zumeist ist es ja so, daß sich die Wirkung einer Werbekampagne gleichzeitig auf mehrere Ziele richtet, also z. B. gleichzeitig mit dem Bekanntheitsgrad die Einstellung beeinflußt. Dadurch wird natürlich wiederum die Messung des Werbeerfolges erschwert.

Abschließend ist aber dennoch festzustellen, daß außerökonomische Größen Vorteile bezüglich der Operationalität gegenüber ökonomischen Zielen aufweisen und – trotz ihrer Schwächen – geeignet sind, als unmittelbare Werbeziele, abgeleitet aus Marketingzielen, zu fungieren.

Literaturverzeichnis zu III,2

Einführende Literatur

Aaker, D. A., Myers, J. G., Advertising Management, Prentice Hall, Englewood Cliffs, 2nd ed. 1982.

Behrens, Ch., Handbuch der Werbung, Th. Gabler, Wiesbaden, 2. Aufl. 1975.

Autoren	psychologische Zielgrößen					ökonomische Zielgröße
	Stufe I	Stufe II	Stufe III	Stufe IV	Stufe V	Stufe VI
Meyer [1]	Bekanntmachung	Information	Hinstimmung			Handlungsanstoß
AIDA-Regel nach Lewis [2]	Attention	Interest	Desire			Action
Lavidge – Steiner [3]	Awareness	Knowledge	Liking	Preference	Conviction	Purchase
Colley [4]	Awareness	Comprehension	Conviction			Action
Fischerkoesen [5]	Bekanntheit	Image	Nutzen (erwartet)	Präferenz		Handlung
Seyffert [6]	Sinneswirkung	Aufmerksamkeitswirkung	Vorstellungswirkung	Gefühlswirkung	Gedächtniswirkung	Willenswirkung
Kroeber-Riel [7]	Aufmerksamkeit	affektive Haltung	rationale Beurteilung	Kaufabsicht		Kauf
McGuire [8]	Aufmerksamkeit	Kenntnis	Einverständnis mit der Schlußfolgerung	Behalten der neuen Einstellung		Verhalten auf der Basis der neuen Einstellung

1) Meyer, P. W.: Die Werbeerfolgskontrolle, Düsseldorf 1963, S. 185.
2) Rosenstiel, L. von: Psychologie der Werbung, Rosenheim 1969, S. 236 f.
3) Lavidge, R. J., Steiner, G. H.: A Model for Predictive Measurements of Advertising Effectiveness, Journal of Marketing, October 1961, S. 51–62.
4) Colley, R. H. (Hrsg.): Defining Advertising Goals for Measuring Advertising Results, New York 1961, S. 61.
5) Fischerkoesen, H. M.: Experimentelle Werbeerfolgskontrolle, Wiesbaden 1967, S. 24.
6) Seyffert, R.: Allgemeine Werbelehre, Stuttgart 1929, S. 62, Seyffert, R.: Wirtschaftliche Werbelehre, 4. Auflage, Wiesbaden 1952, S. 151.
7) Kroeber-Riel, W.: Konsumentenverhalten, 3. Auflage, München 1984, S. 604.
8) McGuire, W. J.: An Information Processing Model of Advertising Effectiveness; Paper presented at the Symposium on Behavior and Management Science in Marketing, University of Chicago, June 29 – July 1 1969, S. 6.

Abb. 24: Werbeziele in der Literatur

Weiterführende Literatur
Bidlingmaier, J., Marketing 2, Rohwolt, Reinbek bei Hamburg 1973.
Fischerkoesen, H. M., Experimentelle Werbeerfolgskontrolle, Th. Gabler, Wiesbaden 1967.
Junk, H., Optimale Werbeprogrammplanung, W. Girardet, Essen, 2. Aufl. 1973.
Koeppler, K., Werbung definiert und gemessen, Heinrich Bauer Stiftung, Velbert 1974.
Mühlbacher, H., Selektive Werbung, R. Trauner Verlag, Linz 1982.

3 Die Bestimmung des Werbebudgets

3.1 Die Bestimmung der Budgethöhe

Unter Werbebudget versteht man die Gesamtheit aller veranschlagten Werbeausgaben für eine Planperiode.

Grundsätzlich muß sich die Höhe des notwendigen Werbebudgets an den *Werbezielen* orientieren: Die gesetzten Ziele sollen mit geringstmöglichen Kosten erreicht werden.

Folgende Faktoren beeinflussen die Budgethöhe:
- Welche Werbeobjekte (in welcher Phase des Lebenszyklus) sollen beworben werden?
- Welche Zielgruppen (mit welchen Merkmalen) sollen umworben werden?
- Welche Werbemittel (welche Gestaltung bezüglich Größe, Farbe usw.) sind zur Zielerreichung notwendig,
- Welche Werbeträger, wieviele Einschaltungen erscheinen zweckmäßig?

Wie bereits in Kap. II,2 erläutert wurde, wirken die einzelnen Marketinginstrumente nicht unabhängig voneinander auf den Umsatz, sie bedingen bzw. beeinflussen einander gegenseitig.

Um diesen Interdependenzen Rechnung zu tragen, muß der Werbeetat mit den *Budgets der übrigen Marketinginstrumente* abgestimmt werden.

Zusätzlich sind folgende zwei *Restriktionen* zu berücksichtigen:
- Finanzielle Situation des Unternehmens
- Maßnahmen der Konkurrenten.

Bei sehr knappen finanziellen Ressourcen ist es notwendig, die Werbeausgaben in erster Linie an der Liquidität des Unternehmens zu orientieren. In diesem Fall bleibt kein finanzieller Spielraum, um Umsatzschwankungen durch antizyklische Werbung auszugleichen.

Bei der Bestimmung des Werbebudgets müssen schließlich auch die

Konkurrenzmaßnahmen berücksichtigt werden. Will das Unternehmen seinen Marktanteil erhalten oder vergrößern, so muß die Wirkung der Konkurrenzwerbung durch eigene Werbeanstrengungen neutralisiert bzw. überkompensiert werden.

Diese Aussage gilt jedoch nur für stagnierende und schrumpfende Märkte. In stark wachsenden Märkten wirkt die Konkurrenzwerbung als Stimulus auch für den eigenen Umsatz, wenn Distribution, Qualität und Preis des eigenen Angebotes in Ordnung sind.

In der Folge werden einige Verfahren der Werbebudgetierung dargestellt. Allerdings entsprechen weder die in der Praxis angewandten Methoden noch die einzelnen theoretischen Lösungsansätze allen diesen Anforderungen an eine optimale Budgetierung.

Die Schwierigkeit einer Budgeterstellung unter ökonomischen Gesichtspunkten liegt vor allem darin, den Zusammenhang zwischen der Höhe der Werbeausgaben und der jeweiligen Wirkung auf den Umsatz zu bestimmen, d. h. exakte Werbewirkungsverläufe festzustellen.

Auch wenn umfangreiches Datenmaterial aus der Vergangenheit vorhanden ist, so kann eine Zuordnung der Erlöse zu den Werbekosten aus folgenden Gründen nicht exakt durchgeführt werden:

- Die Wirkung der Werbung ist nicht nur von den Werbeausgaben, sondern auch vom Einsatz der übrigen Marketinginstrumente abhängig.
- Werbemaßnahmen wirken oft erst mit zeitlicher Verzögerung (Time-Lag) und meist langfristig (z. B. eine Imagekampagne). Eine Wirkung ist damit nicht den Werbeausgaben einer bestimmten Periode zurechenbar.
- Die Wirkung einer Werbekampagne ist von qualitativen Komponenten (wie kreativer Gestaltung) abhängig, nicht nur von den aufgewendeten Geldmitteln.

3.1.1 Budgetierungsmethoden der Praxis

3.1.1.1 Umsatz- bzw. Gewinnanteilmethode

Bei diesem Verfahren werden die Werbekosten als Prozentsatz vom vergangenen oder erwarteten Umsatz bzw. Gewinn geplant.

3.1.1.2 Methode der Werbekosten je Verkaufseinheit

Jeder Produkteinheit wird ein bestimmter Betrag für Werbezwecke zugewiesen.

3.1.1.3 *Methode der finanziellen Tragbarkeit*

Hier wird der Werbeetat anhand der vorhandenen finanziellen Mittel festgelegt.

Der Vorteil dieser drei Methoden liegt darin, daß sie leicht anwendbar sind und die finanzielle Situation der Unternehmung berücksichtigen.

Mit diesen Verfahren ist es jedoch nicht möglich, den Umsatz oder Gewinn durch Werbung gezielt zu beeinflussen, weil gerade diese Größen (direkt oder indirekt über die verfügbaren Mittel) die Höhe des Werbebudgets bestimmen. Der sachlogische Zusammenhang, daß die Höhe des Umsatzes von den Werbeausgaben abhängt, wird damit umgekehrt.

Durch die Verwendung des Umsatzes als Bezugsgröße wirkt die Werbung tendenziell prozyklisch: In Zeiten hohen Umsatzes wird die Nachfrage durch hohe Werbeausgaben zusätzlich gesteigert, Konjunkturzyklen werden somit verstärkt.

Mit diesen Verfahren werden weder das Zusammenwirken der Werbung mit anderen Marketinginstrumenten noch Konkurrenzmaßnahmen berücksichtigt.

3.1.1.4 *Konkurrenz-Paritäts-Methode*

Ausgangspunkt für die Bestimmung des Werbebudgets ist die Gepflogenheit der Konkurrenten.

Die Orientierung erfolgt meist an einem durchschnittlichen, branchenüblichen Wert aus der Vergangenheit. Dabei wird unterstellt, daß die Marktsituation und Marketingbedingungen für sämtliche Unternehmen der entsprechenden Branche gleich sind.

Beliebt sind in diesem Zusammenhang die «share-of-mind» und «share-of-voice»-Methoden, bei denen sich der Werbungtreibende am Werbedruck entweder im spezifischen Pruduktbereich, jenem im Interessenbereich der Zielgruppe, dem Gesamtwerbedruck in allen Medien oder in den genutzten Medien oder schließlich dem saisonalen Werbedruck orientiert. «Share-of-voice» bezeichnet dabei beispielsweise den Anteil der Werbeaufwendungen des einzelnen Werbetreibenden am Gesamtwerbeaufkommen der Branche, während man unter «share-of-mind» den Anteil am Bewußtsein, an der spontanen Erinnerung der Verbraucher versteht. Share-of-voice kann sich auch auf eine einzelne Marke beziehen; in diesem Fall ist die Bezugsgröße das Werbeaufkommen der Produktgruppe. Der «share-of-mind» entsteht im Lauf der Zeit; aus diesem Grund ist es sinnvoller, den «share-of-voice» in einem längerfristigen Zusammenhang zu sehen.

Mit diesen Verfahren werden weder Kommunikationsziele noch

andere Einflußfaktoren außer den Konkurrenzmaßnahmen berücksichtigt.

3.1.1.5 Werbezielabhängige Methoden

Diese richten sich streng an der jeweiligen Aufgabe aus und versuchen, das vorgegebene Werbeziel mit geringstmöglichen Kosten zu erreichen.

Dazu sind drei Schritte notwendig:

1. Das Werbeziel ist operational (meßbar) festzulegen,
2. die Instrumente (Werbemittel, -träger) müssen zur Zielerreichung möglichst eindeutig bestimmt werden,
3. deren Kosten sind zu bestimmen und zum Werbebudget aufzusummieren.

Dieses Verfahren entspricht am ehesten den theoretischen und praktischen Anforderungen: Das Werbebudget wird aufgrund der gesetzten Kommunikationsziele bestimmt. Dabei können die Stellung des Produktes auf dem Markt sowie die Position im Lebenszyklus berücksichtigt werden.

Der Werbeeinsatz der Konkurrenten sowie die finanzielle Situation des Unternehmens stellen Nebenbedingungen dar. Fehlen finanzielle Mittel zur Erreichung eines bestimmten Zieles, so müssen die Werbeziele revidiert und herabgesetzt werden.

3.1.2 Theoretische Lösungsansätze

3.1.2.1 Marginalanalytischer Ansatz

Dieser Ansatz beruht auf dem Ziel, den Gewinn zu maximieren. Eine Unternehmung muß ihre Werbeausgaben so lange erhöhen, wie sie dadurch einen Gewinnzuwachs erzielt. Das optimale Werbebudget ist erreicht, wenn die Grenzausgaben der Werbung und der dadurch erzielte Grenzerlös gleich groß sind.

Diese theoretisch begründete Methode hat kaum Wert für die praktische Anwendung. Die Kritik betrifft dabei nicht die Logik des Modells, sondern vielmehr die Prämissen:

- Die exakte Werbewirkungsfunktion, die stetig und differenzierbar sein muß, wird als bekannt vorausgesetzt.
- Ziel des Unternehmens kann nur Gewinnmaximierung sein, also werden kommunikative Werbeziele (z. B. Imagebeeinflussung) nicht erfaßt.
- Zeitliche Wirkungsverzögerungen, langfristige Wirkung über die jeweilige Periode hinaus, Konkurrenzeinflüsse und interdependente Beziehungen zwischen den Marketinginstrumenten können zwar bis

zu einem gewissen Grad als Nebenbedingungen berücksichtigt werden; allerdings wird dadurch der Aufwand an Marktforschung, Rechenzeit und Rechenkosten unverhältnismäßig groß.

3.1.2.2 *Investitionstheoretischer Ansatz*

Mit dieser Methode können langfristige Werbewirkungen berücksichtigt werden. Werbemaßnahmen werden als Investitionen behandelt: Zum Zeitpunkt der Aufstellung des Werbebudgets verschafft man sich einen Überblick über den Ausgaben- und Einnahmenstrom, d. h. über die Werbeaufwendungen und den dadurch verursachten Rückfluß an finanziellen Mitteln.

Mit Hilfe der Kapitalwertmethode wird dann der Gegenwartswert (Kapitalwert) der Werbeinvestition dadurch bestimmt, daß die Differenz zwischen erwarteten Werbeerlösen und -ausgaben auf den Planungszeitpunkt abgezinst wird. Gibt es im Hinblick auf Werbung mehrere Investitionsmöglichkeiten, so ist die Alternative mit dem größten Kapitalwert zu wählen.

Die Anwendung dieser Methode in der Praxis scheitert großteils an der Schwierigkeit, die Werbewirkung und damit die Werbeerlöse exakt und im voraus zu bestimmen. Außerdem fordern Werbemaßnahmen in der Regel die Konkurrenten zu Reaktionen heraus, die durch dieses Modell kaum erfaßbar sind.

3.1.2.3 *Dynamische Ansätze*

Dynamische Ansätze berücksichtigen, daß die Wirkung der Werbung über mehrere Perioden anhält, jedoch mit der Zeit schwächer wird (z. B. durch Vergessen).

Ein dynamisches Budgetierungsmodell konstruierten *Vidale und Wolfe*. Es basiert auf umfangreichen empirischen Untersuchungen, die gezeigt haben, daß Umsätze von Produkten ohne Werbeunterstützung von Periode zu Periode sinken. Umsatzzunahmen, die durch intensive Werbung hervorgerufen werden, sind andererseits nur bis zu einem bestimmten Sättigungsniveau möglich.

Diese dynamischen Effekte werblicher Einflüsse werden in einem Gleichgewichtsmodell formalisiert, wobei die Beziehung zwischen Umsatz und Werbeaufkommen durch folgende drei Größen beschrieben wird:

- Umsatzabnahmerate λ: jene Rate, mit der die Umsätze (U) bei einem Aussetzen der Werbung in einer bestimmten Zeitperiode zurückgehen (z. B. weil Käufer zu einer anderen Marke wechseln oder das Produkt weniger häufig kaufen).
- Sättigungsniveau M: das Absatzpotential, d. h. die Zahl der maximal gewinnbaren Käufer bei einem bestimmten Umsatz.

– Wirkungskonstante r: jene Umsätze, die einer zusätzlich eingesetzten Werbeeinheit zuzurechnen sind, vorausgesetzt, daß die bisherigen Umsätze Null waren.

Bei Annäherung des Umsatzes an das Sättigungsniveau sinkt der zusätzliche Umsatz pro ausgegebener Werbeeeinheit, da immer weniger Kunden übrigbleiben, die durch Werbung gewonnen werden können.

Die durch Einsatz eines Werbebudgets B bewirkten Umsatzänderungen lassen sich durch folgende Gleichung ausdrücken:

$$\frac{dU}{dt} = r \cdot B_t \cdot \frac{(M - U_t)}{M} - \lambda \cdot U_t$$

Somit werden stets zwei Faktoren wirksam:

Bisherige Nichtkunden werden durch den Einsatz von Werbung zu Käufern des Produktes, ein konstanter Anteil bisheriger Kunden geht dagegen verloren.

Um den Umsatz auf der erreichten Höhe zu halten (d. h. um soviele Kunden in einer Periode zu gewinnen, wie durch Markenwechsel verlorengehen), ist folgendes Werbebudget notwendig:

$$B_t = \frac{\lambda \cdot U_t \cdot M}{r \cdot (M - U_t)}$$

Dabei muß das Budget um so höher sein, je näher die Umsätze am Sättigungsniveau liegen und je größer das Verhältnis der Abnahmerate zur Wirkungskonstanten ist.

Vorteilhaft am Modell von Vidale und Wolfe sind eine spezifische Zielsetzung (die Aufrechterhaltung des Umsatzniveaus) und die Berücksichtigung der nachlassenden Werbewirkung. Zu kritisieren ist allerdings, daß die Erhaltung des Umsatzniveaus nur eines der möglichen Unternehmensziele darstellt.

Die Prämisse, daß Umsatzsteigerung nur durch Gewinnung neuer Kunden möglich ist, gilt nur für Produkte, deren Verbrauch mengenmäßig fixiert ist (z. B. ist es nicht üblich, sich eine «Zweit-Waschmaschine» anzuschaffen). Außerdem fehlt in diesem Modell die Einbeziehung der übrigen Marketinginstrumente und der Konkurrenzwerbung.

Die Anwendung dieses Modelles scheitert in der Praxis vor allem an zwei Problemen:

– an den nicht praxisgerechten Prämissen
– an der Beschaffung der notwendigen Daten.

Die Bestimmung der einzelnen Parameter bereitet erhebliche Schwierigkeiten: Um die Wirkungskonstante r empirisch zu bestimmen, müßte das Unternehmen sogar einmal zu verkaufen aufhören, da r auf der Basis eines Umsatzes von Null definiert ist. Außerdem können sich diese

Parameter im Zeitablauf verändern, da die Marktverhältnisse nicht konstant bleiben.

3.1.2.4. Konkurrenzbezogener Ansatz / Modell von Weinberg

Das Modell von Weinberg geht davon aus, daß Werbung für ein bereits eingeführtes Produkt auf einem gesättigten Markt ohne Einfluß auf den Branchenumsatz bleibt und lediglich die Aufteilung des Marktes innerhalb der Branche und damit die Marktanteile verändert. Der Marktanteil ist eine Funktion der «Werbeänderungsrate», die sich auf zwei Arten definieren läßt:

$$\text{Werbeänderungsrate}_{(\text{brutto})} = \frac{\dfrac{\text{Werbeausgaben der Unternehmung}}{\text{Umsätze der Unternehmung}}}{\dfrac{\text{Werbeausgaben der Gesamtbranche}}{\text{Umsätze der gesamten Branche}}} \times 100$$

$$\text{Werbeänderungsrate}_{(\text{netto})} = \frac{\dfrac{\text{Werbeausgaben der Unternehmung}}{\text{Umsätze der Unternehmung}}}{\dfrac{\text{restliche Werbeausgaben der Branche}}{\text{restliche Umsätze der Branche}}} \times 100$$

In zahlreichen empirischen Überprüfungen konnte ein Zusammenhang zwischen der Werbeänderungsrate und der Veränderung des Marktanteils von Unternehmen festgestellt werden. Falls die Werbeausgaben miteinander konkurrierender Unternehmen gleich produktiv sind (z. B. hinsichtlich Kreativität, Zielgruppenabdeckung und Mediawirkung), folgt daraus folgende Tendenz:

Werbeänderungsrate $<$ 100: Tendenz zu sinkenden Marktanteilen
Werbeänderungsrate $=$ 100: Marktanteile bleiben unverändert
Werbeänderungsrate $>$ 100: Tendenz zu steigenden Marktanteilen

Vorerst ist es notwendig, eine unternehmensspezifische Werbewirkungsfunktion zu berechnen. Diese Funktion bezeichnet den empirisch ermittelten Zusammenhang zwischen Marktanteil und Werbeänderungsrate und wird aufgrund von Vergangenheitsdaten geschätzt.

Aus der Werbewirkungsfunktion wird die Werbeänderungsrate ermittelt, in den obigen Doppelbruch eingesetzt und dieser nach den «Werbeausgaben des Unternehmens» aufgelöst.

Das folgende Beispiel soll die Ausführungen untermauern: Wie aus den Berichtsbänden des Media- und Market Observers (MMO) zu entnehmen ist, betrugen die Werbeausgaben der Mineralwassermarke «Römerquelle» im Jahr 1983 rund 16,3 Mio Schilling. Die Werbeausgaben der Gesamtbranche Mineralwasser lagen in diesem Zeitraum bei ca. 38,3 Mio.

Als Unternehmensziel wird angenommen, daß im Jahr 1984 der Marktanteil von Römerquelle von 22% im Jahr 1983 auf 23,5% gesteigert werden soll.

Um die Werbeausgaben von Römerquelle berechnen zu können, müssen zusätzlich folgende Informationen vorhanden sein bzw. geschätzt werden:

Prognostizierter Branchenumsatz für das Jahr 1984: 1,3 Milliarden. Prognostizierte Werbeausgaben der Restbranche für 1984: Im Beispiel wird angenommen, daß sich diese Werbeausgaben gegenüber 1983 um 10% erhöhen.

Für Römerquelle sei im Beispiel folgende Werbewirkungsfunktion ermittelt worden:

$$\Delta\ MA_t = 1{,}5 \log W_t - 3{,}3$$

Legende: Δ = Änderung in %
MA = Marktanteil
t = Index der Periode
W = Werbeänderungsrate

Als Resultat erhält man einen Betrag von ca. öS 18,5 Mio als notwendige Werbeausgaben von Römerquelle im Jahr 1984, um den Marktanteil auf 23,5% zu erhöhen.

Das Modell von Weinberg läßt sich auch für eine Produktneueinführung adaptieren. In beiden Fällen wird davon ausgegangen, daß sowohl die Ersatzrate als auch die Annahmerate des neuen Produktes eine Funktion der Zeit und der getätigten Werbeausgaben sind.

Zusammenfassend kann man feststellen, daß die Kosten der Informationsgewinnung um so höher werden, je eher ein Lösungsansatz den theoretischen Anforderungen an eine optimale Werbebudgetierung entspricht.

Bei den Budgetierungsmodellen der Praxis ist der Aufwand zwar relativ gering, von Nachteil sind jedoch

- die zu starke Vereinfachung der Wirklichkeit,
- die Vernachlässigung der Interaktionen zwischen den Marketinginstrumenten sowie
- die Schwierigkeiten bei der Schätzung der periodenüberschreitenden Wirkung.

Im Sinne einer aktiven Marktbearbeitung muß das Budget in erster Linie an der Zielsetzung und den zur Zielerreichung notwendigen Kosten bemessen werden. Wenn auch die optimale Lösung nur theoretisch möglich ist, so sollte wenigstens eine Annäherung an dieses Optimum angestrebt werden.

3.2 Die Verteilung des Werbebudgets

Nach der Bestimmung der Höhe des Werbebudgets ist eine Verteilung des Budgets nach sachlichen Kriterien sowie zeitlich innerhalb der Planperiode vorzunehmen.

3.2.1 Sachliche Verteilung

Nach sachlichen Kriterien muß entschieden werden, welcher Teil des Werbebudgets jeweils für

- einzelne Werbeobjekte (Produkte, Dienstleistungen)
- verschiedene Kundensegmente (geographische Märkte, Intensivverwender usw.)

aufgewendet werden soll.

Nach ökonomischen Gesichtspunkten muß diese Aufteilung wiederum aufgrund einer Kosten-Nutzen-Analyse erfolgen, d. h. daß jede zusätzliche Geldeinheit dort eingesetzt werden sollte, wo sie den größten Gewinn zu erzielen verspricht. In der Praxis steht der Werbetreibende allerdings wieder vor dem schwer lösbaren Problem, die durch Werbemaßnahmen erzielten Erträge den jeweiligen Kosten genau zuzurechnen.

3.2.2 Zeitliche Verteilung

Will man die Werbeausgaben zeitlich über die Planperiode verteilen, so stellt sich zunächst die Frage,

- intensive Werbeanstrengungen auf eine kürzere Zeitperiode zu konzentrieren («Klotzen») oder
- die Werbemaßnahmen kontinuierlich über die Planperiode zu verteilen («Kleckern»).

Diese Entscheidung hängt vor allem vom Ziel der Werbekampagne ab: Soll z. B. eine Sonderaktion in kurzer Zeit möglichst vielen Personen bekanntgemacht werden, so ist sicherlich ein starker Impuls vorteilhaft. Geht es jedoch darum, einen Markennamen aufzubauen oder ein Image zu pflegen, so werden kontinuierliche Werbeanstrengungen notwendig sein.

Eine klassische Studie zum Thema Merken bzw. Vergessen von Werbebotschaften stammt von Zielske (1959): Er untersuchte die unterschiedliche Wirkung von intensiver Werbung innerhalb weniger Wochen und kontinuierlicher Werbung während eines ganzen Jahres auf die Gedächtnisleistung.

Zu diesem Zweck wurden zwei Gruppen von zufällig ausgewählten Hausfrauen jeweils 13 Anzeigen zugesandt. Eine Gruppe erhielt diese Anzeigen wöchentlich, 13 Wochen lang. Die zweite Gruppe bekam dieselben Anzeigen im Abstand von vier Wochen und somit über das ganze Jahr verteilt.

Während dieses Jahres wurde regelmäßig mittels telephonischer Interviews nach der Erinnerung an diese Werbebotschaften gefragt, wobei durch Nennung der Produktklasse geholfen wurde (aided recall, gestützte Erinnerung). Um die Auskunftspersonen nicht zu sensibilisieren, d. h. auf Anzeigen dieser Art aufmerksam zu machen und damit die Ergebnisse zu verfälschen, wurde jede Hausfrau höchstens einmal befragt.

Das Resultat dieser Untersuchung zeigen Abb. 25 und Abb. 26.

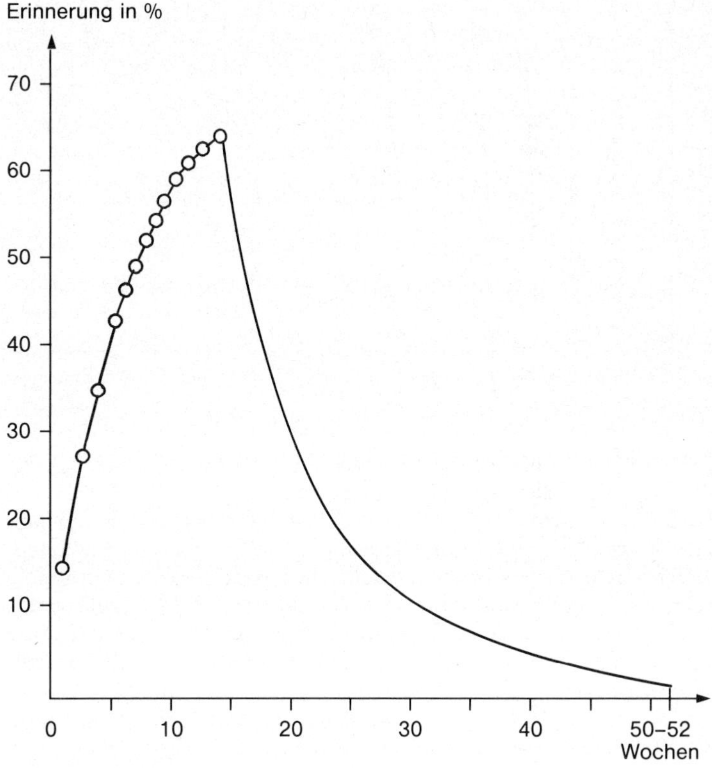

Abb. 25: Erinnerung in % bei wöchentlich aufeinanderfolgenden Kontakten

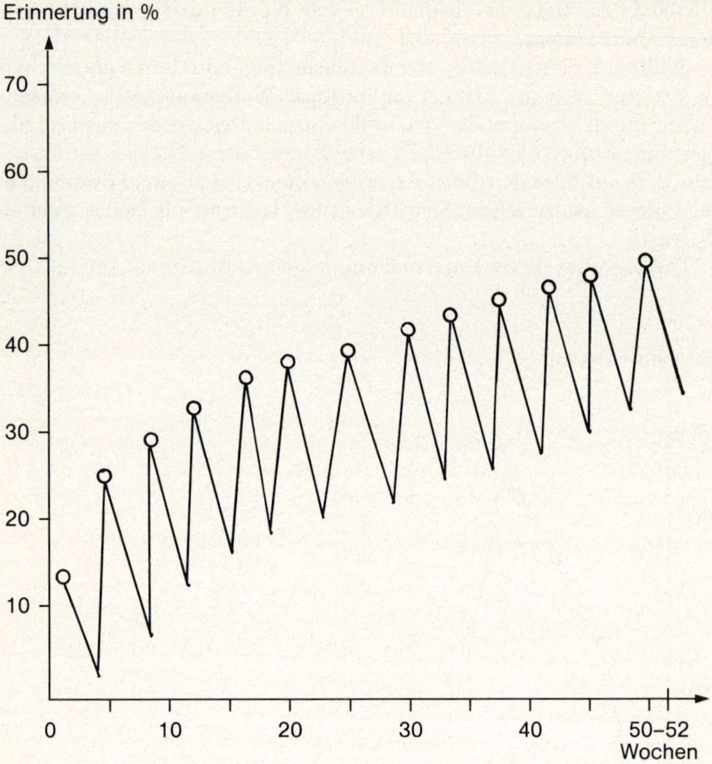

Abb. 26: Erinnerung in % bei Abständen von vier Wochen zwischen den Kontakten

Bei wöchentlich wiederholtem Werbeeinsatz stieg der Lernerfolg (Erinnerung in Prozent) zwar schneller und relativ hoch an, fiel jedoch rasch wieder ab. Bei Verteilung der Werbebotschaften über das ganze Jahr stieg die Erinnerungsleistung kontinuierlich mit jedem zusätzlichen Kontakt.

Zu beachten ist allerdings, daß hier die Erinnerung an die Werbebotschaft gemessen wurde. Es ist jedoch durchaus möglich, daß ein Werbeerfolg eintritt, während die Botschaft selbst vergessen wird: Die Zielpersonen können beispielsweise lernen, eine Marke den anderen vorzuziehen, ohne sich jedoch die Werbeaussage selbst zu merken.

Bei der zeitlichen Werbeplanung muß überdies auf Gesetzmäßigkeiten der Nachfrage (z. B. Konjunktur, Saison, Feiertage) Rücksicht genommen werden. Grundsätzlich bestehen drei Möglichkeiten, um auf Bedarfs- oder Saisonschwankungen zu reagieren:

- Ausgleichen von Umsatzschwankungen im Rahmen von Saison- und Konjunkturschwankungen (antizyklische Werbung)
  Beispiel: Besondere Werbeanstrengungen von Fremdenverkehrsbetrieben in der schwachen Saison, um leerstehende Betten zu vermeiden.
- Ausnutzen von Umsatzschwankungen (prozyklische Werbung)
  Beispiel: Hohe Werbeausgaben von Geschenkartikelherstellern vor Weihnachten, um die ohnehin große Nachfrage auf das eigene Produkt zu lenken.
- Konstante Werbeausgaben ohne Berücksichtigung von Umsatzschwankungen.

Bei der Anpassung der Werbemaßnahmen an Schwankungen ist jedoch zu beachten, daß die Wirkung bei den Zielpersonen meist erst mit einem Time-Lag eintritt. Demzufolge müßte die Werbung der Umsatzkurve immer ein Stückchen vorauseilen.

Andererseits verflüchtigt sich die Werbewirkung durch Vergessen, wie auch das Experiment von Zielske zeigte. Wie rasch jeweils verges-

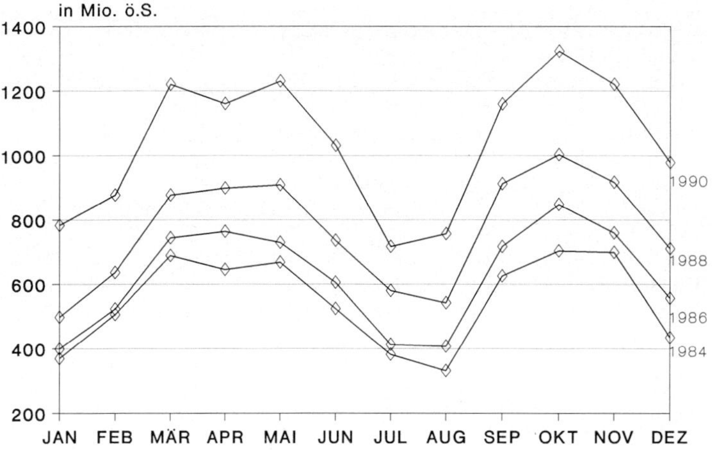

Abb. 27: Österreichisches Werbeaufkommen 1984 bis 1990: Saisonale Entwicklung

sen wird, hängt vom Produkt selbst ab, von der Botschaft, vom Medium, von Eigenschaften und Interessen der Zielpersonen.

Betrachtet man die Verteilung der gesamten Werbeausgaben über ein Jahr in der Praxis, so sind diese regelmäßig in den Monaten Juli und August besonders niedrig (vgl. Abb. 27), wobei die Situation in Österreich und Deutschland sehr ähnlich ist. Dieses Sommerloch der Werbung entspricht jedoch nicht dem Nachfrageverhalten der Konsumenten.

Nach Informationen des (deutschen) Zentralausschusses für Werbewirtschaft (1983) verteilen sich die (gesamten) Konsumausgaben fast gleichmäßig auf das ganze Jahr, sieht man von den Weihnachtseinkäufen im Dezember ab.

Daten aus Österreich zeigen, daß bei einer Reihe von Produkten die Nachfrage der Einheimischen, die ihren Urlaub im Ausland verbringen, durch die der Feriengäste kompensiert wird.

Es ist daher anzuraten, für jedes Produkt, jede Zielgruppe, aber auch in Bezug auf Medien, im Einzelfall zu überprüfen, wann geworben werden soll. Wenn eigene Gewohnheiten bzw. die Usancen der übrigen Werbetreibenden unkritisch übernommen werden, besteht die Gefahr, daß man sich Wettbewerbschancen entgehen läßt.

Literaturverzeichnis zu III,3

Einführende Literatur

Aaker, D. A., Myers, J. G., Advertising Management, Prentice Hall, Englewood Cliffs, 2nd ed. 1982.

Böcker, F., Dichtl, E., Erfolgskontrolle im Marketing, Duncker & Humblot, 1975.

Broadbent, S., The Advertising Budget, McGraw-Hill, London 1989.

Junk, H., Optimale Werbeprogrammplanung – Grundlagen und Entscheidungsmodelle, W. Girardet, Essen, 2. Aufl. 1973.

Korndörfer, W., Die Aufstellung und Aufteilung von Werbebudgets, C. E. Poeschel, Stuttgart 1966.

Weiterführende Literatur

Kleinert, H., Die Festsetzung des Werbe-Etats für eingeführte Produkte, Kriterion Verlag, Zürich 1981.

Kroeber-Riel, W. (Hrsg.), Konsumentenverhalten und Marketing, Westdeutscher Verlag, Opladen 1975.

Lambin, J., Grundlagen und Methoden Strategischen Marketings, McGraw Hill, Hamburg 1987.

Pudenz, W., Festsetzung und Verteilung von Werbebudgets, V. Florentz, München 1978.

Rogge, H.-J., Werbung, Kiehl, Ludwigshafen, 2. Aufl. 1990.

Schmalen, H., Kommunikationspolitik, Werbeplanung, W. Kohlhammer, Stuttgart 1985.
ZAW – Zentralausschuß der Werbewirtschaft (Hrsg.), Werbung '83, Bonn 1983.
Zielske, H. A., The Remembering and Forgetting of Advertising, in: Journal of Marketing Research, 23, 1959.

4 Analyse des Konsumentenverhaltens und Definition der Zielperson

4.1 Analyse des Konsumentenverhaltens

Ziel der Werbung ist es, das Verhalten der Konsumenten zu beeinflussen. Um aber Werbebotschaften wirksam zu gestalten, um Medien gezielt auszuwählen, bedarf es möglichst genauer Informationen über das Zustandekommen der Werbewirkung bei den Zielpersonen:
- Wie wird die Werbebotschaft aufgenommen und verarbeitet?
- Welche psychischen Determinanten sind maßgeblich für das Kaufverhalten?
- Wie werden Kaufentscheidungen individuell und kollektiv getroffen?

Diese Fragen sollen in der Folge behandelt werden.

4.1.1 Ansätze zur Erklärung der Werbewirkung

Mit der Frage, wie menschliches Verhalten zustandekommt und wie es beeinflußt werden kann, haben sich verschiedene wissenschaftliche Disziplinen auseinandergesetzt. Es existiert daher eine Reihe von Theorien und Modellen, die sich – unter jeweils anderen Gesichtspunkten – bemühen, eine Antwort auf diese Frage zu geben.

Bereits in Kapitel I wurden verschiedene Ansätze der Kommunikationsforschung dargestellt, die zu erklären versuchen, unter welchen Bedingungen Botschaften eines Senders die beabsichtigte Wirkung beim Empfänger hervorrufen.

Wir wollen nun einige Modelle, die sich mehr auf die Zielperson selbst konzentrieren, vorstellen. Im Mittelpunkt der Überlegungen stehen dabei die Vorgänge im Inneren (Organismus) des Menschen zwischen dem Wahrnehmen einer Botschaft (Stimulus) und dem davon beeinflußten Verhalten (Reaktion). Sie werden intervenierende Variable genannt und sind nicht direkt beobachtbar. Man bezeichnet diese Modelle als S-I-R- oder S-O-R-Modelle.

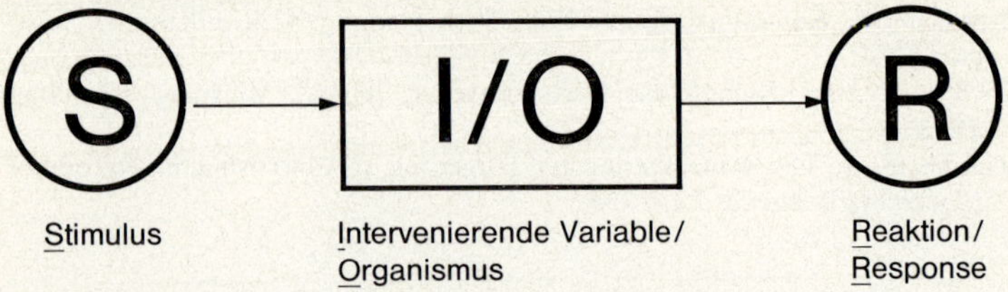

Abb. 28: S-I-R- oder S-O-R-Modelle

Bei Strukturmodellen, die das Zustandekommen von Entscheidungen mittels psychischer Prozesse erklären, kann man zwischen Totalmodellen und Partialmodellen unterscheiden.

Totalmodelle bemühen sich um eine möglichst umfassende Erklärung des gesamten Entscheidungsprozesses eines Konsumenten. Ihr Vorteil liegt darin, daß sie einen globalen Überblick über das Zusammenwirken einzelner, am Entscheidungsprozeß beteiligter Faktoren liefern. Aus der Kenntnis von Wirkungszusammenhängen sind Hinweise für die konkrete Gestaltung der Marketingplanung ableitbar. Ihre praktische Anwendung in dieser komplexen Form scheitert jedoch an dem für die Datenbeschaffung notwendigen Zeit- und Kostenaufwand.

Partialmodelle dagegen beschränken sich auf einen Erklärungsausschnitt: Sie konzentrieren sich in der Regel auf ein zentrales Konstrukt (Begriff), das in besonders engem Zusammenhang mit der Kaufentscheidung steht, wie beispielsweise die Einstellung.

Bevor wir nun im einzelnen auf die psychischen Vorgänge im Inneren des Menschen eingehen, wollen wir in Abb. 29 das Kaufentscheidungsmodell nach Howard und Sheth (1969), eines der bekanntesten Totalmodelle, als Überblick darstellen.

Dieses Modell versucht, extensive (d. h. besonders komplexe) Kaufentscheidungsprozesse zu analysieren.

Als Stimulus wirken verschiedene Inputvariablen auf den Menschen ein: Reize, die sich aus der Produktdarbietung, den symbolischen Informationen (also auch der Werbung) und sozialen Einflüssen ergeben.

Als Reaktion (Outputvariable) gelten nicht nur das Kaufverhalten selbst, sondern auch die psychischen Vorstufen, soweit diese meßbar sind. Es handelt sich also um dieselben psychischen Konstrukte, die wir bereits als Stufenmodell der Werbewirkung und damit als mögliche Zielgrößen der Werbung kennengelernt haben (vgl. Kap. III,2.2).

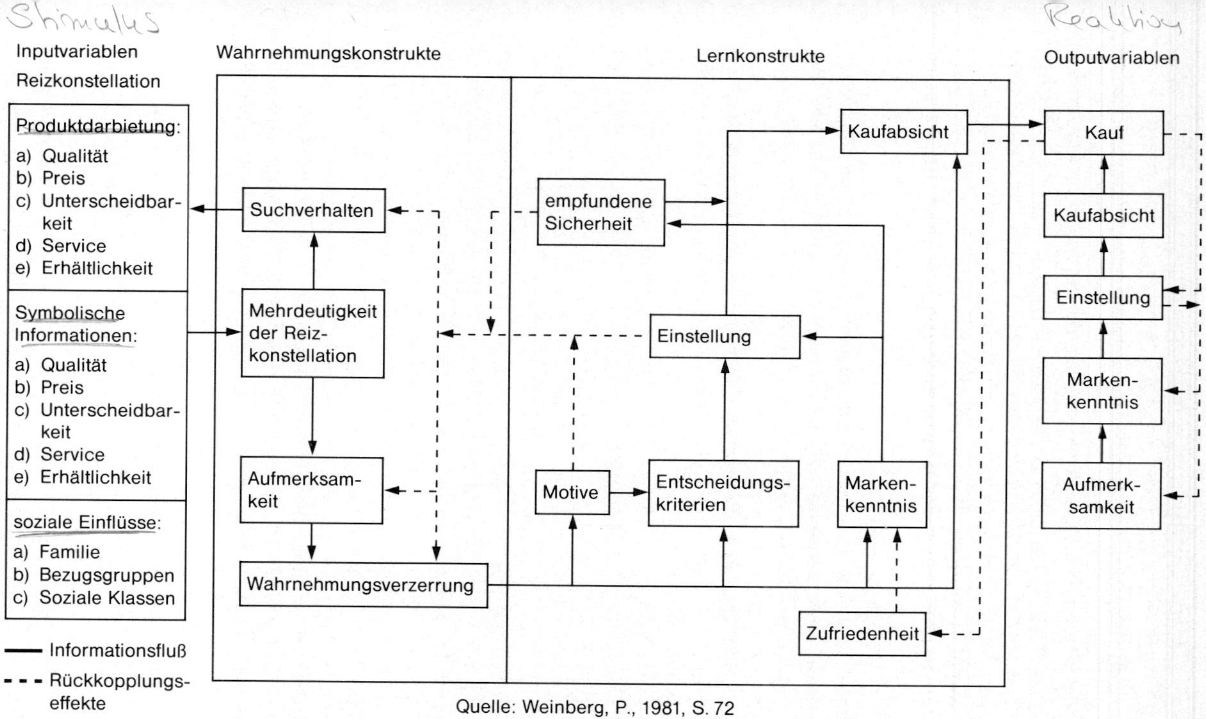

Quelle: Weinberg, P., 1981, S. 72

Abb. 29: Kaufentscheidungsmodell nach Howard und Sheth

Nun allerdings gilt unser Interesse vor allem den psychischen Prozessen zwischen Reiz und Reaktion:
- Wahrnehmung und
- Lernen.

In der Folge sollen diese Prozesse sowie die für die Werbekonzeption wesentlichen psychischen Konstrukte in ihren Grundzügen beschrieben werden. Soweit spezielle Erkenntnisse der Psychologie in direktem Zusammenhang zur Botschaftsgestaltung stehen, werden sie im nächsten Kapitel behandelt. Wie die einzelnen Konstrukte zu messen sind, wird dann im Rahmen der Werbeerfolgskontrolle (Kap. III,7) erklärt.

4.1.1.1 Wahrnehmung

Was die Innenwelt eines Individuums mit seiner Außenwelt verbindet, ist die Wahrnehmung. Wahrnehmung umfaßt nicht nur visuelles Aufnehmen von Reizen, sondern auch Hören, Tasten, Schmecken und Riechen.

Zwei Merkmale des Wahrnehmungsprozesses sind von besonderer Bedeutung für die Werbekonzeption: Wahrnehmung erfolgt selektiv und subjektiv.

Selektiv bedeutet, daß nur Reize, die unsere Aufmerksamkeit erregen, überhaupt wahrgenommen werden. Aufmerksamkeit kann daher als Filter aufgefaßt werden, durch den nur eine geringe Anzahl der Reize, denen das Individuum täglich ausgesetzt ist, tatsächlich verarbeitet wird. Dieser Selektionsmechanismus schützt somit das Gehirn vor Überarbeitung.

Subjektiv wiederum bedeutet, daß die wahrgenommenen Reize von jedem Individuum anders interpretiert werden. Dabei spielen die bisherigen Erfahrungen eine entscheidende Rolle: Die aufgenommenen Reize müssen mit den erworbenen Bezugssystemen und Denkschemata in Einklang gebracht werden. Dies erfolgt durch Vereinfachung, Verzerrung und Umorganisation. Das Ergebnis des Wahrnehmungsprozesses ist daher ein subjektives Wahrnehmungsbild.

Werbebotschaften durchlaufen also zwei Stufen des Wahrnehmungsprozesses, ehe sie überhaupt eine Beeinflussungswirkung entfalten können:
- Sie müssen Aufmerksamkeit erregen.
- Sie müssen im vom Werbetreibenden beabsichtigten Sinn interpretiert werden.

Wie kann nun ein Reiz Aufmerksamkeit erregen? Voraussetzung für eine Sensibilisierung des Individuums gegenüber einem bestimmten Reiz ist eine vorübergehende Erhöhung der Aktivierung.

Mit Aktivierung bezeichnen wir die innere Spannung oder Erregung, die Grunddimension aller Antriebsprozesse ist: Der Organismus wird mit Energie versorgt und in den Zustand der Leistungsbereitschaft und -fähigkeit versetzt. Dieser Prozeß wird als Funktion des zentralen Nervensystems erklärt.

Prozesse, die uns zu einer bestimmten Handlung treiben, sind etwa Gefühle (Emotionen) oder Bedürfnisse bzw. Motive.

Aktivierung drückt aus, wie stark uns diese Prozesse erregen. Der Grund, warum wir gerade der Aktivierung als der Stärkedimension diese besondere Beachtung schenken, ist die relativ gute Meßbarkeit der Aktivierungsstärke über den Hautwiderstand (vgl. dazu Kap. III,7.1.3).

Aktivierung ist damit Voraussetzung für die Informationsaufnahme, -verarbeitung und -speicherung.

Wie Aktivierung auf die Leistungsfähigkeit und damit auf die gesamte Informationsverarbeitung des Menschen wirkt, zeigt Abb. 30.

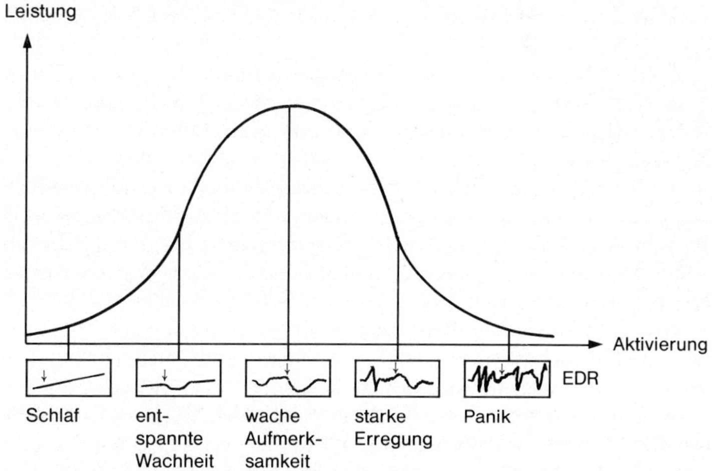

Abb. 30: Aktivierung und Leistungsfähigkeit

Die ∩-Hypothese über den Zusammenhang zwischen Aktivierung und Leistung («umgekehrte u – Hypothese») lautet: Bei zunehmender Stärke der Aktivierung steigt zunächst die Leistung, ab einer bestimmten Stärke sinkt die Leistung wieder. Als Beispiel für geringe Leistungen bei Überaktivierung denke man nur an Reaktionen in Panik.

Im Bereich der Werbung ist allerdings kaum mit Überaktivierung,

d. h. mit zu starker und daher leistungshemmender Erregung zu rechnen. Von Interesse ist daher nur der aufsteigende Ast der ∩-Kurve.

Ein Ziel für die Gestaltung von Werbebotschaften muß also sein, die Zielpersonen als Voraussetzung für optimale Aufnahme und Verarbeitung der Informationen zu aktivieren. Werbebotschaften, die langweilen, werden unsere Aufmerksamkeit schwerlich erlangen.

Ob sich nun ein Reiz gegenüber der Flut anderer durchsetzt und wahrgenommen wird, hängt einerseits von den Merkmalen des Reizes selbst ab, d. h. von seiner Stärke, Qualität usw. In diesem Zusammenhang sind jedoch auch die Plazierung und das Umfeld, also die Medienwahl von Bedeutung.

Andererseits spielen jedoch auch Merkmale der Zielpersonen eine wichtige Rolle. Motive, Interessen, Wertvorstellungen, Einstellungen sind einige dieser Einflußfaktoren. Generell kann man sagen, daß wir

- das leichter wahrnehmen, was wir wahrnehmen wollen (selektive Wahrnehmung),
- das schwerer wahrnehmen, was wir nicht wahrnehmen wollen (Wahrnehmungsabwehr).

Welche Kriterien im einzelnen berücksichtigt werden müssen, damit Reize aktivieren und richtig verarbeitet werden, darauf wollen wir im Rahmen der Botschaftsgestaltung und der Mediaselektion näher eingehen (vgl. Kap. III, 5+6).

Die Wahrnehmung der Werbebotschaft ist eine notwendige, jedoch keine hinreichende Voraussetzung für einen Werbeerfolg. Wenn uns die Webeaussage zwar erreicht, nicht aber überzeugen kann und daher zu keiner Konsequenz für unser Verhalten führt, so ist das Werbeziel nicht erreicht.

Ziel von Werbemaßnahmen ist also die Beeinflussung der Zielpersonen im Sinne des Werbenden. Die Beeinflussungsmöglichkeit ist um so größer, je geringer die gedankliche Kontrolle des Umworbenen ist.

Solange der Umworbene Einflußversuche der Werbung als solche erkennt, hat er die Chance, sich ihnen bewußt zu widersetzen. In manchen Fällen erfolgt jedoch eine Steuerung des Verhaltens, eine Beeinflussung durch Werbung ohne gedankliche Kontrolle des Betroffenen (vgl. Kroeber-Riel, Meyer-Hentschel, 1982, S. 25 ff.), nämlich wenn

- der Betroffene die Wirkung der Werbung nicht durchschaut,
- Werbung zwanghaft wirkt, der Betroffene also automatisch reagiert (z. B. Aktivierung durch erotische Reize).

Unterschwellige (subliminale) Werbung stellt die spektakulärste Möglichkeit dar, Verhalten unbemerkt zu steuern: Reize werden so kurz dargeboten, daß sie nicht bewußt wahrgenommen werden können.

Im Jahre 1957 stellte J. M. Vicary, der Leiter einer amerikanischen Werbeagentur, die Behauptung auf, nach Einblendung der Botschaften «Eat Popcorn» und «Drink Coca-Cola» (Darbietungszeit 0,003 sec.) in einen Spielfilm sei der Umsatz dieser Produkte im betreffenden Kino beträchtlich gestiegen.

Das Phänomen der unterschwelligen Wahrnehmung und die damit verbundene Möglichkeit der Verhaltensbeeinflussung beschäftigen seit dieser Studie sowohl Öffentlichkeit als auch Wissenschaft.

Eine Vielzahl experimenteller Untersuchungen wurden zu diesem Thema durchgeführt, die Ergebnisse waren allerdings widersprüchlich: Manchmal zeigten unterschwellig dargebotene Reize Wirkung, manchmal nicht.

Brand (1978) kam nach einer Überprüfung dieser Experimente zu dem Schluß, daß die widersprüchlichen Ergebnisse auf unterschiedliche Operationalisierung des Begriffes «unterschwellig» zurückzuführen seien: Wie wurde die Wahrnehmungsschwelle bestimmt, wie genau wurde jeweils kontrolliert, ob die Intensität eines bestimmten Reizes unter der Wahrnehmungsschwelle lag?

Grundsätzlich werden als Beweis einer unterschwelligen Wahrnehmung zwei Indikatoren herangezogen:

- Ein Indikator weist nach, daß der Reiz nicht bewußt wahrgenommen wurde (z. B. Verbalindikator «gesehen» – «nicht gesehen»),
- der zweite Indikator weist nach, daß der Reiz zu einer Reaktion führte (z. B. Änderung des Hautwiderstandes).

Ob nun die Wirksamkeit unterschwelliger Reize bestätigt werden konnte, hing nach Brand von der Definition der Wahrnehmungsschwelle und den jeweils gewählten Indikatoren ab: Nur wenn die Unterschwelligkeit nicht genau kontrolliert wurde, wenn Informationen in Wirklichkeit bereits teilweise wahrgenommen wurden, konnte eine Wirkung nachgewiesen werden.

Bei enger Definition der Wahrnehmungsschwelle aber war eine spezifische Verhaltensbeeinflussung durch unterschwellige Werbung nicht nachweisbar.

Nach von Rosenstiel und Neumann (1982, S. 63) ist es zwar möglich, durch unterschwellig dargebotene Reize Gefühle und Bedürfnisse zu beeinflussen (z. B. Durstgefühl aktivieren), nicht jedoch das Kaufverhalten hinsichtlich bestimmter Marken oder Produkte (z. B. Coca-Cola kaufen).

Im Bereich der Werbung ist unterschwellige Wahrnehmung also von geringer Bedeutung.

Nicht zu verwechseln mit unterschwelliger Werbung ist allerdings unbewußte Werbung: Werbung wird zwar wahrgenommen, ihre Wirkung aber nicht durchschaut. Gefühle, Assoziationen und Denkvorgänge laufen ohne bewußte Aufmerksamkeit, ohne gedankliche Kontrolle ab.

Bei einem impulsiven Kauf von Süßigkeiten im Kassenbereich eines Supermarktes etwa reagiert der Konsument spontan auf das appetitliche Angebot, er greift zu, ohne darüber nachzudenken. Daß unbewußte Wahrnehmung von Werbebotschaften das Verhalten beeinflussen kann, darüber besteht kein Zweifel.

4.1.1.2 Lernen

Da der Zeitpunkt der Wahrnehmung einer Werbebotschaft und der Zeitpunkt der Kaufhandlung meist auseinanderfallen, ist es wichtig, daß die Aussage im Gedächtnis haften bleibt, also gelernt wird.

Dabei darf man unter Lernen nicht nur ein bewußtes Einstudieren bestimmter Wissensstoffe – etwa Lernen für eine Prüfung – verstehen. Gerade im Bereich der Werbung wird auch unbewußt, nicht absichtlich gelernt.

Lernen bedeutet Veränderung im Erleben, Veränderungen von Einstellungen, Werthaltungen und Verhaltensweisen. Im Zusammenhang mit der Werbung kommt es vor allem darauf an, daß eine Handlung gelernt wird: Auf ein bestimmtes Bedürfnis soll der Mensch in ganz spezifischer Weise reagieren, das Produkt oder die Dienstleistung XY konsumieren.

Wie Veränderungen in Verhaltensweisen zustandekommen, wird von verschiedenen psychologischen Lerntheorien unterschiedlich erklärt. Abb. 31 vermittelt einen Überblick über die wichtigsten Lerntheorien.

Grundsätzlich muß man zwischen S-R-Theorien und kognitiven Theorien unterscheiden:

– S-R (Stimulus-Response) – Theorien erklären das Verhalten als unmittelbare Reaktion auf Reizkonstellationen, denen das Individuum in seiner Umwelt ausgesetzt ist.

  Anwendung: Diese Theorie eines reaktiven Verhaltens trifft vor allem für den Kauf von sog. Low Interest-Produkten (Produkte des täglichen Bedarfs) zu. Dabei erfolgt die Kaufentscheidung eher gewohnheitsmäßig oder impulsiv (siehe ausführlich Kap. III,4.1.3).

– Kognitive Lerntheorien gehen davon aus, daß das Verhalten nicht direkt unter Kontrolle der Umweltreize steht, sondern durch gedankliche Einsicht in die Problemstruktur bestimmt wird.

  Anwendung: Wichtige Entscheidungen werden in der Regel aufgrund kognitiver Orientierung getroffen. Kognitive Lerntheorien

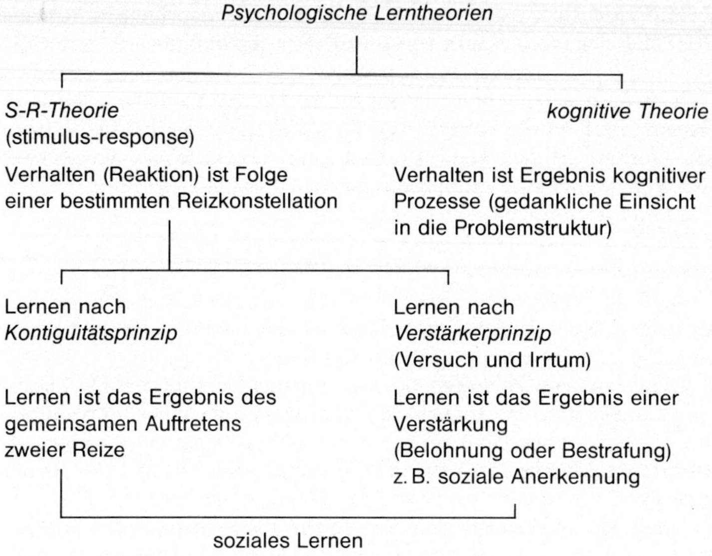

Abb. 31: Die wichtigsten Lerntheorien

sind daher im Bereich von Investitionsgütern oder dauerhaften Konsumgütern von besonderer Bedeutung.

In der Folge wollen wir die S-R-Theorien, die als die «typischen» Lerntheorien gelten, weiter untergliedern und im besonderen auf ihre Anwendbarkeit im Rahmen der Werbung hinweisen.

Nach den *S-R-Theorien* wird Lernen als Erwerben von S-R-Verknüpfungen betrachtet. Eine völlig neue Situation kann das Individuum dann dadurch bewältigen, daß es bisherige Reiz-Reaktions-Verknüpfungen erinnert oder völlig neue ausprobiert.

Das Lernen kann dabei als Ergebnis des gleichzeitigen Auftretens zweier Reize (Kontiguitätsprinzip) oder als Ergebnis einer Verstärkung, die ein Verhalten erfährt (Verstärkerprinzip), erklärt werden.

Zum *Lernen nach dem Kontiguitätsprinzip* zählen sowohl die klassische Konditionierung als auch die emotionale Konditionierung.

Der wohl bekannteste Ansatz zur Erklärung des Lernens ist die klassische Konditionierung nach Pavlow. Danach führt die wiederholte Darbietung eines neutralen Reizes gemeinsam mit einem Reiz, der bereits eine Reaktion hervorruft, dazu, daß der ursprünglich neutrale Reiz die gleiche Reaktion hervorruft. Das Individuum hat damit gelernt, auf den neutralen Reiz zu reagieren.

Zur Veranschaulichung das klassische Tierexperiment von Pavlow: Einem Hund wurde Futter, auf das als Reaktion Speichelfluß auftrat, gemeinsam mit dem neutralen Reiz eines Glockentones dargeboten. Nach mehreren Wiederholungen genügte schon die Glocke allein, um die Reaktion Speichelsekretion hervorzurufen.

Dieses Prinzip der klassischen Konditionierung findet sich in der emotionalen Konditionierung wieder: Wenn Bilder oder Wörter emotionale Reaktionen hervorrufen und wiederholt zusammen mit einem neutralen Wort dargeboten werden, so ruft nach einiger Zeit dieses Wort die gleiche emotionale Reaktion hervor.

Die besondere Bedeutung der emotionalen Konditionierung für die Werbung liegt in der Möglichkeit, einen Markennamen so zu konditionieren, daß er bestimmte emotionale Erlebnisse hervorruft und sich dadurch eindeutig von Konkurrenzmarken unterscheidet. In diesem Fall spricht man von emotionaler Produktdifferenzierung.

Diese Möglichkeit wurde in folgendem Experiment am Institut für Konsum- und Verhaltensforschung in Saarbrücken nachgewiesen (vgl. Kroeber-Riel, 1984, S. 120ff.):

Der Phantasie-Markenname «Hoba» für eine Toiletteseife wurde gemeinsam mit den Assoziationen «frisch, angenehm, erotisch» sowie mit Bildmotiven, die Erotik, soziales Glück und Urlaubsstimmung vermittelten, präsentiert.

Nach neun Darbietungen der dazu entworfenen Werbemittel im Abstand von je einem Tag wurden die Eindrücke von «Hoba-Seife» gemessen. Die Beurteilung der Versuchspersonen entsprach tatsächlich den konditionierten emotionalen Reizen. Damit wurde bewiesen, daß Wortbedeutungen und Einstellungen durch Werbung konditioniert werden können.

Eine ähnliche Untersuchungsreihe wurde 1987 mit Zahnpasten und Mineralwasser wiederholt (Kroeber-Riel et al. 1987).

Nach Kroeber-Riel gelingt emotionale Konditionierung insbesondere dann, wenn ein Produkt nicht erklärungsbedürftig ist oder wenn sachliche Informationen nicht interessieren, weil sie bei sämtlichen Marken als gleich vorausgesetzt bzw. als gleich wahrgenommen werden (etwa bei Benzin).

Erklärt man *Lernen nach dem Verstärkerprinzip (Lernen aufgrund von Versuch und Irrtum oder Lernen am Erfolg)*, so ändert sich nach dieser Theorie die Wahrscheinlichkeit eines bestimmten Verhaltens aufgrund der positiven oder negativen Konsequenzen, die das Individuum erlebt oder erwartet:

- Belohnungen, wie Geld, soziale Anerkennung usw. wirken als positive Verstärker,
- Bestrafungen, wie Schmerz oder soziale Mißbilligung wirken als negative Verstärker.

Verhaltensverstärkend wirkt also die Darbietung von Belohnungen oder das Vermeiden von Bestrafungen.

Im Rahmen der Werbung wird hauptsächlich das Eintreten von positiven Konsequenzen versprochen. Als Verstärker stehen dabei verschiedene Belohnungsformen, wie z. B. finanzielle Vorteile, persönliches Wohlbefinden und soziale Anerkennung, zur Verfügung.

Bei Werbung mit negativen Appellen ist stets Vorsicht geboten. Ist die Wirkung des Werbemittels zu sehr von negativen Erlebnissen geprägt (etwa von Angst oder Ekel), so kann für den Rezipienten das Produkt selbst abstoßend erscheinen, auch wenn es Rettung vor dem Unangenehmen verheißt.

Beispiele für die Verwendung negativer Appelle sind Anti-Rauch- und Anti-Alkohol-Kampagnen sowie Werbung von Versicherungen.

Im Rahmen der Botschaftsgestaltung werden wir die Vor- und Nachteile angsterregender Kommunikation ausführlich diskutieren (Vgl. Kap. III,5.3.1.2).

Unter *sozialem Lernen* verstehen wir das Erwerben von Verhaltensmustern durch Interaktion mit der sozialen Umwelt. Die erlernten Verhaltensweisen ermöglichen das Einfügen in die Gesellschaft.

Soziales Lernen kann sowohl mit Hilfe des Kontiguitätsprinzips als auch mittels des Verstärkerprinzips erklärt werden.

Für die Werbung ist eine besondere Form des sozialen Lernens interessant: das Lernen durch Beobachten. Ein Individuum ahmt das Verhalten eines Modells (Leitbildes) nach. Auf diese Weise werden neue Verhaltensweisen ohne eigene Erfahrung übernommen.

Eine wichtige Rolle spielt dabei die Verstärkung, die das Modell für sein Verhalten erhält: Wird das Verhalten belohnt, so wird es mit größerer Wahrscheinlichkeit übernommen.

Die Beobachtung muß dabei nicht direkt erfolgen, das Modell kann auch über Massenmedien gezeigt werden. Diese Möglichkeit wird von der Werbung genutzt: Man denke nur an TV-Spots, in denen Hausfrauen für die Verwendung bestimmter Putz- oder Waschmittel mit Anerkennung und Bewunderung seitens der Umwelt (Familienmitglieder, neidische Freundinnen) belohnt werden.

Allerdings wird die Wirksamkeit des Lernens am Modell dadurch eingeschränkt, daß nur ein kleiner Teil der beobachteten Verhaltensweisen tatsächlich ausgeführt wird. Der Rest bleibt nur als Verhaltensmöglichkeit gespeichert.

4.1.1.3 Gedächtnis

Voraussetzung für das Lernen ist das Gedächtnis. Seine Funktionen sind Behalten und Erinnern. Der Ausfall des Erinnerns wird als Vergessen bezeichnet.

Der Gedächtnisprozeß kann als Informationsspeicherung betrachtet werden. Reize werden von den Sinnesorganen aufgenommen und in bioelektrische Impulse, also körpereigene Signale umgewandelt. Diese stimulieren über verschiedene Nervenbahnen das Informationsverarbeitungssystem.

Aufgenommene Informationen bzw. Sinneseindrücke werden zuerst in den Kurzzeitspeicher übernommen. Dieser hat zwei Aufgaben:

– Reize werden durch Zuwendung von Aufmerksamkeit bewußt gemacht und aufrechterhalten. Das Kurzzeitgedächtnis stellt somit einen «Arbeitsspeicher» für unmittelbare Reaktionen auf einen Reiz dar.
– Informationen werden in das Langzeitgedächtnis übergeführt. Dabei werden sie mit bereits gespeicherten Gedächtnisinhalten in Verbindung gebracht, d. h. sie werden in bereits vorhandene (gelernte) Wahrnehmungsschemata eingeordnet.

Wenn Informationen in keiner Weise verarbeitet werden, so gehen sie verloren.

Im Langzeitgedächtnis werden die vorher verarbeiteten und zu kognitiven Einheiten organisierten Informationen langfristig gespeichert. Diese langfristige Speicherung geht mit dem Aufbau biochemischer Substanzen, d. h. von «Gedächtnisspuren», einher, die nach weit verbreiteter Auffassung nie mehr gelöscht werden können.

Das Vergessen von Information wird von dieser Theorie als mangelnde Zugriffsmöglichkeit auf vorhandene Information interpretiert. Dies läßt sich dadurch erklären, daß im Gedächtnis gespeicherte Informationen von vorher oder nachher aufgenommenen Informationen überlagert werden. Diese Überlagerungen nennt man Interferenzen.

Für die Werbung ist es interessant, ob *mehrmalige Wiederholungen von Werbebotschaften* zu einer höheren Werbewirkung im Sinne einer besseren Erinnerung an die Botschaft führen.

Grundsätzlich kann man dabei auf die Erkenntnisse der Lernpsychologie zurückgreifen. Allerdings ist dabei zu prüfen, inwieweit diese Erkenntnisse auf den Bereich der Werbung übertragbar sind:

– Bei Werbebotschaften handelt es sich um sinnvolles Material, während die Erkenntnisse von Hermann Ebbinghaus, des Begründers der

experimentellen Gedächtnispsychologie, auf sinnlosen Silben basieren.
- Bei den Lernprozessen, die die Werbung anregen soll, handelt es sich um «unabsichtliches Lernen», während sich die meisten Lernexperimente mit bewußtem, absichtlichem Lernen beschäftigen.

Es konnte jedoch nachgewiesen werden, daß die Erkenntnisse der psychologischen Lerntheorie auch für die Werbung gültig sind.

Die bahnbrechende Studie zu diesem Thema stammt von Zielske (1959):

Er untersuchte den Zusammenhang zwischen Wiederholungen von Werbebotschaften (in verschiedenen Zeitabständen) und der Erinnerung bzw. dem Vergessen der Konsumenten. Eine ausführliche Beschreibung dieser Untersuchung erfolgte bereits in Kap. III,3.2.2.

Hier wollen wir nur die wichtigsten Hypothesen zu diesem Thema zusammenfassen:
- Vergessen geht anfangs sehr rasch vor sich, nimmt aber mit der Anzahl der verstreichenden Zeiteinheiten immer mehr ab.
- Werbung wird rascher vergessen, wenn der Konsument ihr nicht ständig ausgesetzt wird.
- Mit der Anzahl der Einschaltungen sinkt die Vergessensrate.

Für die graphische Darstellung von Lernprozessen verwendet man Lernkurven, die den Zusammenhang zwischen Anzahl der Lerndurchgänge (Kontakte mit der Werbebotschaft) und dem richtig reproduzierten Lernstoff abbilden.

Als typische Form der Lernkurven gilt die S-förmige Kurve, die in einer Vielzahl von empirischen Untersuchungen bestätigt wurde. Dieser Kurvenverlauf wurde bei klassischer Konditionierung, beim Auswendiglernen, aber auch bei der Entwicklung von Fertigkeiten beobachtet.

Aus der S-förmigen Lernkurve läßt sich die konkave Form ableiten: Man nimmt an, daß bei konkavem Anstieg der Lernleistung bereits ein bestimmtes Maß an Vorübung vorhanden war, d. h. daß bereits gewisse Erinnerungen in bezug auf das Lernmaterial bestehen (daß es sich also z. B. nicht um sinnlose Silben handelt).

Daß dieser konkave Kurvenverlauf auch für das Erinnern von Werbebotschaften zutrifft, wurde in der Untersuchung von Zielske bestätigt.

Die ältere Werbepsychologie schloß aus diesen Erkenntnissen, daß der Werbeerfolg in erster Linie von der Anzahl der Wiederholungen abhinge: Man müsse die Botschaft und vor allem den Markennamen den Konsumenten «einhämmern».

Neuere werbepsychologische Untersuchungen konnten allerdings eindeutig nachweisen, daß Intensität und Wiederholung allein nicht

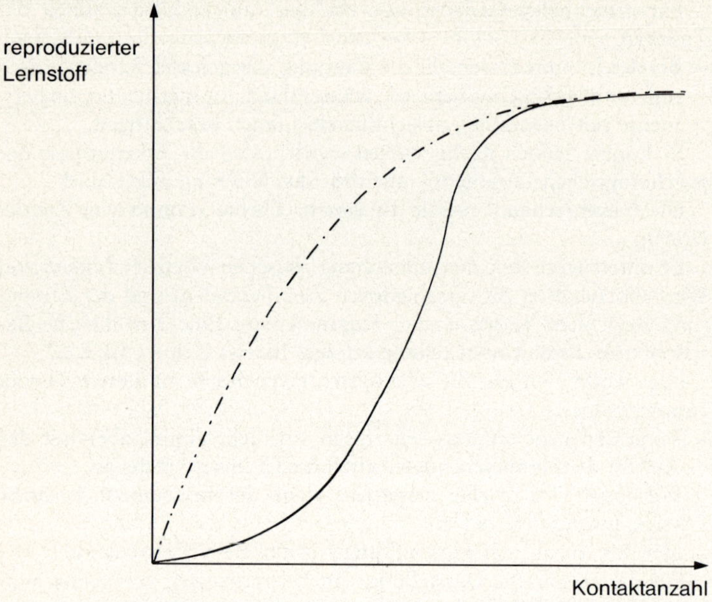

Abb. 32: Zusammenhang zwischen Kontaktanzahl und Werbewirkung

den Gedächtniswert bestimmen. Die Güte der Gestaltung ist ebenfalls von großer Bedeutung:

- Gute, schon bei der ersten Darbietung stark beachtete Anzeigen ziehen auch bei Wiederholungen den Blick auf sich.
- Schlechtere Anzeigen finden selbst bei Wiederholungen kaum Beachtung.

Schlechte Gestaltung läßt sich also durch Wiederholen nicht kompensieren!

Auf die Problematik, die Erinnerung an die Werbebotschaft als Maß der Werbewirkung (der Wirkung wiederholter Kontakte mit der Botschaft) zu verwenden und demzufolge Lernkurven als Werbewirkungsverläufe (Response Functions) zu interpretieren, werden wir im Rahmen der Mediaplanung (Kap. III,6.2) ausführlich zu sprechen kommen.

Abschließend wollen wir noch einmal hervorheben, daß Wahrnehmungs- und Lernerfolg sowohl von der Botschaftsgestaltung als auch von der Streuplanung (Mediaselektion und zeitlicher Einsatz) abhängen.

Für beide Planungsstufen gilt, daß sie auf die Eigenschaften der Zielpersonen, also auf ihre bisherigen Erfahrungen, auf die Bedürfnisse, Interessen und Einstellungen, aber auch auf die kognitiven Fähigkeiten abgestimmt werden müssen. Zusätzlich sollte der Einfluß von Bezugsgruppen und Meinungsführern berücksichtigt werden.

4.1.2 Psychische Determinanten des Kaufverhaltens

Wir wissen, daß eine Vielzahl von Faktoren das Verhalten der Konsumenten beeinflußt. Wir wissen hingegen nicht genau, wie Einflußgrößen wechselseitig voneinander abhängen bzw. welche davon wirklich entscheidende Bedeutung für die Werbewirkung haben.

Wenn wir uns jetzt auf die geistigen Prozesse im Inneren des Menschen beschränken, so werden in der Literatur eine Vielzahl von theoretischen Konstrukten angeführt, die bei der Werbekonzeption zu beachten sind: Aufmerksamkeit, Emotionen, Bedürfnisse, Motive, Einstellungen, Image usw.

Welche dieser Konstrukte wirklich eindeutig unterschieden werden können, bzw. welche Bedeutung ihnen für die Kaufentscheidung zukommt, darüber gehen die Meinungen auseinander. Es herrscht nicht einmal Einigkeit darüber, was unter den einzelnen Begriffen zu verstehen ist.

Da Totalmodelle des Konsumverhaltens für die praktische Anwendung zu komplex sind, beschränkt man sich auf Partialmodelle, die sich auf ein – als für die Beeinflussungswirkung entscheidend erachtetes – zentrales Konstrukt konzentrieren.

Auf welches dieser Beeinflussungsmodelle bei der Werbekonzeption tatsächlich zurückgegriffen wird, hängt einerseits von der persönlichen Ansicht des Werbetreibenden (bzw. der Werbeagentur), andererseits von den jeweiligen wirtschaftlichen und sozialen Bedingungen und von den jeweiligen wissenschaftlichen Erkenntnissen ab.

Im Zeitablauf änderten sich daher die Schwerpunkte bei der Botschaftsgestaltung, je nach vorrangigem Ziel.

Einige Beispiele dafür (nach Haseloff, 1981):

- Hauptaufgabe Aufmerksamkeitsweckung → gute Plazierung, Farbe, Größe
- Hauptaufgabe Ästhetik → künstlerische, kreative Gestaltung
- Hauptaufgabe Überzeugung → gute Texte, Argumente
- Hauptaufgabe Gedächtniswirkung → übersichtliche, einprägsame Botschaften
- Hauptaufgabe Motivation → Hervorhebung des für das Produkt spezifischen Motivs.

Wir möchten uns in diesem Zusammenhang darauf beschränken, die

Partialmodelle von Mazanec (1978) mit den zentralen Konstrukten
- Einstellung
- Image
- wahrgenommenes Risiko
- kognitive Dissonanz

näher zu betrachten. Zur Erklärung des Kaufentscheidungsprozesses werden die jeweils bedeutenden Nebenkonstrukte angeführt, d. h.
- jene Variablen, von denen das zentrale Konstrukt beeinflußt wird (vorgelagerte Nebenkonstrukte), sowie
- jene Variablen, die vom Hauptkonstrukt beeinflußt werden (nachgelagerte Nebenkonstrukte).

Der besondere Vorteil dieser Partialmodelle liegt in den Operationalisierungsvorschlägen und Meßanweisungen für die einzelnen Konstrukte. Darüber hinaus lassen sich die einzelnen Partialmodelle nach dem Bausteinkonzept zu einem Totalmodell zusammenfügen.

4.1.2.1 Das Einstellungsmodell

Unter Einstellung versteht man die gelernte, relativ stabile Bereitschaft einer Person, sich gegenüber dem Einstellungsobjekt konsistent positiv oder negativ zu verhalten.

Einstellungen richten sich auf Gegenstände, Personen oder Situationen und sind stets subjektiv. Sie werden im Laufe des Sozialisationsprozesses entweder durch eigene Erfahrung oder durch Erfahrungsübernahme von anderen gelernt.

Die grundlegende Hypothese der Einstellungstheorie lautet:

Einstellungen (von heute) sind (mit-)verursachend für das Verhalten (von morgen).

Damit gelten Einstellungen als «intervenierende Variable» zur Erklärung des Verhaltens. Allerdings ist diese Hypothese sehr komplex und auch nicht unumstritten.

Viele Studien haben gezeigt, daß Verhalten nicht immer in Einklang mit den Einstellungen stehen muß. Insbesondere die von Personen geäußerten Einstellungen können aufgrund gesellschaftlicher Normen von den tatsächlichen Einstellungen abweichen und damit nur eine schlechte Erklärung für das Verhalten abgeben.

Bei sorgfältiger Messung stellt die Einstellung dennoch einen guten Indikator für zukünftiges Handeln dar: Die kausale Beziehung zwischen Einstellung und Verhalten ist groß genug, um zumindest von einer Mitverursachung des Verhaltens durch die Einstellung zu sprechen.

Mazanec (1978) unterscheidet – im Gegensatz zu anderen Autoren – zwischen Einstellung und Image:

– Einstellung drückt die Markenbewertung auf Grund von Produktwissen, also auf Grund sachhaltiger, objektiv nachprüfbarer Informationen (sog. Denotationen) aus,
– Image ist dagegen ein eher emotionales Vorstellungsbild, das auf Assoziationen und gefühlshaften Anmutungen (sog. Konnotationen) beruht.

Das Einstellungsmodell ist also dann von Bedeutung, wenn der Konsument in der Lage ist, die einzelnen Marken innerhalb einer Produktklasse anhand objektiver Produkteigenschaften (z. B. technische Daten, chemische Zusammensetzung) zu unterscheiden. Ob dies möglich ist, kann man in einem «Blindtest» untersuchen, d. h. die Versuchsperson muß Marken (z. B. durch Verkosten) erkennen, ohne den Markennamen zu sehen.

Im Einstellungsmodell werden zur näheren Erklärung des Kaufentscheidungsprozesses die folgenden Nebenkonstrukte herangezogen (vgl. Abb. 33):

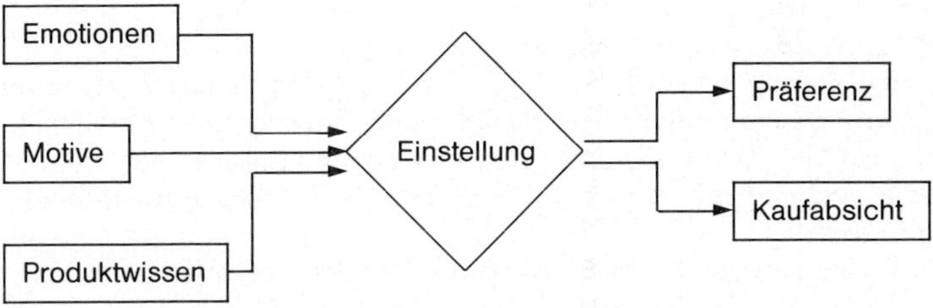

Abb. 33: Einstellungsmodell

Beeinflußt wird die Einstellung nach diesem Modell vor allem durch Emotionen, Motive und Produktwissen. Ob ein Gegenstand positiv beurteilt wird, hängt also von folgenden Kriterien ab:
– Welche Gefühle und Werte werden mit dem Gegenstand verbunden (Emotionen)?
– Inwieweit ist das Objekt geeignet, bestimmte Bedürfnisse zu befriedigen? Je nach persönlichen Bedürfnissen sind bestimmte Eigenschaften eines Gegenstandes wichtiger als andere: Einem Autokäufer kann z. B. Sicherheit wichtiger sein als Geschwindigkeit (Motive).
– Welche Überzeugungen und Annahmen bestehen auf Grund sachhaltiger Informationen bezüglich der Eigenschaften eines Gegenstandes (Produktwissen)?

Von der eher positiven oder eher negativen Einstellung zu einem Gegenstand hängt es ab, ob man überhaupt in Erwägung zieht, den Gegenstand zu kaufen, bzw. ob man ihn den Konkurrenzprodukten vorzieht, also Kaufabsicht und Präferenz.

Daß zwischen Einstellung und Kaufabsicht ein positiver Zusammenhang besteht, konnte wiederholt nachgewiesen werden, u. a. in einer empirischen Studie am Ordinariat für Werbewissenschaft und Marktforschung, Wirtschaftsuniversität Wien (Schrattenecker, G., 1984). Bei dieser Studie handelte es sich um eine für Österreich repräsentative Untersuchung der Einstellung der Österreicher zu ausgewählten Urlaubsländern. Die Ergebnisse zeigten, daß die Absicht, ein bestimmtes Urlaubszielland zu besuchen, um so höher war, je positiver die Einstellung zu diesem Land war.

Typische Produkte, die nach dem Einstellungsmodell gekauft werden, sind Investitionsgüter. Die Kaufentscheidung erfolgt eher rational anhand von «Wissen» über objektive Werte wie z. B. Leistung, Energieverbrauch und Lebensdauer.

4.1.2.2 Das Imagemodell

Ein Konsument entscheidet beim Kauf nach dem Imagemodell, wenn er nicht fähig ist, seine Lieblingsmarke im Blindtest zu identifizieren. In diesem Fall reichen die objektiv nachprüfbaren Produkteigenschaften bzw. -beschaffenheit nicht aus, die einzelnen Marken voneinander zu unterscheiden.

Die Entscheidung erfolgt daher anhand des Gesamtbildes (Image), das sich der Konsument von dem Gegenstand macht. Auch Images beruhen – ebenso wie Einstellung – auf einer Bewertung des Produktes oder der Produkteigenschaften. Die Beurteilung basiert allerdings nicht auf Produktwissen, sondern auf Anmutungsinformationen.

Images bestehen aus schematisierten Vorstellungen, vereinfachen die Wahrnehmung und üben somit eine Entlastungsfunktion bei der Urteilsbildung aus: Die Unmengen von Bedeutungen und Merkmalen komplexer Gegenstände werden auf ein einfaches Bild reduziert, eine unbequeme, komplizierte, vernunftgesteuerte Beurteilung wird vermieden.

Im Zeitablauf sind Images wie Einstellungen relativ stabil, eine Veränderung kann daher nur langfristig erfolgen.

Wie Abb. 34 zeigt, sind dem Image als Nebenkonstrukte ebenso wie der Einstellung Emotionen und Motive vorgelagert. Statt Produktwissen beeinflußt allerdings die Markenbekanntheit das Image. Nachgelagert und damit abhängig vom jeweiligen Image sind wieder Kaufabsicht und Präferenz.

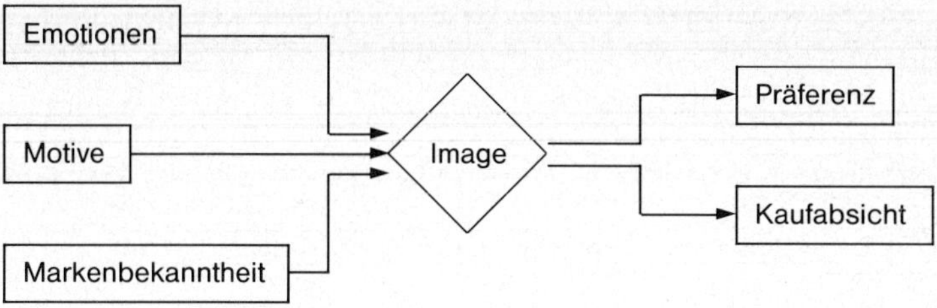

Abb. 34: Imagemodell

Typische Produkte, die nach dem Imagemodell gekauft werden, sind z. B. Zigaretten. Da Zigarettenmarken innerhalb bestimmter Kategorien hauptsächlich nach Verpackung und Werbung, nicht so sehr nach Qualität beurteilt werden (können), ist es den meisten Rauchern nicht möglich, ihre Lieblingszigarette im Blindtest zu erkennen.

Weiters führt z. B. die Veränderung des Weinetiketts auf der Flasche zu einer unterschiedlichen Beurteilung des objektiv gleichen Weins sowohl vor als auch nach einer durchgeführten Verkostung (vgl. Schweiger/Baumgartner 1988).

Maßgeblich für die – eher emotionale – Kaufentscheidung sind Konnotationen als Wissensersatz, wie z. B. sportlich, verführerisch, erfolgreich.

Eine systematische Gegenüberstellung der verwendeten Modelle in der Image- und Einstellungstheorie findet sich beispielsweise bei Mazanec (1979).

4.1.2.3 Das Modell des erlebten Risikos

Das Modell des erlebten Risikos ist nach Mazanec dann zutreffend, wenn sich die Konsumenten bei ihrer Kaufentscheidung in erster Linie an den unerwünschten Produktfolgen und nicht an den Produktvorteilen orientieren: Der Konsument versucht bei der Markenwahl vor allem einen Mißerfolg zu vermeiden.

Deshalb wird dieses Modell auch als «Mißnutzenkonzept» interpretiert, im Gegensatz zu den nutzentheoretischen Konzepten Einstellung und Image.

Die Beurteilung von Gegenständen erfolgt beim Modell des erlebten Risikos nach der subjektiv wahrgenommenen Unsicherheit, mit der ungünstige Folgen eintreten werden. D. h., je wahrscheinlicher mit bestimmten negativen Konsequenzen zu rechnen ist, desto schlechter wird das Produkt bzw. die Dienstleistung beurteilt.

Eine entscheidende Rolle spielt dabei natürlich, welche Bedeutung den einzelnen (negativen) Folgen zugemessen wird. So kann die Käuferin eines Haarsprays die mögliche Kauffolge, daß die Frisur nicht lange hält, als persönlich unangenehmer empfinden, als daß die Haare verkleben könnten. Es wird ihr also wichtiger sein, das erstere Risiko zu vermeiden.

Abb. 35 zeigt die Nebenkonstrukte dieses Modells.

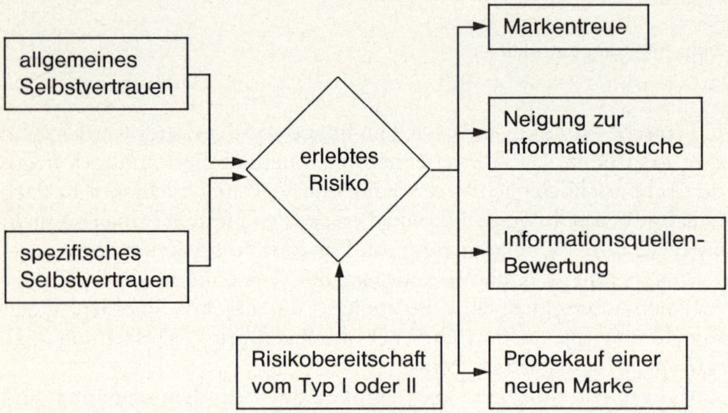

Abb. 35: Risikomodell

Beeinflußt wird das Ausmaß des erlebten Risikos durch das persönliche Selbstvertrauen, insbesondere durch das

- allgemeine Selbstvertrauen, also die allgemeine Beeinflußbarkeit,
- spezifische Selbstvertrauen, also die Beeinflußbarkeit in bestimmten Themen- oder Produktbereichen (abhängig z. B. von besonderen Produktkenntnissen).

Wie sehr Risiko erlebt wird bzw. zu welchen Konsequenzen wahrgenommenes Risiko führt, hängt von der persönlichen Risikobereitschaft ab. Der Typ der Risikobereitschaft wirkt also modifizierend auf das erlebte Risiko.

Abhängig vom erlebten Risiko sind Markentreue, Neigung zu Informationssuche, Informationsquellenbewertung und auch der Probekauf einer neuen Marke. Ist das wahrgenommene Risiko groß, so wird der Konsument als Konsequenz beispielsweise eher einer bewährten Marke treu bleiben oder wird möglichst viel Information sammeln, um die subjektive Unsicherheit abzubauen.

Ein Beispiel für eine Entscheidung, die oft nach dem Modell des erlebten Risikos getroffen wird, ist die Wahl des Urlaubszieles. Befürchtungen, daß ein Ort, den man nie zuvor gesehen hat, zu überlaufen oder zu teuer sein könnte, daß zu wenige Attraktionen, schlechtes Essen, unfreundliche Einheimische, zu viel Regen den Urlaub verderben könnten, bestimmen in vielen Fällen das Entscheidungsverhalten.

Um das wahrgenommene Risiko zu mindern, werden möglichst viele Informationen eingeholt: Reisebüros werden besucht, Freunde und Bekannte befragt.

Um Risiko zu vermeiden, bleiben manche Urlauber «ihrem» Urlaubsland, -ort, ja sogar dem einzelnen Beherbergungsbetrieb oft jahrelang treu.

4.1.2.4 Das Modell der kognitiven Dissonanz

Während Einstellung, Image oder erlebtes Risiko zur Erklärung der Markenbeurteilung bzw. Kaufentscheidung vor dem Kauf herangezogen werden, kann das Modell der kognitiven Dissonanz zur Erklärung des Konsumentenverhaltens in der Nachkaufphase beitragen.

Kognitive Dissonanz bezeichnet einen (unangenehmen) Spannungszustand, der auf Grund eines Widerspruches zwischen kognitiven Elementen (Einstellungen, Wissen, Erwartungen, Erfahrungen) zustandekommt.

Sehr häufig erlebt der Konsument bei wichtigen Konsumentscheidungen bewußt einen Konflikt. Er hat die Auswahl zwischen mehreren Autos, mehreren Lebensversicherungen oder Sparformen und muß sich für eine der angebotenen Alternativen entscheiden. Das bedeutet aber gleichzeitig, daß die anderen Möglichkeiten, die ja auch gewisse Vorteile bieten, abgelehnt werden müssen.

Der Konflikt ist mit der Entscheidung nicht ausgestanden. Das Wissen um die Vorteile der ausgeschlagenen Möglichkeiten steht teilweise im Widerspruch zu der Kaufentscheidung.

Abb. 36 faßt die Nebenkonstrukte der kognitiven Dissonanz zusammen.

Die kognitive Dissonanz ist um so stärker, je wichtiger und je unsicherer die Entscheidung ist, d. h.
je größer
- Ego-Involvement (Ich-Beteiligung, persönliches Engagement),
- Commitment (Selbstbindung, Identifikation mit der Entscheidung) sind

und je geringer der
- Differenzierungsgrad der Einstellungen und Präferenzen vor dem Kauf war (Kaufalternativen waren annähernd gleich attraktiv).

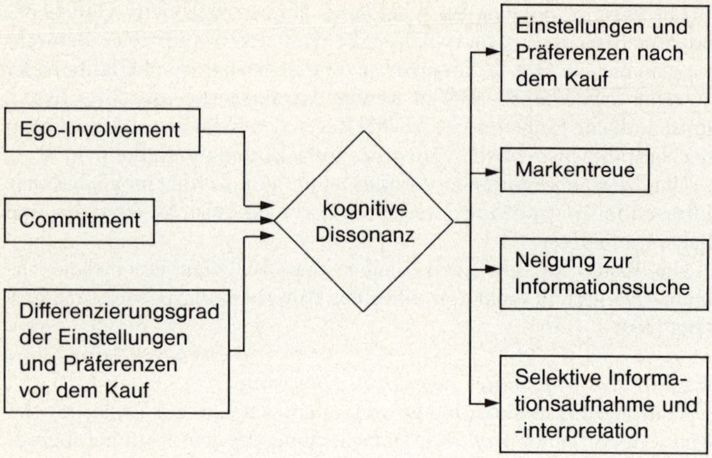

Abb. 36: Dissonanzmodell

Um die kognitive Dissonanz zu mildern, ist der Käufer für alle Informationen aufgeschlossen, die seine Entscheidung nachträglich rechtfertigen. Er neigt daher zu Informationssuche bzw. selektiver Informationsaufnahme und -interpretation. Er sieht bzw. versteht in erster Linie, was die Richtigkeit der Wahl bestätigt.

Empirische Untersuchungen haben gezeigt, daß etwa nach dem Kauf von Autos Prospektmaterial über das gewählte Produkt wesentlich häufiger betrachtet wird als das Material über Konkurrenzprodukte. Liegt die Kaufentscheidung schon länger zurück, so schwindet diese Tendenz.

Ein anderer Weg, die Kaufentscheidung im nachhinein zu rechtfertigen, besteht darin, sich auf die Gruppennorm, auf die vielen anderen Käufer dieses Produktes zu berufen: «Millionen können sich nicht irren».

Wurde die Entscheidung jedoch gegen die Meinung der Mehrheit, gegen die Meinung der Freunde und Bekannten gefällt, so versuchen manche Käufer, ihre Umgebung zu überzeugen: Sie werden zu eifrigen Vertretern des von ihnen gewählten Produktes, ohne dafür bezahlt zu werden, um dadurch ihre Dissonanz zu mindern.

Wird der Kunde von dem Produkt, in das er so hohe Hoffnungen und Erwartungen setzte, allerdings stark enttäuscht, so kann er unmöglich seine Entscheidung verteidigen, er muß sich davon distanzieren. Bitter enttäuscht wird er möglicherweise dafür sorgen, daß alle nur Schlechtes darüber erfahren.

Durch kognitive Dissonanz nach dem Kauf werden also Einstellungen und Präferenzen beeinflußt, und zwar entweder positiv oder negativ.

In der Nachkaufphase ist es daher entscheidend, daß die Werbung das Bedürfnis der Kunden nach bestätigender Information befriedigen kann. Gute Werbung bewirkt Markentreue und persönliches Engagement für das Produkt im Bekanntenkreis.

«Kundenstamm-Marketing», die Betreuung der Kunden in der Nachkaufphase, zielt also darauf ab, den Kunden einerseits in seiner Entscheidung zu bestätigen und ihn andererseits durch attraktive Angebote zu einem treuen und verläßlichen Sprecher für das Produkt zu machen (vgl. Weinhold-Stünzi 1987).

Anwendung der Partialmodelle in der Praxis

Die *Bedeutung von Partialmodellen des Konsumverhaltens für das Marketing* liegt in der Analyse von Ursache und Wirkung psychischer Prozesse, die das Entscheidungsverhalten der Konsumenten bestimmen.

- Durch die Kenntnis der psychischen Konstrukte wie Einstellung, Image, erlebtes Risiko und kognitive Dissonanz gewinnt man Ansatzpunkte für die Marketingkonzeption.
- Durch die Kenntnis der Variablen, die von den zentralen Konstrukten abhängen, wird es möglich, die Reaktion auf Veränderungen von Einstellung, Image usw. zu prognostizieren.

Die praktische Anwendung dieser Modelle müßte also folgendermaßen ablaufen:

1. Nach welchem Modell werden Kaufentscheidungen bezüglich eines bestimmten Produktes (einer Dienstleistung) typischerweise getroffen?
   - nach Sachinformationen → Einstellungsmodell
   - eher gefühlshaft, nach Konnotationen → Imagemodell
   - es überwiegen Befürchtungen negativer Folgen → Risikomodell
   - Entscheidung ist mit großen persönlichen Konflikten verbunden → Dissonanzmodell
2. Entwicklung einer Strategie auf Grund der jeweils vorgelagerten Konstrukte zur Verbesserung von Einstellung bzw. Image und Abbau von Risiko bzw. kognitiver Dissonanz mit dem Ziel, nachgelagerte Konstrukte wie Kaufabsicht und Präferenz zu beeinflussen.
   z. B.:
   - Welche Kriterien (positive/negative Eigenschaften) sind wirklich entscheidend für die Wahl? → Die positiven Eigenschaften des

eigenen Produktes als wesentlich herausstreichen, negative als weniger wichtig darstellen.

– Überzeugen der Zielpersonen, daß das eigene Produkt die entscheidenden Kriterien besser erfüllt als Konkurrenzprodukte
– Abbau von Risiko durch kleine Probepackungen
– Abbau von Dissonanz durch Werbung in der Nachkaufphase.

Welchem Modell das Entscheidungsverhalten am ehesten entspricht, kann sich im Laufe des Entscheidungsprozesses mehrmals ändern.

Beispiel: Personen ohne Reiseerfahrung beurteilen Urlaubsländer zunächst nach eher gefühlsmäßigen Vorstellungsbildern. Je mehr Sachinformationen sie sammeln, desto eher wählen sie ihr Urlaubsziel nach dem Einstellungsmodell aus. Ist jedoch im letzten Moment die Angst vor dem Fliegen ausschlaggebend dafür, daß keine Flugreise gebucht wird, so entspricht dieses Verhalten am ehesten dem Risikomodell.

Es ist durchaus möglich, daß verschiedene Bevölkerungsschichten beim Kauf des gleichen Produktes nach unterschiedlichen Modellen entscheiden: Technische Geräte z. B. werden von Personen, die über spezifisches Fachwissen verfügen, nach dem Einstellungsmodell, von Laien hingegen eher nach dem Image ausgewählt. Laien werden diesbezüglich, je nach Persönlichkeitsmerkmalen stärker oder schwächer, gewisse Risiken wahrnehmen. Jemand, der sich selbst für einen Fachmann hält, wird sich mehr an seine Entscheidung gebunden fühlen und daher eher unter kognitiver Dissonanz leiden.

Um auf die jeweiligen Informationsbedürfnisse optimal eingehen zu können, ist es von Vorteil, einzelne Zielgruppen zu definieren, den Markt zu segmentieren.

Marktsegmentierung und Positionierung des Produktes im Beurteilungsraum einzelner Zielgruppen wird das Thema der zweiten Hälfte dieses Kapitels sein.

4.1.3 Typologie der individuellen Kaufentscheidungen

Im Rahmen unserer bisherigen Betrachtungen haben wir bereits festgestellt, daß Kaufentscheidungen manchmal eher kognitiv und rational, manchmal eher emotional getroffen werden. Wir sind bisher aber immer davon ausgegangen, daß komplexe innere Prozesse vor der wirklichen Kaufhandlung stattfinden.

Wenn man aber nun an den Einkauf von Gütern des täglichen Bedarfs denkt, so erfolgt die Entscheidung, welche Seife oder welcher Käse gewählt wird, meist automatisch, oft spontan, jedenfalls ohne lange nachzudenken.

Es gibt also auch Kaufhandlungen, die eher «reizgesteuert» (reaktiv) sind: Auf einen Reiz erfolgt unmittelbar eine Reaktion. Bei diesem

Verhalten handelt es sich also um eine S-R-Verknüpfung im Sinne der früher vorgestellten Lerntheorie.

Weinberg (1981) bildet daher eine Typologie der Kaufentscheidungsprozesse danach, inwieweit affektive, kognitive und reaktive Prozesse beteiligt sind:

- Affektiv bedeutet, daß eine erhebliche emotionale Schubkraft, eine hohe psychische Aktivierung vorhanden ist.
- Kognitiv bedeutet starke gedankliche Steuerung.
- Reaktiv bedeutet reizgesteuert, automatisch.

Nach diesen Kriterien lassen sich vier idealtypische Kaufentscheidungen unterscheiden (siehe Abb. 37).

Kaufentscheidung	Dominante Prozesse		
	affektiv	kognitiv	reaktiv
extensiv	×	×	
limitiert		×	
habitualisiert			×
impulsiv	×		×

Abb. 37: Typologie der Kaufentscheidung nach Weinberg (1981, S. 16)

Eine Typologie der Kaufentscheidung darf allerdings nicht als starrer Rahmen betrachtet werden, sondern eher als Kontinuum, in das das jeweilige Kaufverhalten einzuordnen ist.

Im folgenden werden die einzelnen Entscheidungstypen charakterisiert und die Folgerungen für das Marketing dargestellt.

4.1.3.1 Extensive Kaufentscheidungen

Charakteristika eines extensiven Entscheidungsprozesses:

- Es handelt sich um eine komplexe und neuartige Entscheidungssituation (z. B. Hifi-Anlage, Personal Computer). Der Konsument hat keinerlei Erfahrungen, er lernt erst im Laufe des Entscheidungsprozesses, was er konkret will und wie dieses Ziel erreicht werden kann. Problemlösungsmuster und Beurteilungskriterien müssen erst erarbeitet werden (stark kognitive Prozesse).
- Für den Konsumenten ist es sehr wichtig, eine gute Entscheidung zu treffen: Sein Involvement (persönliches Engagement) ist hoch, das wahrgenommene Risiko groß, da es sich z. B. um eine subjektiv als hoch empfundene Geldausgabe oder um ein Geschenk handelt (stark emotionale Prozesse.)

– Der Konsument hat daher einen hohen Informationsbedarf: Er sucht aktiv nach Information, der Entscheidungsprozeß dauert lange.

Folgerungen:

Die Werbung sollte dem Konsumenten die benötigten detaillierten Informationen zur Verfügung stellen, sei es in schriftlicher Form (z. B. Prospekte, Broschüren, Anzeigen) oder durch Verkaufs- und Beratungsgespräche.

4.1.3.2 Limitierte Kaufentscheidung

Charakteristika des limitierten Entscheidungsprozesses:

– Der Konsument verfügt bereits über Kauferfahrungen in der betreffenden Produktklasse sowie über ein bestimmtes Kaufalternativenprogramm («evoked set», Produkte, die für den Kauf in Frage kommen). Findet der Konsument nun innerhalb des «evoked set» ein Produkt, das seinen Ansprüchen genügt, so beendet er den Entscheidungsprozeß. Der kognitive Problemlösungsaufwand ist also limitiert.
– Affektive und reaktive Prozesse beeinflussen das Entscheidungsverhalten nur in geringem Ausmaß.
– Statt produktspezifischer wird hauptsächlich markenspezifische Information gesucht und verarbeitet. Der Konsument prüft allerdings vorher, inwieweit seine Kauf- und Produkterfahrungen, Markenkenntnisse und Einstellungen ausreichen, eine Wahl zu treffen (interne Informationen).

  Da das Entscheidungsfeld des Konsumenten bereits weitgehend vorgeklärt ist, interessieren ihn vor allem prägnante, direkt zur Kaufentscheidung beitragende Schlüsselinformationen. Darunter versteht man Informationen, die für die Produktbeurteilung besonders wichtig sind und mehrere Einzelinformationen bündeln: Testurteile, Empfehlungen oder dominante Produkteigenschaften, wie etwa der Preis. Diese Schlüsselinformationen ersetzen somit Einzelinformationen und werden dann verwendet, wenn die interne Informationssuche nicht ausreicht.

  Limitiert Entscheidende orientieren sich auch oft an Meinungsführern und übernehmen deren Kaufempfehlungen.

Folgerungen:

Der Konsument hat zwar bereits ein «evoked set» eingegrenzt, aber innerhalb dieser Alternativen besteht noch keine Präferenz. Da sich die Informationssuche vor allem auf die Alternativen konzentriert, die der Konsument kennt und miteinander vergleicht, ist es für die Kommunikationspolitik einer Unternehmung wichtig, Präferenzen für die eigene Marke zu schaffen.

Präferenzen können vor allem durch Aufbau von Markenimages oder durch emotionale Produktdifferenzierung (vgl. dazu Kap. III,4.1.1.2) gebildet werden.

Wesentlich ist auch, Meinungsführer zu erkennen und zu überzeugen und die benötigten Schlüsselinformationen anzubieten.

4.1.3.3 Habitualisierte Kaufentscheidung

Charakteristika eines habitualisierten Kaufentscheidungsprozesses:

- Habitualisierte Käufe oder Gewohnheitskäufe laufen quasi automatisch ab, reaktive Prozesse spielen eine große Rolle. Eine Kaufalternative wird meist eindeutig präferiert, es kommt also eine *vorgefertigte* Entscheidung zur Anwendung. Dadurch wird ein schneller Einkauf ermöglicht.
- Die emotionale Beteiligung ist gering: Es handelt sich meist um Wiederholungskäufe von Gütern des täglichen Bedarfs, von sozial unauffälligen, nicht prestigegeladenen Gütern, die relativ häufig und risikolos gekauft werden, wie z. B. Waschmittel.
- Die kognitive Steuerung ist beim Gewohnheitskauf sehr gering: Von einer Vielzahl von Beurteilungskriterien, die ein Komsument als wichtig für die Wahl dieses Produkts wahrnimmt, werden in der wiederholten Entscheidungssituation nur wenige tatsächlich berücksichtigt. Der kognitive Prozeß ist also stark reduziert.
- Informationen über das präferierte Produkt werden besonders schnell wahrgenommen.

Folgerungen:

Bei Produkten, die gewohnheitsmäßig gekauft werden, sollte das besondere Ziel von Hersteller und Händlern die regelmäßige Zufriedenheit des Kunden sein. Da Wiederholungskäufe schnell abgewickelt werden, sollte die Verkaufsförderung zur Standardisierung problemloser Einkäufe beitragen.

Aufgabe der Kommunikationspolitik ist es, dafür zu sorgen, daß ein Produkt immer als gleich wahrgenommen und rasch wiedererkannt wird. Auf jeden Fall muß eine kognitive Verunsicherung des Konsumenten vermieden werden.

4.1.3.4 Impulsive Kaufentscheidungen

Charakteristika der impulsiven Entscheidung:

- Impulskäufe sind durch rasches, spontanes Handeln gekennzeichnet. Sie zeichnen sich durch stark affektive und reaktive Prozesse aus und sind dort typisch, wo ein latentes Bedürfnis vorliegt, der Konsument durch Reize stark stimuliert wird und keinerlei Hemmnisse die

Spontanhandlung beeinträchtigen. Voraussetzung ist eine hohe Aktivierung des Kunden.
- Impulskäufe sind ungeplant und werden gedanklich kaum kontrolliert.

Folgerungen:

Entscheidend für das Auslösen des Impulskaufes ist die gesamte Stimuluspräsentation am Verkaufsort (z. B. Displaymaterial, Verpackungsgestaltung).

Relativ hohes Aktivierungspotential des verwendeten Reizmaterials ist nötig, um zu gewährleisten, daß die Reizaufnahme zu einer nachhaltigen Informationsverarbeitung führt (z. B. Signalreize, Farben).

Voraussetzung für einen Impulskauf ist die Aktivierungsbereitschaft eines Kunden: Käufer, die unter Zeitdruck stehen, sind kaum zu aktivieren und zu Spontanhandlungen zu veranlassen.

Bestimmte Standorte innerhalb des Geschäftes eignen sich deshalb besonders gut, um Impulskäufe auszulösen, wie etwa der Kassenraum. Dort können starke Reize die Konsumenten in einer Situation erreichen, in der sie kognitiv entlastet und somit für aktivierende Sales Promotion-Maßnahmen besonders empfänglich sind.

4.1.4 Kollektive Kaufentscheidungen

Die praktische Bedeutung der Modelle des individuellen Kaufentscheidungsprozesses wird durch die nur teilweise oder nur indirekte Berücksichtigung sozialer Determinanten beim Entscheidungsverhalten eingeschränkt.

Einflüsse von Familienmitgliedern, Bezugspersonen usw. werden entweder als externer Reiz vorgegeben oder sie schlagen sich in psychischen Konstrukten wie Einstellung oder wahrgenommenem Risiko nieder.

Kollektive Entscheidungen können weder durch Partial- noch durch Totalmodelle erklärt werden. Diese erlauben lediglich eine Aussage darüber, was im Konsumenten vorgeht und wie auf Grund dieser psychischen Vorgänge eine Entscheidung zustandekommt.

Die Konsumverhaltensforschung hat sich im Gegensatz zur individuellen Kaufentscheidung mit kollektiven Entscheidungsprozessen nur wenig beschäftigt.

Nach der Art und Anzahl der Entscheidungsträger kann man die in Abb. 38 wiedergegebenen Arten von Kaufentscheidungen unterscheiden.

Die Besonderheiten kollektiver Entscheidungsprozesse stehen im Mittelpunkt der folgenden Ausführungen.

	Haushalte	Unternehmungen Institutionen
Individuum	Kaufentscheidung des Konsumenten	Kaufentscheidung des Repräsentanten
Kollektiv	Kaufentscheidung von Familien	Kaufentscheidung eines Kaufgremiums oder Buying Centers

Abb. 38: Kaufentscheidungen, unterteilt nach Art und Zahl der Entscheidungsträger

4.1.4.1 Kaufentscheidungen in Familien

Von besonderem Interesse für eine Durchleuchtung des Kaufentscheidungsprozesses in Familien sind die folgenden Fragen:

- Welche Familienmitglieder (Mann, Frau, Kinder, ...) übernehmen
- bei welchem Produkt (Konsumgut, langlebiges Wirtschaftsgut)
- in welcher Situation (Phase im Lebenszyklus der Familie, konkrete Kaufsituation)
- welche Aktivitäten (Teilaufgaben, Interaktionsverhalten)
- in den jeweiligen Phasen des Kaufentscheidungsprozesses?

Bei Kaufentscheidungen von Familien existiert häufig eine Kompetenzverteilung zwischen den einzelnen Familienmitgliedern, vor allem zwischen Mann und Frau.

Bei verschiedenen Produktkategorien ist die Dominanz eines Familienmitglieds üblich. Folgende Befunde stammen aus einer Studie der Wirtschaftsuniversität Wien (n = 251 Apn; Erhebungszeitraum Mai/Juni 1990): Bei größeren Anschaffungen und insbesondere bei Geldangelegenheiten dominieren partnerschaftliche Entscheidungen. So wird die Entscheidung über den Abschluß einer Lebensversicherung in 59%, bei Aufnahme eines Kredites in 63% der Fälle kollektiv getroffen. Auffällig ist aber auch der große Anteil der Partnerschaften, in denen der Mann obige Entscheidungen alleine trifft (34% bzw. 29%). Die Erledigung täglicher Bankgeschäfte, wie Ein- und Auszahlungen etc., wird dagegen zu einem größeren Prozentsatz von Frauen durchgeführt (37%).

Beim Möbelkauf dominiert in der Regel die Frau, beim Autokauf meistens der Mann. Entsprechend ihren Rollen treffen die einzelnen Familienmitglieder beim Autokauf aber bestimmte Teilentscheidungen: Männer übernehmen eher die instrumentelle Entscheidung, also

z. B. welcher Händler (71%), welche Marke (66%) oder welche Type (66%) gewählt werden. Frauen haben nur bei sozial expressiven Fragen stärkeren Einfluß, so bei der Wahl der Autofarbe (Mann: 44%, Frau: 42%).

Es ist auch zu beobachten, daß sich sowohl das Ausmaß gemeinsamer oder getrennter Aktivitäten als auch die Rollenverteilung im Ablauf des Entscheidungsprozesses ändern.

Man unterscheidet daher sinnvollerweise mehrere Phasen der Entscheidungsbildung: Wahrnehmung, Interesse, kognitive Erprobung, Bewertung, Legitimation (d. h. Entscheidung, überhaupt zu kaufen), Kauf, Nachkaufphase.

Weiters sind verschiedene Variablen zu beachten, die den Entscheidungsprozeß in der Familie entscheidend beeinflussen:

- Produktspezifische Determinanten, die eher zu gemeinsamen Entscheidungen führen, sind vor allem Komplexität, Neuartigkeit, soziale Sichtbarkeit, finanzielle Mittelbindung und gemeinsamer Gebrauch des Produktes.
- Personen- und familienspezifische Einflußfaktoren sind beispielsweise Berufstätigkeit der Frau, Schichtzugehörigkeit und sonstige soziodemographische Merkmale sowie die im Familienzyklus erreichte Phase: So zeigt sich in den ersten Ehejahren ein hohes Ausmaß an gemeinsamen Entscheidungen, später sinkt es.

Einen wesentlichen Einfluß üben auch Kinder und Jugendliche auf die Kaufentscheidung der Familie aus. Insbesondere agieren sie als Kommunikationsagenten, indem sie Konsumwünsche, die durch den Einfluß von Schule, peer groups (Freunden) und Massenmedien (TV, Jugendzeitschriften wie z. B. Bravo) zustandekommen, an die Eltern weitergeben.

4.1.4.2 Kaufentscheidungen in einer Organisation

Ist der Nachfrager eine Organisation, nicht ein Konsument, so spricht man von organisationaler Beschaffungsentscheidung bzw. von Organizational Buying Behavior.

Diese Kaufentscheidungen werden in der Regel von mehreren Personen getroffen. Es handelt sich dabei um kollektive Kaufentscheidungen, die durch mehrzentrige Willensbildung gekennzeichnet sind.

Die an einer solchen Kollektiventscheidung Beteiligten bezeichnet man insgesamt als Buying Center oder multipersonales Beschaffungsorgan.

Da die Mitglieder des Buying Centers meist unterschiedliche Vorstellungen über den Kauf bestimmter Güter haben, ergeben sich oft Spannungen innerhalb des Gremiums. Diese steigen mit zunehmender

Größe des Unternehmens und der daraus resultierenden Unsicherheit. Die Lösung dieser Konflikte hängt von den jeweiligen Machtpositionen der einzelnen Gruppen oder Personen innerhalb des Buying Centers ab.

Dadurch erweisen sich Kaufentscheidungen von Organisationen als wesentlich komplexer als Kaufentscheidungen einzelner Individuen. Sie verlangen die Berücksichtigung einer Vielzahl von Faktoren und erstrecken sich zumeist über einen längeren Zeitraum.

Die Mitglieder des Buying Centers können nach verschiedenen Merkmalen charakterisiert werden.

Nach den Rollen, die die beteiligten Personen bezüglich des Beschaffungsprozesses bzw. bezüglich des Objektes innehaben, unterscheiden Webster und Wind (1972):

- Verwender (User) des Objektes: Diese Personen müssen später mit dem zu kaufenden Objekt arbeiten. Sie haben zumeist eine Schlüsselstellung im Beschaffungsprozeß inne, da sie Erfahrungsträger hinsichtlich Qualität und Einsatz der zu kaufenden Produkte sind. Verwender sind z. B. Meister, Arbeiter, Sekretärin.
- Einkäufer mit formaler Kontrahierungsbefugnis (Buyer): Sie wählen auf Grund ihrer formalen Kompetenz die Lieferanten aus und tätigen Kaufabschlüsse. Diese Personen gehören in der Regel zur Einkaufsabteilung des Unternehmens.
- Beeinflusser (Influencer): Z. B. Finanzfachleute, Berater entscheiden über das Beschaffungsobjekt insofern, als sie bestimmte Normen festlegen (Budgetrahmen, technische Normen etc.). Sie beeinflussen vor allem die Wahlentscheidung zwischen verschiedenen Alternativen.
- Entscheider (Decider) sind diejenigen, die authorisiert sind, die endgültige Entscheidung zu treffen. Sie bestimmen auf Grund ihrer Machtposition die Auftragsvergabe. Bei Großinvestitionen nimmt diese Funktion häufig ein Mitglied der Geschäftsleitung wahr.
- Gate-Keeper sind Personen, die den Informationsfluß zu und aus dem Buying Center steuern können. Assistenten von Entscheidungsträgern beispielsweise üben einen indirekten Einfluß auf die Entscheidung durch die zu treffenden Entscheidungsvorbereitungen aus.
- Nach Funktionen bzw. Tätigkeiten innerhalb der Unternehmung:
  - Unternehmensleitung
  - Einkauf
  - technisches Personal
  - Finanzwesen etc.

Im Gegensatz zum Konsumgüterbereich ist das Organizational Buying Behavior durch einen hohen Formalisierungsgrad gekennzeichnet. In manchen Unternehmungen sind Verfahrensregeln und Zuständigkeitsbereiche der einzelnen am Beschaffungsprozeß Beteiligten festgelegt. So kann beispielsweise die technische Abteilung Umfang und Qualität der zu beschaffenden Produkte festlegen. Kaufverhandlungen und Abschluß der Verträge sind jedoch Aufgabe der Einkaufsabteilung, wobei wiederum die Gegenzeichnung des technischen Leiters notwendig sein kann.

Nach einer Spiegel-Untersuchung («Der Entscheidungsprozeß bei Investitionsgütern», 1967) war

- die Führungsspitze in 92% der Betriebe an Kaufentscheidungen beteiligt,
- die technische Leitung in 67%,
- die kaufmännische Leitung in 50% der Betriebe.

Besonders stark formalisiert sind zumeist die Beschaffungsprozesse der öffentlichen Hand. Häufig erfolgt hier die Auftragsvergabe auf Grund öffentlicher Ausschreibung, wobei verschiedene Gesetze und Verordnungen zu beachten sind.

Der Entscheidungsprozeß wird in folgende Phasen untergliedert:

- Erkennen eines Bedürfnisses und einer allgemein möglichen Lösung
- Feststellung des Bedarfs (Art und Menge)
- Genaue Beschreibung (Spezifikation des Beschaffungsgutes)
- Suche nach potentiellen Bezugsquellen
- Einholen und Analyse von Angeboten
- Bewertung der Angebote und Lieferantenauswahl
- Festlegung eines Bestellverfahrens
- Leistungsfeedback und Neubewertung

Den einzelnen Entscheidungsphasen lassen sich sowohl die jeweiligen Entscheidungsbeteiligten als auch inhaltliche Detailfragen zuordnen. Aus dieser Gliederung ergeben sich daher Ansatzpunkte für den Anbieter, an denen er seine Strategie sachlich, personell und zeitlich auszurichten hat.

Verschiedene Autoren haben versucht, die zahlreichen Einflußfaktoren auf das Kaufverhalten von Organisationen in Klassen zu ordnen und in einem komplexen Modell systematisch darzustellen. Eines dieser Erklärungsmodelle nämlich jenes von Sheth, soll als Beispiel kurz erläutert werden.

Das Sheth-Modell

In Anlehnung an das Individual-Kaufentscheidungsmodell von Howard/Sheth entwickelte Sheth (1973) ein Konzept für die Analyse von Beschaffungsentscheidungen in Organisationen.

Wie in Abb. 39 erkennbar, basiert dieses Modell auf vier Kernelementen:

(1) *Psychologische Determinanten* der einzelnen Mitglieder des Buying Center, die deren unterschiedliches Entscheidungsverhalten erklären.

Die Erwartungen (1 b) der am Entscheidungsprozeß Beteiligten werden beeinflußt durch

- deren persönlichen Background (1 a, abhängig von Ausbildung, Rollenverhalten und Lebensstil),
- Informationen (1 c), die aktiv gesucht, durch selektive Wahrnehmung (1 d) verzerrt werden, sowie
- die Zufriedenheit mit bereits getätigten Einkäufen (1 e).

(2) *Produkt- und unternehmensspezifische Faktoren,* von denen abhängt, ob die jeweilige Entscheidung autonom oder kollektiv getroffen wird.

Produktspezifische Faktoren (2 a) sind Zeitdruck beim Entscheidungsprozeß, subjektiv wahrgenommenes Risiko und Kaufklasse (Erst- oder Wiederkauf): Hoher Zeitdruck, geringes Risiko und Wiederholungskäufe begünstigen Individualentscheidungen.

Größe und Ziele (Ausrichtung) der Organisation sowie der Zentralisationsgrad stellen unternehmensspezifische Faktoren (2 b) dar.

(3) *Konfliktlösungsmechanismen*

Kollektiventscheidungen führen auf Grund unterschiedlicher Erwartungen und Entscheidungskriterien der Beteiligten zu Konflikten, die folgendermaßen gelöst werden können:

- Problemlösung durch Informationssammlung und -verarbeitung
- Überreden der anderen Beteiligten bezüglich der Kriteriengewichtung
- Bargaining (Aushandeln)
- Machtkampf, «Austricksen».

(4) *Situative Faktoren,* die Entscheidungsprozesse – manchmal in unvorhersehbarer Weise – beeinflussen, wie z. B. wirtschaftliche Bedingungen und Arbeiterauseinandersetzungen.

Das Sheth-Modell stellt somit mögliche Einflußgrößen auf das Kaufverhalten von Organisationen dar, jedoch ohne deren Bedeutung für die Erklärung des Verhaltens aufzuzeigen.

Konsequenzen für die Werbung:

Um in einer Werbekampagne den Besonderheiten des Entscheidungs-

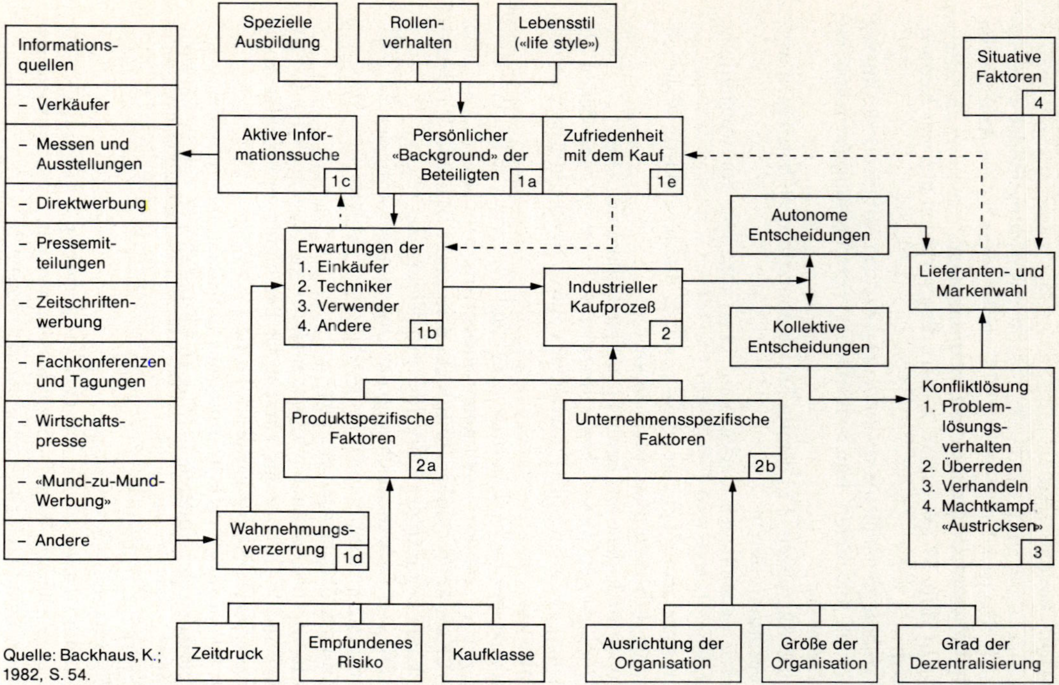

Quelle: Backhaus, K.; 1982, S. 54.

Abb. 39: Einkaufsentscheidungsmodell von Organisationen nach Sheth

prozesses bei Organisationen Rechnung zu tragen, muß die Bestimmung der Zielgruppe in zwei Stufen erfolgen:

- Zunächst muß festgestellt werden, welches Unternehmen bzw. welche Branche Bedarf an den jeweiligen Gütern bzw. Dienstleistungen hat (Definition des Zielunternehmens).
- In der zweiten Phase müssen die Zielpersonen innerhalb des Zielunternehmens bestimmt werden. Da alle am Entscheidungsprozeß Beteiligten erreicht werden sollen, ist diese Zielgruppe sehr breit gestreut.

  Bei der Entscheidung, welcher LKW angeschafft werden soll, wirken beispielsweise nicht nur Geschäftsführung und Einkäufer, sondern auch die Fahrer als unmittelbar Betroffene maßgeblich mit.

Die Werbemaßnahmen müssen sorgfältig auf die unterschiedlichen Entscheidungskriterien der beteiligten Stellen sowie auf den jeweiligen Informationsbedarf in den einzelnen Entscheidungsprozessen abgestimmt werden.

Literaturverzeichnis zu III,4.1

Einführende Literatur

Kroeber-Riel, W., Konsumentenverhalten, Vahlen, München, 3. Aufl. 1984.

Kroeber-Riel, W., Meyer-Hentschel, G., Werbung – Steuerung des Konsumentenverhaltens, Physica-Verlag, Würzburg, Wien 1982.

Rosenstiel, L. von, Psychologie der Werbung, Komar-Verlag, Rosenheim 1969.

Rosenstiel, L. von, Ewald, G., Marktpsychologie, Band II, Psychologie der absatzpolitischen Instrumente, W. Kohlhammer, Stuttgart, Berlin, Köln, Mainz 1979.

Rosenstiel, L. von, Neumann, P., Einführung in die Markt- und Werbepsychologie, Wissenschaftliche Buchgesellschaft, Darmstadt 1982.

Schweiger, G., Baumgartner, P., Der Einfluß der Werbung auf das Geschmackserlebnis – empirische Messung der Irradiation durch unterschiedliche Etiketten bei Weißwein, in: Werbeforschung & Praxis 4/1988, S. 127–130.

Trommsdorff, V., Komsumentenverhalten, W. Kohlhammer, Stuttgart 1989.

Weinberg, P., Das Entscheidungsverhalten der Konsumenten, UTB, Paderborn, München, Wien, Zürich 1981.

Weiterführende Literatur

Backhaus, K., Investitionsgüter-Marketing, Vahlen, München 1982.

Baumgartner, P., Imagetransfer – eine Strategie für österreichischen Wein, Diplomarbeit an der Wirtschaftsuniversität Wien, Juni 1987.

Behrens, G., Das Wahrnehmungsverhalten der Konsumenten, Deutsch, Frankfurt/Main 1982.

Behrens, G., Konsumentenverhalten, Physica-Verlag, Heidelberg 1988.

Brand, H. W., Die Legende von den «Geheimen Verführern», Beltz-Verlag, Weinheim und Basel 1978.

Engelhardt, W. H., Günter, B., Investitionsgüter-Marketing, W. Kohlhammer, Stuttgart, Berlin, Köln, Mainz 1981.

Hartmann, K. D., Köppler, K., (Hrsg.), Fortschritte der Marktpsychologie, Fachbuchhandlung für Psychologie, Frankfurt/Main 1977.

Haseloff, O. W., Beeinflussungsmodelle der Wirtschaftswerbung, in: WWG Information Nr. 85, 1981.

Herkner, W., Einführung in die Sozialpsychologie, Verlag Hans Huber, Bern, Stuttgart, Wien 1975.

Hoffmann, H. J., Psychologie der Werbekommunikation, De Gruyter, Berlin, New York 1981.

Howard, J. A., Consumer Behavior: Application of Theory, McGraw Hill, New York et al. 1977.

Howard, J. A., Sheth, J. N., The Theory of Buyer Behavior, John Wiley & Sons Inc., New York, London, Sydney, Toronto 1969.

Kroeber-Riel, W., Ghazizadeh, U., Emotion schlägt Information, in: Absatzwirtschaft, Sondernummer Oktober 1987, Seite 48–53.

Kurz, H., Bankenmarketing und Dissonanztheorie, Band 4 der absatzwirtschaftlichen Reihe, Wien 1984.

Mazanec, J., Strukturmodelle des Konsumverhaltens, Orac-Verlag, Wien 1978.

Packard, V., Die geheimen Verführer, Econ Verlag, Düsseldorf 1976.

Ruhfus, R. E., Kaufentscheidungen von Familien, Dissertation, Th. Gabler, Münster 1975.

Schrattenecker, G., Erlebtes Risiko und Urlaubsentscheidung: ein empirischer Anwendungsversuch des ‹Perceived-Risk›-Modells in der Reiseverhaltensforschung, in: Der Markt, Nr. 85, 1983.

Schrattenecker, G., Die Beurteilung von Urlaubszielländern durch Reisekonsumenten, Service Fachverlag, Wien 1984.

Schweiger, G., Mazanec, J., Wiegele, O., Das Modell des «erlebten Risikos» («perceived risk»): Struktur und Operationalisierungskonzepte, in: Der Markt, Nr. 60, 1976.

Sheth, J. N., A Model of Industrial Buying Behavior, in: Journal of Marketing, October 1973.

Spiegel, B., Werbepsychologische Untersuchungsmethoden, Duncker & Humblot, Berlin 1970.

Spiegel-Verlag, Der Entscheidungsprozeß bei Investitionsgütern, Hamburg 1982.

Stria, I., Der Anteil der Kinder am Kaufentscheidungsprozeß in den Familien am Beispiel einer Urlaubsentscheidung, Diplomarbeit an der Wirtschaftsuniversität Wien 1985.

Webster, F. E., Wind, Y., Organizational Buying Behavior, Prentice Hall, Englewood Cliffs 1972.

Webster, F. E. Jr., Industrial Marketing Strategy, Wiley & Sons, New York, Chichester, Brisbane, Toronto 1979.
Weinhold-Stünzi, H., Kundenstamm Marketing – ein Fall für Thexis, in: Thexis 2/87, S. 1f.
Winter, M., Die Effekte der Fernsehwerbung auf die Position des Kindes in der Familie, Diplomarbeit an der Wirtschaftsuniversität Wien 1982.
Wusst, Ch., Ansätze zur Image- und Einstellungsmessung am Beispiel Österreich, Dissertation an der Wirtschaftsuniversität Wien, Juli 1987.

4.2 Die Marktsegmentierung

Die Marktsegmentierung stellt einen der jüngsten Leitgedanken in der Marketingpolitik dar.

Unter Marktsegmentierung versteht man die Aufteilung eines Marktes in klar abgegrenzte Kundengruppen, die als Zielgruppen mit einem bestimmten Marketing-Mix erreicht werden können (vgl. Kotler, 1982).

Früher ging man von der Überlegung aus, daß niedrige Preise der sicherste Weg zu hohem Umsatz seien. Deshalb war es oberstes Ziel, durch Massenproduktion und Massenvertrieb eines einzigen Produktes für den gesamten Markt die Kosten möglichst gering zu halten.

Als jedoch die Konkurrenz von ähnlichen und damit substituierbaren Gütern zunahm, der Wettkampf härter wurde, blieb bald kein Spielraum für weitere Preissenkungen.

Da es nun nicht mehr möglich war, Kunden durch besonders günstigen Preis zu gewinnen, begann man, die Produkte selbst zu differenzieren: Der Vorteil gegenüber Konkurrenzprodukten lag nun in anderen Eigenschaften, besserem Styling usw.

Die Strategie der Marktsegmentierung entstand in der Folge aus der Überlegung, daß alle Marketinginstrumente auf die unterschiedlichen Bedürfnisse einzelner Kundengruppen auszurichten seien. Statt sich am ganzen Markt dem Wettkampf zu stellen, sollten nur Teile bearbeitet werden, diese jedoch möglichst wirksam.

Eine effiziente Marktbearbeitung durch Marktsegmentierung umfaßt folgende Schritte:

1. Aufteilung des Marktes in einzelne Kundengruppen

Ziel dieser Gliederung ist es, Kunden so zu Segmenten zusammenzufassen, daß ihre Bedürfnisse jeweils mit einem bestimmten Marketing-Mix befriedigt werden können.

Jede dieser Gruppen sollte also möglichst homogen sein bezüglich der

Erwartungen und Ansprüche an ein Produkt dieser Art, bezüglich der Einkaufgewohnheiten, des Medienverhaltens usw.

2. Definition der Zielgruppe(n)

In dieser Phase muß nach ökonomischen Gesichtspunkten entschieden werden, welche Marktsegmente tatsächlich bearbeitet werden sollen.

3. Produktpositionierung

Die Konsumenten treffen ihre Kaufentscheidungen danach, wie sie die Produktalternativen wahrnehmen, also nach einem mehr oder weniger verzerrten, subjektiven Vorstellungsbild.

Ziel der Produktpositionierung ist es, den Konsumenten einen günstigen Eindruck vom Produkt zu vermitteln. Das eigene Produkt soll sich in ihrer Wahrnehmung von den Konkurrenzprodukten vorteilhaft unterscheiden.

Im folgenden sollen diese drei Schritte ausführlicher behandelt werden.

4.2.1 Aufteilung des Marktes in einzelne Kundengruppen

4.2.1.1 Anforderungen an die Marktsegmentierung

Als Voraussetzung für eine sinnvolle Marktsegmentierung müssen die Kriterien, nach denen die Unterteilung vorgenommen wird, gewisse Anforderungen erfüllen:

– Kaufverhaltensrelevanz

Die Segmentierungskriterien müssen von entscheidender Bedeutung für das Kaufverhalten sein. Nach diesen Merkmalen sollen Kundensegmente so abgegrenzt werden können, daß das Kaufverhalten innerhalb der Gruppen möglichst gleichartig (homogen), zwischen den einzelnen Gruppen jedoch möglichst unterschiedlich (heterogen) ist.

So hat beispielsweise das Alter der Kunden einen bedeutenden Einfluß darauf, welche Bekleidungsstücke oder Schuhe gewünscht werden. Handelt es sich jedoch um den Kauf von Glühbirnen oder Werkzeug, so werden nach diesem Merkmal kaum Unterschiede im Kaufverhalten festzustellen sein.

– Aussagefähigkeit für den Einsatz der Marketinginstrumente

Die Ausprägung dieser Merkmale sollte einen Ansatzpunkt für die gezielte Marktbearbeitung bieten. Es sollte sich also beispielsweise um Bedürfnisse handeln, auf die Produktpolitik und Werbung abgestimmt werden können, oder um bestimmte Interessen dieser Gruppe, die bei der Botschaftsgestaltung angesprochen werden.

– Zugänglichkeit

Eine Segmentierung ist nur dann sinnvoll, wenn die einzelnen Kundengruppen jeweils über bestimmte Kommunikations- und Distributionskanäle erreicht werden können.

So hat es keinen Sinn, wenn die Werbebotschaft genau auf eine (kleine) Zielgruppe abgestimmt wird, aber keine Möglichkeit besteht, diese durch spezielle Medien anzusprechen.

– Meßbarkeit

Die Ausprägung der Merkmale muß meßbar sein, die Segmente sollten mit den vorhandenen Marktforschungsmethoden erfaßbar sein. Schwierig bzw. kostenaufwendig ist z. B. die Messung bestimmter Persönlichkeitsmerkmale wie Selbstbewußtsein und Toleranz.

– Zeitliche Stabilität

Die Kriterien, anhand derer die Segmentierung erfolgt, sollten über einen längeren Zeitraum gültig sein, da Marketingmaßnahmen oft erst nach längerer Zeit auf den Konsumenten wirken (z. B. Produktentwicklung oder Aufbau eines Images auf Grund bestimmter Bedürfnisse).

– Wirtschaftlichkeit

Die Bearbeitung einzelner Segmente sollte sich lohnen. Die Kosten, die sich auf Grund der Segmentierungsmaßnahmen ergeben (Kosten der Informationsgewinnung und -verarbeitung sowie der differenzierten Marktbearbeitung), müssen durch den Nutzen der Segmentierung (höhere Erlöse) kompensiert werden.

Abb. 40 gibt einen Überblick über mögliche Marktsegmentierungskriterien.

4.2.1.2 Kriterien des beobachtbaren Kaufverhaltens

Die Besonderheit dieser Kriterien besteht darin, daß sie nicht Bestimmungsfaktoren für das Kaufverhalten, sondern dessen Ergebnis sind.

– Käufer/Nichtkäufer der Produktart

Unternehmen mit kleinerem Marktanteil werden sich in der Regel damit begnügen, Personen, die bereits Käufer dieser Art von Produkten sind, vom Vorteil der eigenen Marke zu überzeugen. Als erster Schritt werden daher die Käufer identifiziert. Dieses Segment wird dann weiter unterteilt.

Schwieriger ist es, Nichtverwender zum Kauf zu überreden. Man denke an überzeugte Anhänger der Naßrasur, die zum Kauf eines Rasierapparates gebracht werden sollen. Diese Aufgabe erfordert eine völlig andere Werbekonzeption als die Abhebung der eigenen Marke von den Konkurrenten. An der Gewinnung von potentiellen Verwendern sind meist Unternehmen mit bereits hohem Marktanteil interessiert.

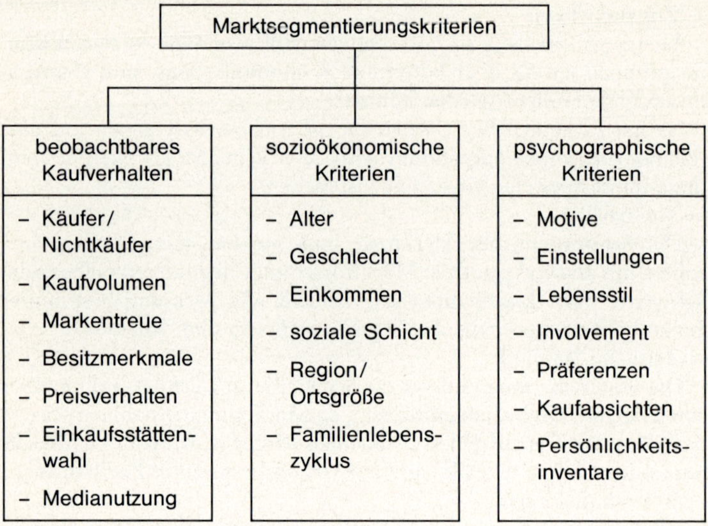

Abb. 40: Kriterien der Marktsegmentierung

– Kaufvolumen

In vielen Märkten kann man verschiedene Gruppen nach der Verbrauchsintensität unterscheiden. Eine besonders interessante Zielgruppe sind natürlich die starken Verwender. Um dieses Segment gezielt bearbeiten zu können, ist es allerdings notwendig, Merkmale zu ermitteln, in denen sich diese Personen ähneln: besondere Interessen, Persönlichkeitsmerkmale, Medien, die oft genutzt werden, etc.

– Markentreue

Es bedarf einer unterschiedlichen Werbekonzeption je nachdem, ob man ohnehin treue Kunden bestärken bzw. erinnern will oder ob Kunden der Konkurrenten vom Vorteil der eigenen Marke überzeugt werden sollen.

– Besitzmerkmale

Die Besitzer bestimmter Güter, die den Verbrauch anderer Produkte und Dienstleistungen wahrscheinlich oder notwendig machen, sind eine interessante Zielgruppe. So ist beispielsweise ein Autobesitzer gleichzeitig Verbraucher von Benzin und Autozubehör, ein Waschmaschinenbesitzer Verbraucher von Waschpulver und Weichspüler.

– Preisverhalten

Aus der Beobachtung des Verhaltens, also des Kaufs in bestimmten Preisklassen oder des Erwerbs von Sonderangeboten, kann man Prognosen für die Zukunft erstellen und die Marketinginstrumente darauf abstimmen.

– Einkaufsstättenwahl

Dieses Kriterium ist für die Entscheidung des Produzenten wichtig, welche Betriebsformen des Einzelhandels gewählt werden sollen, um die Zielgruppen zu erreichen.

– Medianutzung

Durch die Daten der Medianutzung soll geklärt werden, wie einzelne Zielgruppen erreicht werden können. Da die Einschaltkosten in den Medien relativ hoch sind, ist es wichtig, Streuverluste zu vermeiden: Man muß diese Werbeträger verwenden, deren Nutzerschaft am ehesten der Zielgruppe entspricht.

Kritik: Den Kriterien des beobachtbaren Kaufverhaltens kommt nur insoweit Bedeutung zu, als vom vergangenen bzw. gegenwärtigen Verhalten auf das zukünftige geschlossen werden kann. Ihr Manko liegt darin, daß sie nur teilweise Ansatzpunkte für eine wirksame Botschaftsgestaltung bieten. Sie sind daher am besten gleichzeitig mit psychographischen oder sozioökonomischen Kriterien zur Segmentierung heranzuziehen.

4.2.1.3 Sozioökonomische (demographische) Kriterien

Die sozioökonomischen Kriterien sind die klassischen Segmentierungskriterien schlechthin. Merkmale wie Alter, Geschlecht, Einkommen, Herkunft nach Region und Ortsgröße, soziale Schicht oder Familienlebenszyklus seien hier als Beispiele genannt.

Der Familienlebenszyklus (family life cycle) stellt auf die Phasen ab, die ein Individuum in zeitlicher Folge in einem eigenständigen Haushalt durchläuft. Gewöhnlich wird der Familienlebenszyklus durch eine Kombination demographischer Merkmale ausgedrückt, und zwar über

– Familienstand
– Alter der Ehepartner
– Zahl und Alter der Kinder.

Wells und Gubar (1966) grenzen neun Phasen des Familienlebenszyklus ab:

1. Junge, alleinstehende Leute, die nicht mehr im Elternhaus wohnen
2. Junge verheiratete Paare ohne Kinder

3. Volles Nest I: Jüngstes Kind unter 6 Jahren
4. Volles Nest II: Jüngstes Kind 6 Jahre oder älter
5. Volles Nest III: Ehepaare mit abhängigen Kindern
6. Leeres Nest I: Ehepaare, Kinder bereits außer Haus, Ehemann berufstätig
7. Leeres Nest II: Ältere Paare, Kinder bereits außer Haus, Ehemann pensioniert
8. Arbeitende(r) Witwe(r)
9. Pensionierte(r) Witwe(r)

In empirischen Untersuchungen konnte der Einfluß des Familienzyklus auf das Kaufverhalten nachgewiesen werden. Praktische Wohnungseinrichtungen werden beispielsweise in den ersten Jahren nach der Hochzeit gekauft, in der Phase «Volles Nest III» werden hingegen neue, geschmackvolle, teure Möbel angeschafft.

Kritik: Sozioökonomische Kriterien sind in der Regel leicht zugänglich. Meist ist genügend sekundärstatistisches Material in Form von Media- und Verbraucheranalysen vorhanden, das gleichzeitig Informationen liefert, wie die sozioökonomisch abgegrenzte Zielgruppe zu erreichen ist.

Von Nachteil ist allerdings häufig die mangelnde Relevanz für das Kaufverhalten: Diese Merkmale beschreiben zwar, welche Konsumenten bestimmte Produkte kaufen, erklären aber nicht, warum.

4.2.1.4 Psychographische Kriterien

Diese Kriterien haben wir zum großen Teil bereits als Konstrukte der Erklärungsmodelle des Käuferverhaltens kennengelernt (vgl. Kap. III,4.2.1). Beispiele sind Motive, Einstellungen, Präferenzen und Persönlichkeitsmerkmale wie Risikofreudigkeit und Lebensstil (Life Style).

– *Motive*

Motive stellen Beweggründe des Handelns dar, wobei meist mehrere Motive (Motivbündel) das Verhalten bzw. die Wahl eines Produktes erklären (z. B. Kauf einer Zahnpaste, um die Zähne vor Karies zu bewahren, um Mundgeruch zu vermeiden, um nicht von den Mitmenschen gemieden zu werden ...).

– *Einstellungen*

Unter Einstellung wird eine gelernte, relativ dauerhafte Bereitschaft verstanden, auf einen bestimmten Reiz konsistent zu reagieren (vgl. dazu ausführlich Kap. III, 4.1.2.1).

Im Rahmen der Einstellungsforschung haben sich die mehrdimensionalen Einstellungsmodelle durchgesetzt. Sie basieren auf der Annahme, daß sich die Gesamteinstellung zu einem Objekt als Summe der Beurteilungen von relevanten Produkteigenschaften ergibt.

Die Einstellung zu einem Gegenstand ergibt sich also auf Grund des Eindruckes, wie gut dieser Gegenstand geeignet ist, bestimmte, persönlich wichtige Bedürfnisse (Motive) zu befriedigen.

Nach den Elementen dieser mehrdimensionalen Einstellungsmodelle bieten sich folgende Segmentierungskriterien an:

– Welche Eigenschaften werden bei Produkten einer bestimmten Art gewünscht, um persönliche Bedürfnisse befriedigen zu können?
  Nicht alle Eigenschaften eines Produktes sind von gleicher Bedeutung für die Zielpersonen: Bei Zahnpasten kann z. B. am wichtigsten die Eigenschaft Kariesverhinderung sein, während der Wohlgeschmack von geringerer Bedeutung, der Weißmachereffekt vielleicht ganz unwichtig ist.
  Wenn man nun für jede Eigenschaft die persönlichen Bedeutungsgewichte (z. B. in Form von Schulnoten: 1 bedeutet sehr wichtig, 5 unwichtig) ermittelt, so werden die Ergebnisse bei den einzelnen Zielpersonen unterschiedlich sein: Die Konsumenten erwarten verschiedenen Nutzen von einer Produktklasse, sie suchen verschiedene Vorteile.
  Teilt man nun die Konsumenten nach dem von einem Produkt erwarteten Nutzen in mehrere Gruppen ein, so spricht man von einer «benefit segmentation».
– Wie stark sind einzelne Eigenschaften – nach persönlichem Eindruck – bei einer bestimmten Marke ausgeprägt?
  Einzelne Marken werden von verschiedenen Zielpersonen jeweils anders wahrgenommen. Lassen sich homogene Gruppen nach dem Eindruck, wie einzelne Eigenschaften bei einer Marke ausgeprägt sind, bilden, so kann nach diesem Kriterium eine Segmentierung erfolgen.
  Ein Beispiel dazu: Aufteilung der Zielpersonen danach, ob sie eine bestimmte Zahnpastamarke bezüglich der Eigenschaft «Kariesverhütung» als sehr gut, mäßig gut oder schlecht beurteilen.
– Welche Eigenschaften mit welchen Ausprägungen werden von einer Idealmarke verlangt?
  Idealmarken spiegeln die hypothetischen Kombinationen der als ideal beurteilten Eigenschaftsausprägungen wider, die gegenüber allen anderen Eigenschaftsausprägungen bevorzugt werden. Für den Fall, daß Konsumenten unterschiedliche Vorstellungen von idealen Eigenschaftskombinationen haben, können nach diesen Idealmarken Segmente gebildet werden.

Ein Beispiel für die ideale Zahnpasta wäre die Kombination der Eigenschaften: sehr gute Kariesverhütung, sehr guter Geschmack, mittelmäßiger Weißmachereffekt, mittlere Preisklasse.

Kritik: Die Kenntnis produktspezifischer Einstellungen hat hohen Aussagewert sowohl für den Einsatz der Marketinginstrumente, wie z. B. die Gestaltung von Werbebotschaften oder die Produktpolitik, als auch für das Aufdecken von Marktlücken.

Eine Einschränkung der Verwendung von Einstellungen als Segmentierungskriterien erfolgt jedoch durch die relativ aufwendige, kostspielige Erhebung.

– *Involvement*

Das psychische Konstrukt des Involvement (persönliches Engagement) trägt zur Erklärung bei, warum dieselbe Werbebotschaft bei verschiedenen Personen unterschiedliche Wirkung hat.

Nach Mühlbacher (1983) ist das Produktartinvolvement auf drei Dimensionen zurückzuführen:

– Persönliche Wichtigkeit der Produktart: Wie wichtig ist diese Produktgattung für die befriedigende Gestaltung des täglichen Lebens?
– Soziale Bedeutung: Wie sehr trägt diese Produktart zur Ausformung des Selbstbildnisses bei?
– Bindung an ein Produkt aus dieser Produktart: Wie sehr fühlt man sich gegenüber einem bestimmten Produkt bzw. einer bestimmten Marke verpflichtet?

Der Markt ist in mehrere Segmente von Personen mit vergleichbarem Involvement aufzuteilen, da sich diese Personen gegenüber den Werbemitteln ähnlich verhalten: Es besteht ein Zusammenhang zwischen Produktartinvolvement und vorwiegendem Informationsverhalten von Zielpersonen (vgl. Abb. 41).

Je nachdem, ob Informationen aktiv gesucht, passiv aufgenommen oder sogar vermieden werden, muß die Botschaft entsprechend gestaltet werden: eher informativ, eher aktivierend, bestätigend oder überzeugend usw. Ebenfalls auf das Produktinformationsinteresse abgestimmt werden muß die Auswahl der Werbeträger.

– *Lebensstil*

Der Lebensstil (Life-Style) versucht, die Art und Weise darzustellen, in der Menschen leben, ihre Zeit verbringen, ihr Geld ausgeben, usw. In jüngerer Zeit sind verstärkt «Neue Zielgruppen» diskutiert worden, die sich auch international durch konstante Verhaltensmuster auszeichnen: «Yuppies» (young urban professionals; also junge, städtische Aufsteiger mit hoher verfügbarer Kaufkraft für Luxusgüter), «Dinks»

Persönliche Wichtigkeit Soziale Bedeutung	Bindung an ein Produkt	Produktart-involvement	Vorwiegendes Informationsverhalten
groß	stark	stark	aktiv: suchend, bewertend
gering	stark		eingeschränkt aktiv: vermeidend
groß	schwach		aktiv: suchend
gering	schwach	schwach	passiv

Quelle: Mühlbacher, H., 1983, S. 145

Abb. 41: Zusammenhang zwischen Produktartinvolvement und vorwiegendem Informationsverhalten von Zielpersonen

(double income, no kids; junge (Ehe)Paare ohne Kinder, beide im Beruf stehend und somit mit überdurchschnittlich hoher Kaufkraft) oder «Woopies» (well-off older people, also Personen mit hohen Pensionen). Diesen Gruppen werden starke Konsumneigung und erhöhter Bedarf nach Luxusartikeln zugeschrieben.

Um die verschiedenen Lebensstile beschreiben zu können, ist es notwendig, die Aktivitäten, Interessen, Meinungen und Werthaltungen zu erfassen.

Der Lebensstil läßt sich mit Hilfe zweier Ansätze operationalisieren:

1. Konsumverhalten: Der Lebensstil wird dabei als Summe aller konsumierten Produkte angesehen (buying style segmentation). Dazu können die bereits dargestellten Kriterien des beobachtbaren Kaufverhaltens herangezogen werden.
2. Psychographische Merkmale: Dieser Ansatz wird nach den bedeutendsten Merkmalen auch als AIO-Ansatz (activities, interests, opinions) bezeichnet. Aktivitäten umfassen die Zeit am Arbeitsplatz und die Freizeit, Interessen, alles, was in der unmittelbaren Umgebung von Bedeutung ist, Meinungen beinhalten die Standpunkte des Menschen bezüglich Zeitgeschehen, Gesellschaft und der eigenen Person.

   Die Operationalisierung des AIO-Ansatzes erfolgt über eine umfangreiche Liste von Statements, wie z. B.:
   «Ich übernehme gern Verantwortung.»
   «Ich achte sehr darauf, daß ich gesund lebe.»
   «Ich habe einen großen Bekanntenkreis.»

Kritik: Der Aussagewert der AIO-Konzepte steigt mit größer werdendem Bezug auf spezifische Produkte. Die Vielzahl der berüchsichtigten Statements gibt eine Reihe von Ansatzpunkten für die Werbekonzeption, dafür, wie die Zielpersonen angesprochen werden sollten, um ihre Aufmerksamkeit, ihr Interesse zu erregen. Deshalb wird der Lebensstil auch für die zusätzliche Beschreibung von Segmenten, die auf Grund anderer Kriterien gebildet wurden, herangezogen.

Allerdings ist die Erhebung des Lebensstils sehr aufwendig: Durch die Vielzahl der notwendigen Statements, die zunächst nach der Ermittlung von Besitz-, Verwendungs- und Mediaverhaltensdaten abgefragt werden, werden die Grenzen der Befragung erreicht. Darüber hinaus ist diese Erhebung mit großen Kosten verbunden.

4.2.2 Definition der Zielgruppen

Bei der Festlegung der Zielgruppen kann das Unternehmen zwischen drei Strategien wählen (siehe Abb. 42):

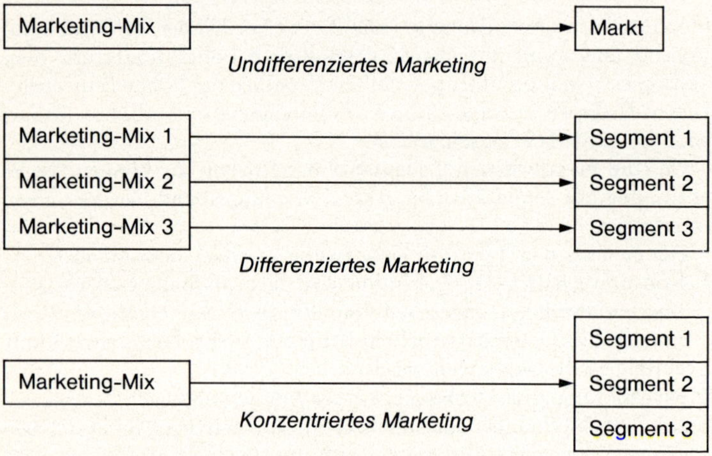

Abb. 42: Strategien der Zielgruppenbestimmung

1. Die Unternehmung kann mit einem Angebot und einem Marketing-Mix den größten Teil des Marktes bearbeiten und so versuchen, so viele Kunden wie möglich anzuziehen: Undifferenziertes Marketing. Der Vorteil dieser Strategie liegt vor allem in der Kostenersparnis: Sowohl Produktions-, Transport- und Lagerkosten als auch Kosten für Werbung und Marktforschung werden eingespart.

ten enthaltenen Informationen wiedergegeben werden. Zwei Faktoren (Eigenschaftsbündel) wurden identifiziert: Faktor 1 besteht aus den Eigenschaften «langlebig», «hohe Qualität» und «zuverlässig», der Faktor 2 aus den Eigenschaften «teuer» und «exklusiv»; der Gegenpol des Faktors 2 wird durch «alltäglich» gekennzeichnet. Den ersten Faktor könnte man also als «Qualitätsdimension», den zweiten als «Exklusivitätsdimension» bezeichnen.

Zur Interpretation der Markenpositionen ist zu sagen, daß Adidas zwar als qualitativ hochwertig, jedoch gleichzeitig als ziemlich alltäglich – beziehungsweise wenig exklusiv – empfunden wird. Die ebenfalls deutsche Marke Puma wird als noch etwas weniger exklusiv beurteilt und hat auch bei der Qualität Defizite. Im Gegensatz dazu werden die US-Marken Nike und Reebok in Bezug auf die Qualität zwar schwach eingestuft, wirken aber deutlich exklusiver als ihre deutschen Konkurrenten. Kangaroos schließlich wird auf beiden Dimensionen schlecht beurteilt.

Eine Vielzahl von Einzelinformationen wird also auf wenige, relativ einfache Kernaussagen reduziert. Ein Nachteil besteht im Informationsverlust; die Faktoren repräsentieren nicht alle erhobenen Beurteilungskriterien. Die Eigenschaftsbündelungen verleiten unter Umständen zu unzulässigen Vereinfachungen.

Weiters werden in der Imagemessung zur Positionierung oft viele Items verwendet, die von den Auskunftspersonen auf relativ wenige Beurteilungsobjekte (Marken) zugeordnet werden. Damit verliert aber die Datenmatrix die für eine Faktorenanalyse notwendige, annähernd quadratische Form und kann nicht mehr gerechnet werden. Die Faktorenanalyse erbringt nur gute Ergebnisse, wenn die Anzahl der Items ungefähr der Anzahl der Beurteilungsobjekte entspricht. In die hier dargestellte Analyse fanden nur die Daten von sechs Items («exklusiv», «hohe Qualität», «teuer», «modernes Design», «zuverlässig» und «langlebig») Aufnahme. Erst durch diese Manipulation (Erstellung einer 5 × 6-Matrix) war die Analyse rechenbar. Solche Manipulationen sind aber problematisch und berauben das Verfahren seines eigentlichen Sinns.

Ein Verfahren zur Datenreduzierung, das die genannten Nachteile nicht aufweist, ist die Korrespondenzanalyse. Diese versucht, große Datenmatrizen mit möglichst geringem Informationsverlust graphisch darzustellen, wobei im Gegensatz zur bisher gebräuchlichen Faktorenanalyse keine Verdichtung der Items zu Dimensionen erfolgt. Der Imageraum enthält die Marken ebenso wie die der Beurteilung zugrundeliegenden Eigenschaften. Die relative Nähe eines Items zu den Marken gibt Auskunft darüber, wie stark dieses Wort auf die jeweilige

Marke zugeordnet wird. Je näher eine Marke zum Ursprung des Koordinatensystems liegt, desto weniger prägnant ist das Markenbild, je weiter weg vom Ursprung, desto prägnanter ist die Marke, wobei Prägnanz in diesem Zusammenhang definiert ist als Abweichung vom Durchschnittsprofil aller Marken.

Abb. 43 d zeigt einen korrespondenzanalytisch erstellten Imageraum, dem dieselben Daten wie der Faktorenanalyse zugrundeliegen. Die Lösung erklärt 94% der Varianz. Es zeigt sich eine deutliche Polarisierung zwischen den traditionellen, europäischen Marken und den neueren, amerikanischen Produkten. Während erstere ihre Stärken in der Qualitätsdimension haben («zuverlässig», «langlebig» und «hohe Qualität»), dominieren die amerikanischen Sportschuhe bei den auf Design abstellenden Items, wobei hier auch zwischen den Marken deutliche Differenzierungen auszumachen sind: Kangaroos gelten als «jugendlich» und «modisch», Nike-Schuhe wirken «dynamisch» und werden wegen ihres «modernen Designs» geschätzt; Reebok wird als

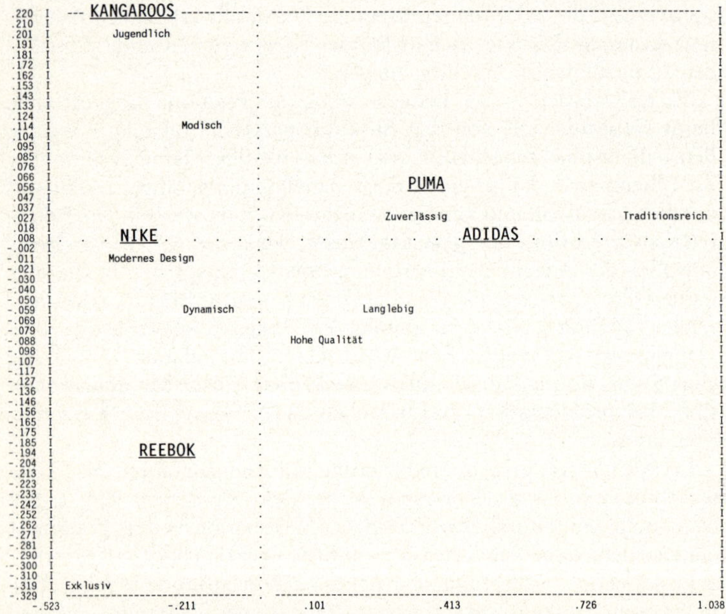

Abb. 43 d: Positionierung von Sportschuhmarken im Imageraum (Korrespondenzanalyse)

«exklusiv» eingestuft. Für die Korrespondenzanalyse spricht, daß keine künstliche Bündelung der Eigenschaften erfolgt. Gegen das Verfahren spricht die wesentlich kompliziertere Interpretation der Lage der Marken und der Eigenschaften zueinander.

Aus den Positionierungsräumen können Anhaltspunkte für den Einsatz absatzpolitischer Instrumente gewonnen werden. Prinzipiell sind aufgrund der Produktpositionen in den Abb. 43c und Abb. 43d folgende Marketingentscheidungen denkbar:

- Das Produkt selbst wird verändert: Wenn von den Zielpersonen wahrgenommene Mängel tatsächlich vorhanden sind, so müssen die Eigenschaften des Produktes an die Wünsche der Kunden angepaßt werden. Beispielsweise könnte Adidas eine Serie mit von bekannten Designern gestalteten Schuhen starten, um dem Modedefizit entgegenzuwirken.
- Vorausgesetzt, daß die Wahrnehmung der Konsumenten objektiv nicht den Tatsachen entspricht, könnte die Wahrnehmung und Beurteilung des Produktes korrigiert werden. Durch geeignete Kommunikationsmaßnahmen könnte die Wahrnehmung bestimmter Eigenschaften im Vergleich zu Konkurrenzprodukten verändert werden. In diesem Beispiel könnte Nike die hohe Qualität der Schuhe betonen, wenn die Beurteilung der Konsumenten nicht die gegebene Qualität widerspiegelt.
- Einführung eines neuen Produktes bzw. einer neuen Dienstleistung, wobei anhand des Imageraumes die Marktlücken lokalisiert werden. D. h., es werden für bestimmte Zielgruppen attraktivere Positionen herausgesucht und entsprechende Produkte angeboten. Die Kombination «hohe Qualität» und «modisch» bzw. «exklusiv» ist z. B. im Imageraum der Sportschuhmarken unbesetzt (siehe faktorenanalytische Lösung in Abb. 43c).

Die strategische Bedeutung der Positionierung soll nachstehend anhand von drei Beispielen verdeutlicht werden.

Die Produktpositionierung ist Ausgangspunkt für sämtliche Kommunikationsüberlegungen.

Maßgebend für die Positionierung ist die Sicht der Zielpersonen und nicht jene des Produzenten. Wie schon erwähnt, hat Produktpositionierung zwei Aspekte: zum einen ist das Profil eines Produktes durch seine Funktion und sein Design bestimmt – also durch den funktionellen oder Grundnutzen – zum anderen durch den Zusatznutzen des Produktes (emotionaler Nutzen): Ein Produkt ruft in den Köpfen der Verbraucher ein bestimmtes Vorstellungsbild, ein Image, hervor, das mit jenen der Konkurrenzprodukte verglichen wird. Beide Aspekte (Grundnutzen und Zusatznutzen) sind für den Werbetreibenden von Bedeutung, da hierbei festgelegt wird, ob der funktionale und/oder emotionale Nutzen zur Differenzierung von Konkurrenzprodukten benutzt wird. Daraus leitet sich die Notwendigkeit einer sorgfältigen, exakten und klaren Positionierung einer jeden Marke ab, die erfolgreich bestehen will. Dies verdeutlicht der berühmte Agenturgründer David Ogilvy: «The results of your campaign depend less on how we write advertising than on how your product is positioned.»

Die Positionierung wird üblicherweise in «Positioning statements» festgelegt: Sie präzisiert die für die Werbung wesentlichen Nutzenaspekte einer Marke.

Nachstehende drei Beispiele der Positionierung und der daraus resultierenden Umsetzungen in den Anzeigen sollen das Gesagte verdeutlichen.

Unilever vermarktet erfolgreich drei Premium-Preis-Marken im Margarinebereich: «Rama», «becel» und «Du darfst». Jede hat eine völlig eigenständige Positionierung:

«Rama» ist die Margarine mit dem «gutem Geschmack auf's tägliche Brot» für die ganze Familie.

«becel»: Halbfettmargarine mit «60% Anteil an mehrfach ungesättigten Fettsäuren» für Konsumenten, die Probleme mit erhöhten Blutfettwerten (Cholesterin) haben. Mit «becel» kann man sich weiterhin so ernähren, wie man es gewohnt ist, auch wenn man auf Cholesterin achten muß.

«Du darfst»: Ein Streichfett mit 50% weniger Kalorien (Minarine), aber mit vollem Geschmack; für Menschen, die kalorienreduziert essen wollen.

Diese Beispiele verdeutlichen die Wichtigkeit der Schaffung einer klaren Position in den Köpfen der Verbraucher und einer klaren Differenzierung gegenüber Konkurrenzprodukten. Die festgelegte Position im Verbraucherdenken zu verankern, ist Aufgabe der Kommunikation.

Folgende Anzeigenbeispiele zeigen die Umsetzungen: für ‹Rama› (Abb. 43e), für ‹becel› (Abb. 43f) und ‹Du darfst› (Abb. 43g).

Abb. 43 e: Anzeige für Rama

Abb. 43 f: Anzeige für becel

Abb. 43g: Anzeige für Du darfst

Literaturverzeichnis zu III,4.2

Assael, H., Consumer Behavior and Marketing Action, 3rd Edition, PWS Kent Publishing, Boston 1987.

Aaker, D. A., Myers, J. G., Advertising Management, Prentice Hall, Englewood Cliffs, 2nd ed., 1982.

Freter, H., Marktsegmentierung, W. Kohlhammer, Stuttgart, Berlin, Köln, Mainz 1983.

Kotler, Ph., Marketing-Management, C. E. Poeschel, Stuttgart, 4. Aufl., 1982.

Weiterführende Literatur

Assael, H., Perceptual Mapping to Reposition Brands, in: Aaker, D. A. (ed.), Advertising Management, Prentice Hall, Englewood Cliffs 1975.

Becker, J., Grundlagen der Marketing-Konzeption, Vahlen, München 1983.

Greenacre, M. J., Theory and Application of Correspondence Analysis, Academic Press, London 1984.

Greenwald, Leavitt, Audience Involvement in Advertising: Four Levels, in: Journal of Consumer Research, Vol. 11, Nr. 1, June 1984, Seite 581–592.

Holm, K.-F., Produktforschung, M+K Hansa Verlag, Mölln 1987.

Koppelmann, U., Produktmarketing, 2. Aufl., W. Kohlhammer, Stuttgart 1987.

Kotler, Ph., Marketing Essentials, Prentice Hall, Englewood Cliffs 1984.

Mazanec, J., Wiegele, O. J., Zum praktischen Einsatz von Positionierungsmodellen in der Produktpolitik, in: Köhler, R., Zimmermann, H. J., Entscheidungshilfen im Marketing, C. E. Poeschel, Stuttgart 1977.

Mühlbacher, H., Produktinformationsinteresse und Produktinvolvement, in: WWG Information Nr. 95, 1983.

Rothschild, M., Marketing Communication, D. C. Heath and Company Lexington, Mass. 1987.

Schweiger, G., Mediaselektion – Daten und Modelle, Wiesbaden 1975.

Wells, W. D., Gubar, G., Life Cycle Concept in Marketing Research, in: Journal of Marketing Research, Th. Gabler, 3/1966.

5 Die Gestaltung der Werbebotschaft

Die Formulierung der Werbebotschaft und die Gestaltung des Werbemittels müssen auf das Ziel ausgerichtet sein, die ausgewählten Zielpersonen im beabsichtigten Sinne zu beeinflussen.

Die wesentlichen Kriterien der Botschaftsgestaltung sind damit:

- Die Botschaft soll Aufmerksamkeit erregen und die Zielpersonen aktivieren.
- Die Botschaft soll von den Zielpersonen richtig verstanden werden.
- Die Botschaft soll für die Zielpersonen glaubwürdig sein.

Wie diese Anforderungen an eine wirksame Werbekonzeption gemeinsam zu erfüllen sind, dafür gibt es zwar keine allgemein gültigen

Rezepte, jedoch einige in empirischen Untersuchungen gewonnene Ansatzpunkte.

Wenn auch Intuition und persönliche Erfahrung des einzelnen Werbeschaffenden einen bedeutenden Teil zum Erfolg der Werbung beitragen, so sind doch die wissenschaftlichen Erkenntnisse zu diesem Thema als Basis und Richtlinien für die kreative Arbeit von entscheidendem Wert.

Voraussetzung für das Wirksamwerden einer Werbebotschaft ist, daß sie Aufmerksamkeit erregt und richtig interpretiert wird. Beginnen wollen wir dieses Kapitel daher mit Erkenntnissen der Wahrnehmungspsychologie, soweit sie für die Werbekonzeption von Bedeutung sind:

- Wie kommt die Wahrnehmung zustande, auf welche Gesetzmäßigkeiten des Wahrnehmungsprozesses ist bei der Werbekonzeption zu achten?

Das Image eines Unternehmens bzw. einer Marke ist das Ergebnis eines langfristigen Entwicklungsprozesses. Die Gestaltung einer Werbebotschaft darf daher nicht ohne Berücksichtigung eines firmen- bzw. markenspezifischen Werbestils erfolgen. In diesem Zusammenhang werden wir den folgenden Fragen besondere Aufmerksamkeit schenken:

- Welche Aspekte bezüglich des Aufbaus und der Pflege von Images sind von Bedeutung für die Botschaftsgestaltung?
- Welche Bedeutung kommt der Corporate Identity zu? In welchem Verhältnis sollten Firmen- und Markenimage zueinander stehen?
- Unter welchen Bedingungen ist ein Imagetransfer auf ein anderes Produkt von Vorteil?

Abschließen wollen wir mit einem Überblick über die wichtigsten, durch Studien gewonnenen Erkenntnisse für die Gestaltung wirksamer Werbebotschaften. Diese betreffen die Themen

- Formen der Ansprache
- Aufbau der Botschaft
- Inhalt der Botschaft.

5.1 Erkenntnisse der Wahrnehmungspsychologie

Bisher wurden vier theoretische Ansätze zur Erklärung der Wahrnehmung von der Psychologie formuliert (vgl. z. B. Rosenstiel, L. v., 1969):

1. Elementenpsychologie

Die umfassende Wahrnehmung setzt sich aus kleinsten physischen Elementen zusammen. Diese Empfindungen stehen in einem konstanten, berechenbaren Verhältnis zur Stärke des physikalischen Reizes aus der Umwelt.

2. *Gestaltpsychologie*
Es gibt Wahrnehmungsgesetze, die von den physikalischen Reizgegebenheiten unabhängig sind.

3. *Ganzheitspsychologie*
Das Wahrnehmungsbild entsteht aus ersten gefühlsmäßig getönten Anmutungen.

4. *Soziale Wahrnehmung*
Die Wahrnehmung wird von motivational und sozial bedingten Einstellungen beeinflußt.

Zu beachten ist, daß diese vier Ansätze keine einander ausschließenden Alternativen darstellen, sondern je nach der Fragestellung zur Anwendung kommen. Auf die Aussagen der einzelnen Ansätze wollen wir, soweit sie die Werbekonzeption betreffen, nun etwas näher eingehen.

5.1.1 Elementenpsychologie

Diese Theorie geht davon aus, daß die Wahrnehmung voll von den Reizen der physikalischen Welt abhängt. Das Wahrnehmungsbild ist die Summe der Empfindungen, die sich aus kleinsten Elementen, wie aus Stückchen eines Mosaiks, zusammensetzt.

Gesetzmäßige Zusammenhänge zwischen Reizen der Umwelt und der davon verursachten Reaktion wurden von Weber und Fechner in einem Gesetz formuliert:

Werden Reize in gleichmäßigen Schritten gesteigert, so steigt die Intensität der Wahrnehmung keinesfalls in gleichen, sondern in immer kleiner werdenden Schritten (proportional dem Logarithmus der zugehörigen Reizstärke).

Ähnliche Ergebnisse wurden in der Werbepsychologie gewonnen: Der Zusammenhang zwischen der Größe einer Anzeige und ihrer Wirkung wurde in der «Quadratwurzelregel» formuliert: Die Wirkung einer neunfach vergrößerten Anzeige entspricht demnach nur der dreifachen Wirkung der ursprünglichen Anzeige.

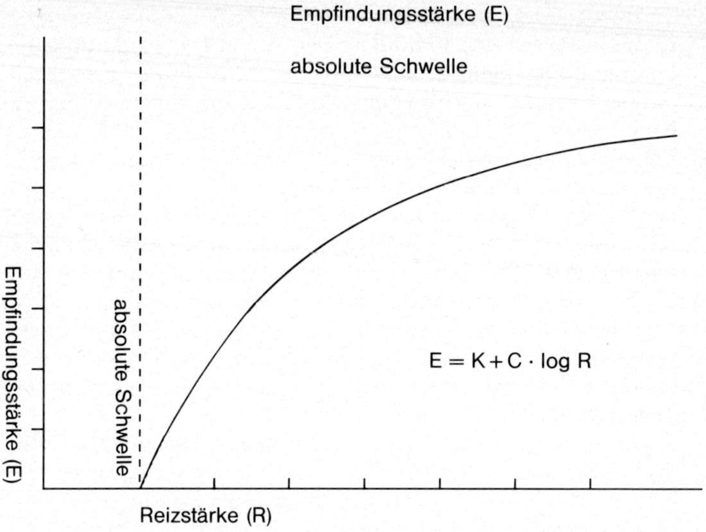

Quelle: Rosenstiel, L. v., 1969, S. 64

Abb. 44: Beziehung zwischen Empfindungsstärke und Reizstärke nach Fechner

Folgerungen für die Werbung:

Da nach dieser ältesten Wahrnehmungstheorie nur der physikalische Reiz für die Werbewirkung von Bedeutung war, empfahl man den Werbungtreibenden, möglichst reizstarke Werbemittel zu verwenden: groß, bunt, laut, oftmals wiederholen. Der daraus resultierende Werbestil wurde nicht zu Unrecht als «Holzhammerreklame» bezeichnet.

Kritik:

Der Reiz-Reaktionsmechanismus, den diese Theorie unterstellt, ist nicht generell gültig: So hängt die Wirkung einer Anzeige nicht nur von ihrer Größe, sondern auch von der Güte ihrer Gestaltung ab.

5.1.2 Gestaltpsychologie

Der Leitsatz der Gestalt- und auch der Ganzheitspsychologie lautet: «Das Ganze ist mehr als die Summe seiner Teile.» Psychische Prozesse und damit auch Wahrnehmungen sind nicht nur Summe der Empfindungen, sondern vielmehr strukturierte Gestalten.

Die Gestaltpsychologie läßt sich auf folgende Hauptsätze reduzieren:

- zwischen Reizen und Empfindungen besteht keine eindeutige und konstante Beziehung. Jede Wahrnehmung ist in den Gegenstand unseres Erlebens eingebettet und wird durch den Gesamtzusammenhang bedingt.
- Wahrnehmungsgegebenheiten unterliegen einer Tendenz zur Organisation in Gestalten (Strukturierung).
  Beispiel: Wir fassen benachbarte Gestirne zu Sternbildern zusammen, wie z. B. den großen Wagen, das Kreuz des Südens, obwohl sehr viel Phantasie dazu gehört, solche Strukturen zu finden.
- Bei kurzfristiger Darbietung und im Gedächtnis tendieren unvollkommene («schlechte») Gestalten zu «guten», meist einfachen und symmetrischen Gestalten: Prägnanztendenz.
  Prägnante Darstellungen werden leichter wahrgenommen und schwerer von Umgebungsreizen beeinträchtigt.
  Besonders prägnant sind folgende geometrische Figuren: Kreis, Quadrat, gleichseitiges Dreieck. Ein unvollständig gezeichneter Kreis beispielsweise tendiert zu einer geschlossenen Kreislinie.
- Gestalten werden als bedeutungsvoll («sinnträchtig») erlebt.
  Beispiel: Erfüllung der Sternbilder mit mythologischem Inhalt, bevorzugte Wahrnehmung von Menschen und Gesichtern.
- Gestalten heben sich als «Figuren» von einem undifferenzierten «Grund» ab: Figur-Grund-Differenzierung.
  Je einfacher (prägnanter) und je bedeutungsvoller eine Gestalt ist, desto größer ist ihre Chance, als Figur hervorzutreten.
  Beispiel: Japanische Flagge: roter Kreis (prägnante Gestalt) in einem weißen Feld. Die rote Kreisfläche tritt deutlich als Figur aus dem weißen Grund heraus.
  In besonderen Fällen kann ein Umkippen von Figur und Grund stattfinden. Bedeutungsvolles wird leichter zur Figur. Das bedeutet bei einer Kippfigur, daß für jede Person jene Darstellung zur Figur wird, die für sie die größere Bedeutung hat.
  Beispiel: Beim Rubinschen Becher sieht man entweder eine Vase oder zwei Profile (Abb. 45); Braut oder Hexe (Abb. 46).
- Die Bestandteile des Ganzen beeinflussen einander gegenseitig. Veränderungen eines Teiles einer Einheit führen daher zu Veränderungen des Ganzen: Irradiation.
  Beispiel: Obwohl in Abb. 47 beide Strichgesichter bis auf den Mund gleich sind, werden beide unterschiedlich erlebt: das linke Gesicht lustig, das rechte traurig. Ein Teil (der Mund) strahlt somit auf das Ganze aus.

Abb. 45: Kippfigur
Profil oder Vase
(Rubinscher Becher)

Abb. 46: Kippfigur
Braut oder Hexe

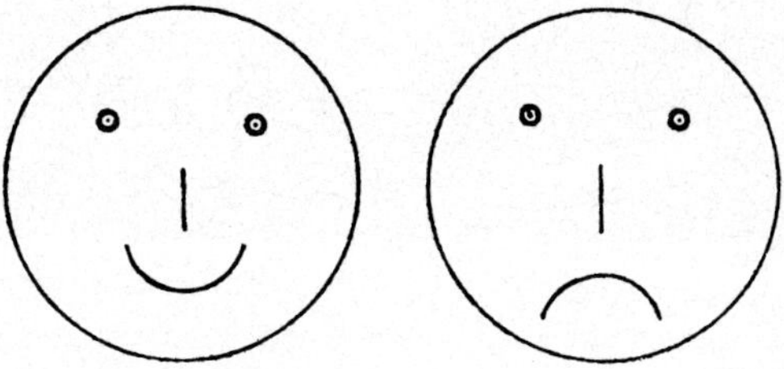

Abb. 47: Irradiationsphänomen

Folgerungen für die Werbung

Für die Gestaltung optischer Werbemittel ist das Prägnanzgesetz besonders wichtig.

Behrens (1982) nennt für die praktische Anwendung in der Werbung drei Prägnanzbedingungen:

- Einfachheit: Regelmäßigkeit, Geschlossenheit und Symmetrie
- Einheitlichkeit: farblich und graphisch wenig strukturiert
- Kontrast: flächig aufgetragene Farben, die sich deutlich voneinander abheben.

Insbesondere bei der Gestaltung von Markenzeichen und anderen Kennzeichen (Wappen, Zeichen für Veranstaltungen etc.) ist auf Prägnanz zu achten. Diese Zeichen müssen einfach sein, damit sie schnell erkannt werden. Sie müssen sich von anderen Zeichen unterscheiden, damit keine Verwechslungen auftreten. Daß es schwierig ist, die Einfachheit- und Abgrenzungsforderung gleichzeitig zu erfüllen, zeigen urheberrechtliche Auseinandersetzungen.

Abb. 48 beinhaltet einige Beispiele für prägnante Firmenzeichen.

Fischer (Original farbig)
Das Firmenzeichen auf dem Tennisschläger ist trotz Verseitlichung noch erkennbar.

Auch Wortmarken sollen auf Prägnanz achten:

Castrol (Original farbig)

Mercedes-Stern
von Daimler-Benz

Coca-Cola-Flasche

Abb. 48: Prägnante Firmenzeichen

Auch bei der Verpackung soll auf Prägnanz geachtet werden. Die Coca-Cola-Flasche ist ein gutes Beispiel für eine Verpackung, die zugleich einfach und differenzierend ist. Gleichzeitig wird auch der Schriftzug des Markennamens selbst bei kürzester Betrachtungszeit richtig erkannt, wie tachistoskopische Tests im werbepsychologischen Versuchslabor der Wirtschaftsuniversität Wien ergeben haben. Friedmann (1985) hat in einer Untersuchung festgestellt, daß Coca Cola, neben Cadillac, bei Vorlage von Buchanzeigen am besten erinnert wird.

Aufgrund des Phänomens der Irradiation ist es wichtig, daß die Gestaltung des Produktes, die Verpackung und die Werbemittel aufeinander abgestimmt werden. Wegen der vielfältigen Wechselwirkungen erweist es sich aber als schwierig, den Gesamteindruck auf die Zielpersonen abzuschätzen.

Einige Beispiele für Irradiation aus Werbung und Marketing:

- Die Umstellung von Eichenkorken auf Plastikkorken bei Sekt führte ebenso wie der Ersatz von Blei- durch Kunststoffhalsbänder bei Weinbrandflaschen zu Reklamationen. Die Kunden beschwerten sich über sinkende Qualität.
- Eine Untersuchung am Ordinariat für Werbewissenschaft und Marktforschung an der Wirtschaftsuniversität Wien zeigte, daß die

Gestaltung von Etiketten auf Weißweinflaschen einen Einfluß auf das Geschmackserlebnis hat.
- Die Farbe von Margarine beeinflußte deren Geschmack.

Bei Kühlschränken strahlte die Innenfarbe auf die wahrgenommene Kühlleistung aus.

Diese Wechselwirkungen zwischen verschiedenen Teilen des Ganzen können natürlich in unterschiedlicher Intensität auftreten. Besonders stark betroffen sind Bestandteile des Ganzen, die diffus und schwer in Begriffe faßbar sind. Dazu gehören vor allem Geruch und Geschmack.

Um die Wirkung einzelner Variablen auf den Gesamteindruck zu prüfen, müßte man diese mehrfach variieren und Versuchspersonen, die vom Zweck der Untersuchung nichts wissen, jeweils nach der wahrgenommenen Qualität fragen.

5.1.3 Ganzheitspsychologie

Stärker noch als die Gestaltpsychologie hebt die *Ganzheitspsychologie* die Bedeutung der Gefühle hervor. Gefühle wirken auf alle psychischen Funktionen, insbesondere aber auf die Wahrnehmung.

Unsere bewußten Wahrnehmungen sind nicht plötzlich da, sie entstehen allmählich. Man spricht dabei von der Aktualgenese, dem Entstehungsprozeß der Wahrnehmung.

Das endgültige Wahrnehmungsbild strukturiert sich nach dieser Auffassung aus diffusen, gefühlsgeladenen «Vorgestalten». Dieser verschwommene erste Eindruck bestimmt die Anmutung, die von einem Gegenstand ausgeht. Spontane Anziehung oder Abstoßung, für die wir selbst bei langem Nachdenken keine Erklärung finden, haben hier möglicherweise ihre Begründung.

Folgerungen für die Werbung:

Es ist vorteilhaft zu prüfen, ob Werbemittel unter dem Gesichtspunkt der ersten Anmutung ausgewogen sind bzw. ob die ersten Anmutungen mit den endgültigen Wahrnehmungsbildern harmonieren.

Gestaltungen, die ganz spontan als negativ und abstoßend empfunden werden bzw. deren Anmutungen in eine andere Richtung gehen, als mit der werblichen Aussage beabsichtigt, sind im Normalfall zu verwerfen. Das gilt insbesondere auch dann, wenn die spätere, bewußte Beurteilung des Werbemittels positiv ausfallen sollte.

Aus den folgenden Gründen sind die ersten Anmutungen bereits von entscheidender Bedeutung für den Werbeerfolg:
- Da täglich eine Flut von Reizen auf uns einströmt, müssen wir uns darauf beschränken, diese vorerst flüchtig zu betrachten. Die spontanen Anmutungen entscheiden, ob eine bewußte Zuwendung zu einem Werbemittel erforderlich bzw. angenehm erscheint.

Schenkt man dem Werbemittel nähere Beachtung, so sollte keine Korrektur der ursprünglichen Anmutungen erforderlich sein.

– Häufig erinnert man sich nach dem Durchblättern einer Zeitschrift gar nicht an die Anzeigen oder auch an die vielen Plakate nach einer Fahrt durch die Stadt.

  Viele dieser Werbemittel werden aber doch «aus den Augenwinkeln», also peripher, wahrgenommen und führen zu diffusen Eindrücken, die sich mit dem beworbenen Objekt verbinden. Diese Anmutungen müssen daher bereits in die vom Werbenden gewünschte Richtung weisen.

– Bei dem heute üblichen System der Selbstbedienung ersetzt die Verpackung weitgehend das klassische Verkaufsgespräch. Sie muß aus diesem Grund nicht nur informieren, sondern auch Vertrauen gewinnen und unmittelbar anziehend wirken und zum Kauf auffordern. Gerade für den Impulskauf sind der erste Eindruck und damit die Anmutungsqualität von großer Bedeutung.

Spiegel (1970, S. 61) führt u. a. folgendes Beispiel für unerwünschte Anmutungen in bezug auf Werbemittel an:

In einem Inserat für Weinbrand wurde eine sonnige, malerische Landschaft mit einem altertümlichen Eisenbahnzug, der Weinfässer transportierte, dargestellt. Die ersten Anmutungen gingen jedoch eindeutig – und unerwünscht – in Richtung «Industrielandschaft». Erst als der weiße Dampf der Lokomotive entfernt wurde, blieb diese Fehlanmutung aus.

Der «qualmende Schornstein» war innerhalb der diffusen Vorgestalten in einem Maße negativ erlebt worden, wie man es angesichts der bewußten Rührung, die eine alte Lokomotive auslöst, kaum erwarten würde.

Kroeber-Riel u. a. (vgl. Kroeber-Riel, Meyer-Hentschel, 1982, S. 151 ff.) testeten eine Anzeige der Hoechst AG, die drei Kinder zeigt: ein dunkelhäutiges, ein asiatisches und ein weißes Kind (Abb. 49).

Eine Überprüfung der ersten Anmutungen (bei einer Darbietungszeit von 0,002 bis 0,005 Sekunden) ergab, daß das Negerkind zu einer unbewußten Ablehnung der Anzeige führte: Diese Anzeige wurde von 25% der Testpersonen spontan als unangenehm bezeichnet. Genau die gleiche Anzeige, jedoch ohne das dunkelhäutige Kind, empfanden hingegen nur 10% als unangenehm.

Die Ablehnung des Negerkindes, die Kroeber-Riel mit Fremdenfurcht erklärt, konnte bei einer Untersuchung des Ordinariats für Werbewissenschaft und Marktforschung an der Wirtschaftsuniversität Wien allerdings nicht bestätigt werden. Hier tendierten die ersten flüchtigen Eindrücke in Richtung angenehm, erotisch.

Abb. 49: Anzeige der Hoechst AG

Völlig unerwünschte Anmutungen löste bei einem Test am Ordinariat für Werbewissenschaft und Marktforschung an der Wirtschaftsuniversität Wien hingegen eine Anzeige aus, in der ein knuspriges Kipferl Appetit auf Marmelade machen sollte (Abb. 50).

Bei sehr kurzer Darbietung nannten die Testpersonen folgende erste Eindrücke:

- 38,8%, also mehr als ein Drittel der Testpersonen, sahen einen Hund bzw. ein anderes Tier (z. B. einen Engerling),
- 28,6% glaubten, Fleisch oder Wurst zu erkennen,
- und nur 18,3% der Nennungen gingen in Richtung Kipferl (vgl. Mayerhofer, W., 1980).

Es besteht also die Gefahr, daß die Zielpersonen für Marmeladewerbung auf Grund der falschen Anmutungen in Richtung «Tiere» dieser Anzeige nach flüchtiger Betrachtung keine Aufmerksamkeit mehr schenken.

Allgemeingültige Regeln für eine richtige Gestaltung in bezug auf Anmutungen anzugeben, ist kaum möglich. Anmutungen sind weit weniger als Prägnanz von allgemeingültigen psychologischen Gesetzmäßigkeiten abhängig. Prägungen durch die Kultur, durch soziale Gruppen, ja sogar durch individuelle Erfahrungen beeinflussen diese frühesten Wahrnehmungen und machen sie daher kaum abschätzbar.

Der einzige sichere Weg ist die empirische Prüfung des jeweiligen Entwurfes an einer möglichst repräsentativen Gruppe von Versuchspersonen. Welche Testverfahren dazu geeignet sind, werden wir im Rahmen der Werbeerfolgskontrolle (Kap. III,7) im Detail erläutern.

5.1.4 Motivationsbedingte Wahrnehmung (Social Perception)

Nach dieser Theorie, die gelegentlich auch «soziale Wahrnehmung» genannt wird, ist die Wahrnehmung ein Kompromiß aus den objektiven Informationen der Umwelt einerseits und der Motivation sowie den sozial bedingten Einstellungen des Menschen andererseits.

Wir haben bereits in Kap. III,4.1.1.1 auf das Phänomen der selektiven Wahrnehmung hingewiesen: Grundsätzlich sehen wir also das leichter, was wir sehen wollen, und das schwerer, was wir nicht sehen wollen.

Bei Aaker/Myers (1975, S. 273 ff.) werden vier Hauptmotive dafür angeführt, warum wir Informationen aufnehmen wollen:

1. Informationen sollen Nutzen stiften, beispielsweise eine Entscheidung erleichtern.
2. Informationen sollen die eigenen Einstellungen, Meinungen, Erwartungen bestätigen. Dadurch wird z. B. kognitive Dissonanz vermieden bzw. abgebaut (Konsistenztheorie).

Abb. 50: Anzeige für Solo-Marmelade

3. Informationen sollen stimulieren, aktivieren. Langeweile soll durch neuartige, unerwartete Reize reduziert, die Neugier befriedigt werden (Komplexitätstheorie).
4. Informationen sollen interessieren. Menschen sind z. B. ganz wesentlich an sich selbst interessiert bzw. an der Erweiterung der eigenen Persönlichkeit.

Folgerungen für die Werbung:

- *Konflikt zwischen Konsistenz und Komplexität*

  Ein besonderes Problem besteht darin, die Konsistenz- und die Komplexitätstheorie miteinander in Einklang zu bringen: Einerseits soll die Botschaft den Erwartungen entsprechen und vertraut sein, andererseits möglichst neu und überraschend wirken.

  Ein Erklärungsansatz geht davon aus, daß Tendenzen sowohl zu Vertrautem als auch in Richtung Abwechslung vorhanden sind. Was jeweils das Verhalten dominiert, wird von der Persönlichkeit und der Situation abhängen.

  Für jeden Menschen existiert ein bestimmtes Aktivierungsniveau, bei dem er sich angenehm und tatkräftig fühlt. Wenn nun die Aktivierung unter dieses Niveau sinkt, so wird man Abwechslung und Stimulierung suchen; ist die Aktivierung subjektiv zu hoch, so wird man eher nach Harmonie streben.

  Wie wir schon früher gehört haben, bestimmt die Aktivierung die Leistungsfähigkeit. Ist nun ein hohes Aktivierungsniveau notwendig, um optimale Leistungen zu erbringen, so wird die Suche nach stimulierender Information im Vordergrund stehen.

- *Botschaften, die interessieren*

  Persönliches Interesse ist ein weiterer wichtiger Faktor der Selektivität. Empirische Untersuchungen zeigen, daß der Wunsch, sich selbst zu sehen bzw. Dinge oder Personen, mit denen man sich verbunden fühlt, sehr stark die Aufmerksamkeit bestimmt.

  Auf diesem Interesse an der eigenen Person werden ganze Werbekampagnen aufgebaut:

  Eine große österreichische Versicherung ließ ihre Vertreter abbilden, u. a. mit dem Ziel, diese Mitarbeiter durch die Werbekampagne zu motivieren.

  Eine andere Vorgehensweise besteht darin, in die Werbebotschaft Informationen einzubauen, die die Zielgruppe vermutlich stark interessieren: So haben z. B. in den 70er Jahren viele Mineralölgesellschaften ihre Werbeappelle an verschiedene Aspekte der Ökologie und der Umweltverschmutzung angehängt.

Wie gut eine Botschaft wahrgenommen wird, hängt auch vom jeweiligen Interesse an der Produktart, an der Kaufentscheidung selbst bzw. am Medium ab.

Das psychische Konstrukt des Involvement (persönliches Engagement) trägt zur Erklärung bei, warum dieselbe Werbebotschaft bei verschiedenen Personen unterschiedliche Wirkungen erzielt. In Abhängigkeit vom Involvement wird Information entweder aktiv gesucht, passiv aufgenommen oder überhaupt vermieden.

Die Gestaltung der Werbemittel muß auf das jeweilige Informationsverhalten der Zielpersonen abgestimmt werden, also eher informieren oder aktivieren, bestätigen oder überzeugen.

5.2 Werbestil

Damit Werbemaßnahmen maximale Wirkung entfalten, ist es notwendig, daß sie einheitlich geprägt sind, daß also ein Unternehmen bzw. eine Marke durch einen bestimmten Werbestil gekennzeichnet ist. Das Ergebnis eines systematisch gepflegten Werbestils sind positiv wirksame Firmen- bzw. Markenimages.

Der Schaffung eines positiv strukturierten Images beim Kunden kommt entscheidende Bedeutung für die Absatzpolitik zu.

- Für den Verbraucher ist das Image einerseits Orientierungshilfe, hilft also als Wissensersatz, zwischen ähnlichen oder gleichwertigen Produkten und Dienstleistungen zu unterscheiden. Andererseits ist das Image Mittel der emotionalen Befriedigung, zeigt dem Konsumenten, welchen Zusatznutzen er neben dem Realnutzen erwarten kann.
- Für die Unternehmung ist das Image ein Mittel zur Beseitigung der Anonymität und zur Gewinnung des öffentlichen und privaten Vertrauens, ein Mittel zur Abhebung des eigenen Angebots und damit zur Absatzförderung.

Der Begriff Werbestil wurde von Seyffert geprägt. Skowronnek, der erste Inhaber des Lehrstuhles für Werbewissenschaft und Marktforschung an der Wirtschaftsuniversität Wien, hat sich intensiv mit diesem Thema beschäftigt.

Aufbauend auf Seyffert bezeichnet Bergler «Stil als ein über einen langen Zeitraum hinaus gleichbleibendes Verhalten, das sich eindeutig, unverwechselbar, prägnant und geschlossen von anderen Stilen bzw. Verhaltensweisen abhebt und distanziert. ‹Gleichbleibend› meint aber nicht ‹identisch›, sondern ‹gleichbleibend› meint die schöpferische Fluktuation im Rahmen der jedem Stil eigenen Stilamplitude, also das ‹Typische› und die periodische Wiederkehr ähnlicher Verhaltens- und Äußerungsweisen» (Bergler, 1963, S. 97).

5.2.1 Bedingungen für die Bildung eines Werbestils

Für die Schaffung eines Werbestils sind vor allem folgende Aspekte von Bedeutung:

– *Prägnanz*

  Diese Forderung, die bereits im Zusammenhang mit den Wahrnehmungsgesetzen besprochen wurde, ist von grundlegender Bedeutung auch für die Entwicklung von Firmen- und Markenbildern. Hier geht es also um Eigenschaften wie Regelmäßigkeit, Symmetrie, Geschlossenheit, besonders auch Kürze und Klarheit.

– *Distanz*

  In der Realität gelingt es nur relativ selten, ein eindeutiges, prägnantes und klar profiliertes Firmen- und Markenimage mit dem erforderlichen Abstand zu allen konkurrierenden Firmen bzw. Produkten zu entwickeln. Bedingungen eines optimalen Werbestils sind jedoch auch Individualität und Originalität.

– *Kontinuität und Stilamplitude*

  Das werbliche sowie das Gesamtverhalten eines Unternehmens sollten über einen bestimmten Zeitraum hinweg gleich bleiben. Innerhalb eines konzipierten Stils gibt es jedoch einen Rahmen schöpferischer Möglichkeiten. Diesen Spielraum bezeichnet Bergler als Stilamplitude.

  Erst die Überschreitung dieser Stilamplitude wird als Stilbruch erlebt, der der Prägnanz und damit der eigentlichen psychologischen Wirksamkeit erheblich schaden kann.

  Wird dieser Spielraum überschritten – sei es systematisch oder unsystematisch – so ergibt sich die Notwendigkeit einer vollkommen andersartigen Stilgestaltung. Diese muß sich wiederum unverwechselbar und eindeutig von der vorhergehenden abheben.

  Auch für die Imagepolitik gilt, daß sowohl dem Bedürfnis der Zielpersonen nach Konstanz als auch nach Abwechslung Rechnung getragen werden muß. Einerseits will man die Marke «kennen», man will wissen, was man zu erwarten hat, gleichzeitig soll sie jedoch mit der Zeit gehen, Neues bieten. Von manchen Produktarten erwarten die Kunden sogar, daß in gewissen Zeitabständen Veränderungen vorgenommen werden.

  Als generelle Strategie muß die Struktur, müssen die Elemente, die eine Marke ausmachen, beibehalten werden. Wie diese Elemente konkret in der Werbebotschaft umgesetzt werden, das kann variiert werden.

  Als ein gutes Beispiel kann hier die Werbung für Marlboro angeführt

Abb. 51a: Beispiel für Kontinuität im Werbestil: der Marlboro-Cowboy (Originale farbig)

Bei konsequenter Einhaltung eines Werbestils kann man es sich durchaus gelegentlich leisten, auf die Abbildung der Packung oder sogar auch auf die Nennung des Markennamens zu verzichten, wie bei der Abb. 51b.

Abb. 51 b

werden. Ziel war es, ein sehr «männliches» Image für diese Zigaretten aufzubauen. Als Symbol für Männlichkeit, Abenteuer und Freiheit wurde der Cowboy gewählt.
Seit 1954 wird «der» Cowboy als Kernelement des Images von Marlboro beibehalten. Die Darstellung freilich variiert: Der bzw. die Cowboy(s) sind in verschiedenen Situationen zu sehen (vgl. Abb. 51). Was allerdings gleichbleibt, das ist die Erlebniswelt des «Wilden Westens». Die Verbindung der Marke Marlboro mit dieser Erlebniswelt ist so stark, daß auf manchen Sujets auf die Nennung des Produktnamens bzw. die Abbildung der Packung verzichtet wird. Während dies bei einer schwächeren Marke ein schwerer Fehler wäre, zeigt sich hier der Vorteil eines Werbestils. Der Cowboyhut ist zum Symbol der Marke Marlboro geworden. Diese Assoziation ist so stark, daß trotz Verzicht auf die Markennennung bzw. die Produktabbildung die Werbung bei den Zielpersonen ankommt.

– *Periodik*
Die Frage nach dem «wann» und «wie oft» werblicher Bemühungen sollte nicht nur von der Verhaltensweise der Konkurrenten und von den spezifischen Marktdaten mitbestimmt werden, sondern sollte auch selbst Ausdruck des Werbestils sein.
Eine der wichtigsten Forderungen in dieser Hinsicht stellt die periodische Form der Darbietung dar: Die Maßnahmen sollten in ähnlichen Zeitabständen und in ähnlicher Form wiederkehren.
Diese periodische Form der Darbietung gewährleistet auch bei etwas größeren zeitlichen Abständen eine bessere Wirksamkeit als ein einmaliger oder gelegentlicher, unsystematischer, massiver Einsatz. Diese Erkenntnis wurde durch lerntheoretische Untersuchungen untermauert (vgl. Kap. III,4.1).

– *Ganzheit*
In bezug auf Werbung gilt die Forderung nach ganzheitlicher Profilierung unumschränkt: «Stil muß in sämtlichen werblichen Äußerungen für eine Marke bzw. eine Firma in einheitlicher Form zum Ausdruck kommen» (Bergler, 1963, S. 121).
Besonders zu achten ist auf das Phänomen der Irradiation: Werden einzelne Teile des Erscheinungsbildes geändert (z. B. Farbe des Schriftzuges, der Verpackung), so kann diese Veränderung auf das Image im gesamten ausstrahlen (vgl. Kap. III,5.1.2).

– *Produktadäquatheit*

Die Werbung soll für die Zielpersonen in einer psychologischen – bewußten oder unbewußten – Verbindung zum Produkt stehen. Das Verstehen darf nicht von einem rationalen Überlegungsprozeß abhängig sein.

Löst etwa der psychologische Gehalt einer Anzeige für Waschmittel Produkterwartungen aus, die im Umfeld von Zigaretten liegen, dann ist die Forderung nach Produktadäquatheit nicht erfüllt.

Allerdings ist Produktadäquatheit alleine noch keine Garantie für Wirksamkeit, besonders, wenn dadurch die Originalität des Werbestils leidet. Im Bereich der Waschmittelwerbung etwa ist die Gestaltung meist produktadäquat, gerade deshalb aber auch sehr ähnlich. Die einzelnen Marken unterscheiden sich kaum. Waschmittelwerbung erreicht selten Spitzenwerte bei Aufmerksamkeit und Erinnerung.

Große Aufmerksamkeit hingegen erregt seit Jahren die österreichische Schuhfirma Humanic mit einer absolut ungewöhnlichen, nicht produktadäquaten Werbelinie (dabei wurde das Produkt bis zum «Unschuh» verzerrt dargestellt). Die Texte – von zeitgenössischen Künstlern – werden von einem Großteil der Bevölkerung als unverständlich bezeichnet, «Fraaanz»-Rufe in TV- und Radiospots als verrückt, aber eindeutig Humanic zugeordnet.

– *Originalität*

Vielfach wird bei der Forderung nach Kreativität der Werbung vermutet, daß die originelle Idee schlechthin das Optimum an Werbewirksamkeit darstelle.

Für den Werbeerfolg ist jedoch entscheidend, daß die schöpferische Originalität in einem bestimmten Bezugs- und Bedingungsrahmen entfaltet wird. Die kreative Gestaltung muß einem Großteil der Zielpersonen psychisch affin sein (nahestehen), d. h. sie muß eine Hausfrau, einen industriellen Einkäufer, einen Techniker, der beim Einkauf mitentscheidet, ansprechen.

– *Historische Bedingtheit*

Wenn sich durch historische Entwicklungen (wie z. B. Modeströmungen) positive Leitbilder verändern und die mit diesen verbundenen Images zunehmend negativ belastet werden, wird eine Umstrukturierung des Markenbildes unvermeidbar.

In diesem Fall ist es notwendig, einen systematischen Stilbruch herbeizuführen, einen Relaunch durchzuführen.

Anzeige aus dem
Jahre 1910

Anzeige aus den 60er Jahren

Anzeige aus den siebziger Jahren

Anzeige aus den 90er Jahren

Abb. 52 a: Beispiel eines kontinuierlichen Werbestils: Asbach Uralt (S. 144–146)

5.2.2 Die Stilelemente

Die Bildung eines Werbestils erfolgt nicht von heute auf morgen, sondern ist das Resultat einer langfristigen Werbekonzeption. Nur dann, wenn es gelingt, formale und inhaltliche Elemente der Werbung langfristig zu koordinieren, wird sich mit der Zeit ein eigener Stil herauskristallisieren.

Formale Stilelemente sind z. B. Formen, Farben, Bilder, Firmenzeichen und andere Symbole, Schrifttypen sowie Anordnung des Werbetextes in Werbemitteln.

Zu den inhaltlichen Stilelementen gehören vor allem die werbliche Idee und die Art der Umsetzung:

- Botschaftsstrategie, also die einzelnen werblichen Argumente und Appelle, besonders der Werbeslogan
- Medienstrategie, also die eingesetzten Medien und die Häufigkeit der Werbedarbietung in diesen Medien.

Prägnante, über lange Zeit kontinuierlich gepflegte Werbestile sind eher selten. Die österreichische Werbewissenschaftliche Gesellschaft bemüht sich daher, in der Schriftenreihe «Vom Stil der Werbung» positive Beispiele zu dokumentieren.

Der erste Band dieser Reihe stellt den Werbestil der Firma Asbach Uralt dar (vgl. auch Abb. 52a).

In der Werbepraxis dominiert vielfach der Wechsel um jeden Preis, auch um den Preis der Markenpersönlichkeit. Abb. 52b gibt das «teuerste Bild der Welt» (von der Werbeagentur Team) wieder: «Kein Rembrandt, kein Picasso werden jemals die Millionenpreise erzielen, die dieses Bild repräsentiert. Es zeigt die Zerstörung von Werbewirkung durch häufigen Kampagnenwechsel. Ein neues Jahresbudget – eine neue Werbekampagne, ein neuer Werbeleiter – eine neue Werbekam-

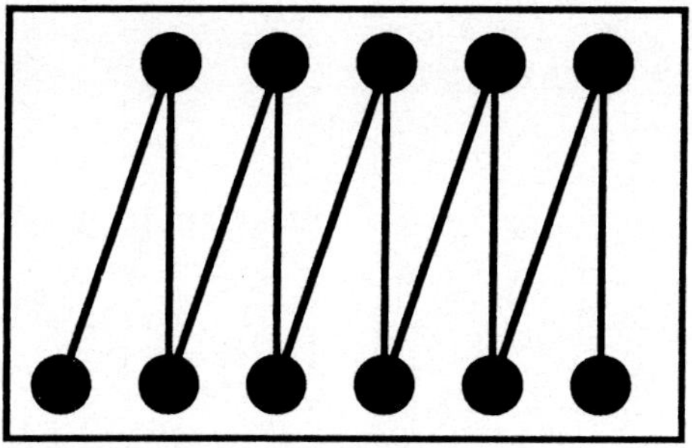

Abb. 52b: «Das teuerste Bild der Welt»

pagne. Mit jeder Änderung beginnt der tapfer lernende Verbraucher wieder bei Null.»

Dies aber sollte nicht heißen, daß ein und dasselbe Sujet oder ein und derselbe Spot jahrelang unverändert geschaltet werden sollte. Im Gegenteil, dies würde zu einem «wear out-Effekt» (Ermüdungserscheinung der Konsumenten, die sogar in Ablehnung resultieren kann) führen. Es ist daher sinnvoll, unter Beibehaltung gewisser Stilelemete (Stilkonstanten) Sujets und Spots ständig zu aktualisieren und dem Zeitgeist anzupassen. An den beibehaltenen Stilelementen (Hauptaussage, Slogan, Schriftzug, Spotaufbau oder -technik) kann sich der Verbraucher orientieren und den Inhalt der richtigen Marke zuordnen. Auf diese Weise kann die Werbewirkung zu geringeren Kosten gesteigert werden.

Abb. 52 c zeigt ein hervorragendes Beispiel für Konstanz von Werbeelementen, vor allem Schriftzug und Farbe: Die Packung der Milka-Schokolade von Suchard von 1901 bis heute. Allein die Farbe Lila hat es durch große Verbreitung zu einer derartigen Marktgeltung gebracht, daß eine Eintragung in das Markenregister und damit ein Schutz dieses

Abb. 52c: Packung der Milka-Schokolade 1901–1991

Farbtons durch das Markenrecht erreicht werden konnte. Auch das Symbol der Marke – die lila Milka-Kuh – steht für jahrzehntelange Konstanz in der Werbung.

5.2.3 Vom Werbestil zur Corporate Identity

Richtet sich das Erscheinungsbild, das durch Kommunikation aufgebaut wird, nicht nur nach außen, sondern auch nach innen, sodaß die gesamte Unternehmung unter einem einheitlichen Ganzen auftritt, so spricht man von Corporate Identity.

Zentraler Kern der Corporate Identity (CI) ist also die Unternehmenspersönlichkeit, die durch Verhalten, Erscheinungsbild und Kommunikation einheitlich präsentiert werden soll.

Nach Birkigt und Stadler (1980) versteht man unter Corporate Identity

- die strategisch geplante und operativ eingesetzte Selbstdarstellung und Verhaltensweise eines Unternehmens
- in einheitlichem Rahmen
- nach innen und außen
- auf Basis eines definierten (Soll-) Images, einer festgelegten Unternehmensphilosophie und Unternehmenszielsetzung.

Das Konzept der CI geht also über einen einheitlichen Werbestil hinaus: Zielgruppen des Auftretens als Unternehmenspersönlichkeit sind nicht nur Kunden, sondern alle Marktteilnehmer und die Öffentlichkeit (auch Lieferanten, Banken, Aktionäre, Meinungsbildner) und auch – nach innen – die eigenen Mitarbeiter.

Ziele der CI sind Meinungs- und Willensbildung bei den Zielpersonen sowie die Beeinflussung ihrer Handlungen gegenüber dem Unternehmen. Im einzelnen sollen erreicht werden:

- nach außen: Glaubwürdigkeit, Sympathie, Verständnisbereitschaft, positive Einstellung der Presse, stabile Börsenkurse, Kreditzusagen, Käufe usw.
- nach innen: Wir-Bewußtsein, Gefühl der Zugehörigkeit, geringe Fluktuation und Fehlzeiten, Steigerung des Leistungswillens usw.

Das wichtigste Instrument der CI ist das schlüssige Verhalten des Unternehmens: das Angebots-, Preis-, Vertriebs-, Finanzierungs- und Sozialverhalten.

Daneben wird CI durch die Unternehmenskommunikation geprägt, vor allem durch mediengebundene Kommunikation. Wichtig beim Einsatz dieser Instrumente ist, daß Verhalten und Gesagtes nicht voneinander abweichen.

Sichtbare Umsetzung der Corporate Identity erfolgt im Corporate Design. Durch Schriftarten, Symbole, Farben, Verpackungen und durch einheitliche Werbung soll ein prägnantes, unverwechselbares Erscheinungsbild geschaffen werden.

Durch Corporate Identity sollen also die relevanten Zielgruppen einen geschlossenen Eindruck vom gesamten Unternehmen bekommen. Für Markenartikelhersteller ist es jedoch oft problematisch, die einzelnen Markenimages (brand identity) mit der CI derart zu verbinden, daß die bestmögliche Wirkung erzielt wird.

Die Schlüsselfrage dabei lautet, welche Produkte, Leistungen, Marken mit erkennbarer Zugehörigkeit zum Stammhaus auftreten sollen und welche konsequent eigenständig, ohne Bezug zur CI, geführt werden sollen.

5.2.4 Mögliche Beziehungen zwischen Marken- und Firmenimages

Bergler (1963) unterscheidet folgende vier Möglichkeiten, die in Abb. 53 wiedergegeben sind.

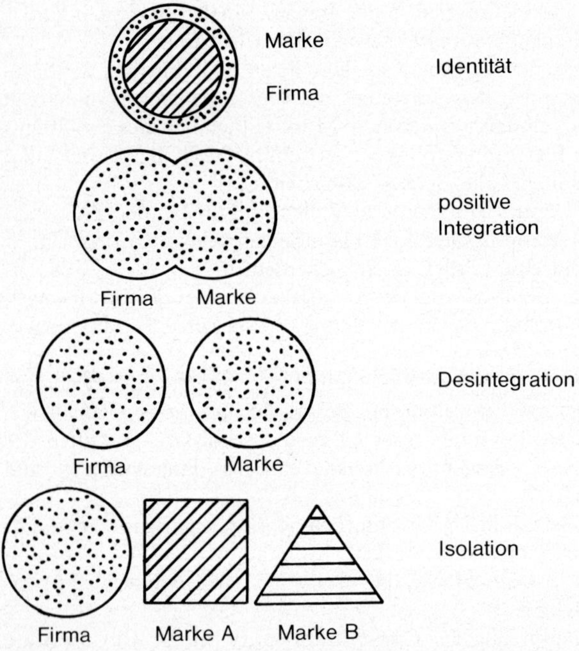

Abb. 53: Beziehungen zwischen Marken- und Firmenimages

- *Identität*

  In diesem Fall decken sich Produkt- und Firmenimage.

  Beispiele: Oetker Backpulver und Oetker,
  Mercedes und Daimler Benz

  Sobald eine Unternehmung eine Vielzahl von Marken (Produkten) entwickelt, ist diese Identität nur teilweise bzw. überhaupt nicht aufrechtzuerhalten.

- *Positive Integration*

  Hier besteht zwar nicht Deckungsgleichheit, wohl aber eine enge Verbindung zwischen Marken- und Firmenimage.

  Beispiele: Flana Pudding und Oetker,
  Persil und Henkel.

  Eine positive Integration ist nur dann möglich, wenn zwischen Marken- und Firmenimage gemeinsame psychologische Beziehungspunkte mindestens in einigen entscheidenden Dimensionen vorhanden sind.

  So ist es nicht ohne weiteres möglich, das Image einer Firma beliebig auf die verschiedenen Produkte bzw. Dienstleistungen auszudehnen. Nur wenn die psychologische Struktur des Firmenimages mit den Marken korrespondiert, wirkt der Zusammenhang glaubhaft. Nur dann werden positive Eigenschaften des Firmenimages (wie Kompetenz und Vertrauenswürdigkeit) auf die Produkte übertragen.

- *Negative Integration* (Desintegration)

  In diesem Fall sind die mit einem Unternehmen verbundenen Vorstellungen und Erwartungen anderer Natur als die entsprechenden Daten des Produktes. Ein Firmenbild kann nur eine sehr beschränkte Anzahl von Marken glaubhaft in sich verkörpern und aufnehmen.

  Beispiel: Seefisch entspricht nicht den Erwartungen, die man mit der Firma Oetker verbindet; er verträgt sich psychologisch schlecht mit Süßspeisen wie z. B. Pudding. Die Lösung war daher eine Image-Isolation.

- *Trennung von Produkt- und Firmenimage* (Image-Isolation)

  Hier hat die Firmenpersönlichkeit mit der objektiven psychologischen Gestalt des Produktangebotes für den Außenstehenden nichts Erkennbares mehr gemein.

  Beispiel: Unilever, ein multinationales Unternehmen, vertreibt über eine Reihe von Tochtergesellschaften viele Artikel unter verschiedenen Marken, wie z. B. Eskimo-Eis (bzw. Langnese) und Omo-Waschpulver.

Imageisolation ist ein möglicher Ausweg, wenn ein neues Produkt eines Unternehmens nicht zu seinem festverankerten Firmenimage paßt.

5.2.5 Imagetransfer

Unter Imagetransfer versteht man die Übertragung von Imagebestandteilen von einem Produkt auf ein anderes mit Hilfe des Markennamens.

Mit Hilfe eines gemeinsamen Markennamens sollen positive Ausstrahlungseffekte der Werbeaktionen für die einzelnen Produkte wechselseitig genutzt werden:

- Schon die Tatsache, daß die Produkteinführung auf eine bereits bekannte Marke bauen kann, spart Werbebudget.
- Das Vertrauen in die Marke und damit auch in die neue Produktmarke erhöht die Probier- und Kaufbereitschaft für das mit Hilfe einer Imagetransferstrategie eingeführte neue Produkt. Auf diese Weise ist es möglich, einen langfristig aufgebauten Goodwill einer Marke für die Produktneueinführung zu nützen und damit die Kosten/Nutzen Relation für die Einführungswerbung zu optimieren.
- Weiters kann das neue Partnerprodukt Vorteile für die alte Marke bringen, wie z. B. die Aktualisierung der alten Produktmarke; die zu ihrer Stabilisierung im Markt beiträgt.

Nicht übersehen darf man allerdings das Risiko bei Verwendung gleicher Markennamen: Bei Unverträglichkeit der beiden Produkte können auch unerwünschte Eigenschaften übertragen werden. In der Folge kann sowohl die Wertschätzung für das alte Produkt sinken, als auch die Kaufbereitschaft für das neue Produkt.

Imagetransferstrategien erfreuten sich in den 80er Jahren in Europa und in den USA einer ständig steigenden Popularität.

Man unterscheidet zwei unterschiedliche Formen des Imagetransfer:

1. Nutzung der eingeführten Marke für Produktneueinführungen des eigenen Unternehmens.
   Beispiel dafür ist u. a. die Erweiterung der Produktlinie von Nivea ausgehend von der Creme über Nivea Seife bis zu Nivea Shampoo.
2. Vergabe einer Markenlizenz für Produkteinführungen anderer Unternehmungen: unter dem gemeinsamen Markennamen können nicht nur die Produkte eines Unternehmens angeboten werden; das Markenimage läßt sich auch auf Produkte anderer Firmen übetragen. Für den Konsumenten haben nicht die Eigentumsverhältnisse Bedeutung, die einzelnen Marken sind psychologische Realität.
   Beispiele dafür sind die berühmten Modemarken von Christian Dior, Boss und Jil Sander, die weit über den unmittelbaren Stammbe-

reich hinausgegangen sind und Imagetransferstrategien für Accessoirs, Parfums etc. in Form von Markenlizenzen ermöglicht haben.

Abb. 54 zeigt als Beispiel für Imagetransfer eine Anzeige für BOSS-Parfüm.

Abb. 54: Beispiel für Imagetransfer von Herrenbekleidung auf Herren-Eau de Toilette

Am Ordinariat für Werbewissenschaft und Marktforschung an der Wirtschaftsuniversität Wien wurde ein Imagetransfermodell mit speziellen Meßverfahren und Tests entwickelt, das zum Auffinden erfolgversprechender Partnerprodukte dient.

Abb. 55 a zeigt das Modell: Das Projekt P 1 (z. B. Zigaretten) ist unter dem Markennamen B (z. B. Flirt) bereits gut am Markt eingeführt. Eine andere Firma beabsichtigt nun, ein neues Produkt P 2 einzuführen, und will diese Einführung durch die Verwendung des bekannten Markennamens unterstützen.

Generell sind zwei Produktklassen um so besser für einen Imagetransfer geeignet, je mehr Konsumenten in beiden Produktklassen Verwender sind und die Markenwahl gemäß dem Imagemodell treffen.

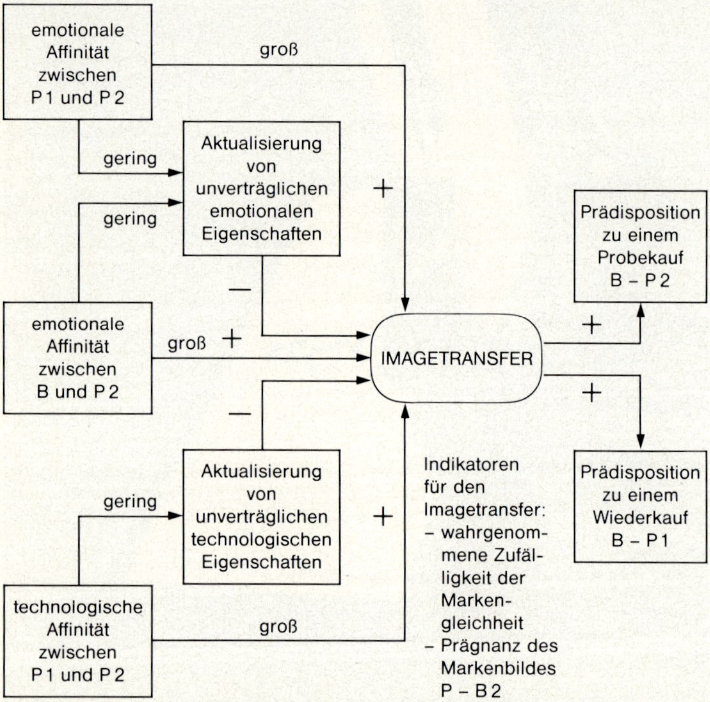

Quelle: Schweiger, G., 1982, S. 8.

Abb. 55 a: Imagetransfermodell

Der Grund dafür liegt im höheren Produktinteresse von Verwendern gegenüber Nicht-Verwendern. Dieses Interesse bewirkt höhere Aufmerksamkeit und Akzeptanz der Werbebotschaften innerhalb einer Transfer-Kampagne: Raucher, die gerne Jeans tragen, werden sowohl Botschaften für Zigaretten als auch für Jeans selektiv wahrnehmen.

Wir haben bereits festgestellt, daß Identität bzw. positive Integration von Images nur dann möglich ist, wenn psychologische Beziehungspunkte zwischen den Vorstellungsbildern bestehen.

Nun enthält das Image nach herrschender Auffassung sowohl emotionale als auch sachhaltige Bestandteile: Konnotationen und Denotationen.

Nur wenn zwei Produktklassen sowohl emotional als auch technologisch affin (verwandt) sind, kann ein positiver Imagetransfer durchgeführt werden: Die Bereitschaft (Prädisposition) zu einem Probekauf des neuen Produktes sowie zu einem Wiederkauf des alten Produktes steigt.

Ein negatives Beispiel: Zigaretten und Damenparfum sind technologisch nicht affin. Dadurch werden emotionale Imagebestandteile einer Zigarettenmarke (z. B. «Flirt»), die für ein Damenparfum geeignet wären (z. B. «verführerisch»), nicht übertragen. In diesem Fall wird entweder die Markengleichheit als zufällig erachtet (es findet gar kein Imagetransfer statt) oder es werden unpassende technologische Eigenschaften von der Zigarette auf das Parfum übertragen (z. B.: Das Parfum riecht nach Zigarettenrauch).

Dieses Modell wurde anschließend getestet:

Es wurden 12 potentielle Partnerproduktklassen für Zigaretten ausgewählt, und zwar solche, deren Verwenderanteil unter Rauchern signifikant höher ist: Getränke, Bohnenkaffee, Rasierwasser bzw. Parfum und Jeans.

Die technologische Affinität zwischen Zigaretten und Bohnenkaffee wurde mit Hilfe von nichtmetrischen mehrdimensionalen Skalierungsverfahren untersucht. Es zeigte sich, daß die Affinität zwischen Zigaretten und Bohnenkaffee größer war als zwischen Zigaretten und Kosmetika, Jeans und etlichen anderen alkoholischen und alkoholfreien Getränken.

Abb. 55 b zeigt den gemeinsamen Imageraum einiger ausgewählter Produkte und Zigarettenmarken. Die Beurteilung erfolgte mit verschiedenen Konnotationen (emotionale Eigenschaften wie romantisch, elegant), die mittels statistischer Verfahren zu drei Faktoren zusammengefaßt (verdichtet) wurden, die zusammen 68% der Varianz erklären:

- Luxus, Erfolg
- sportlich, alltäglich
- Vernügen, Geselligkeit

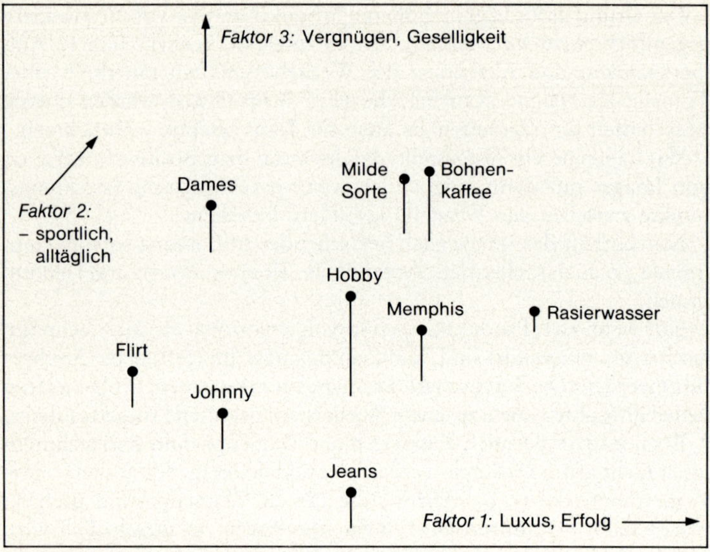

Quelle: Schweiger, G., 1982, S. 9.

Abb. 55 b: Gemeinsamer Imageraum von Produkten und den österreichischen Zigarettenmarken: Milde Sorte, Dames, Flirt, Johnny, Hobby und Memphis

Je näher eine Zigarettenmarke und ein Produkt im Imageraum beieinander liegen, desto größer ist ihre Affinität, desto besser eignen sie sich zum Imagetransfer. Die Position auf den einzelnen Dimensionen zeigt, durch welche Konnotationen der Imagetransfer erfolgen kann (Transferachsen), also welche Eigenschaften übertragen werden können.

Wie aus Abb. 55 b zu entnehmen ist, weisen der Bohnenkaffee und die Zigarettenmarke «Milde Sorte» zueinander eine hohe Affinität auf. Auf Grund anderer Daten besteht auch eine hohe Affinität zwischen Zigaretten im allgemeinen und Kaffee. Die Kaffeemarke «Milde Sorte» war das erste Kooperationsprojekt der Austria-Tabakwerke, das in Österreich und später auch in anderen Ländern durchgeführt wurde und sehr erfolgreich war. Milde Sorte Bohnenkaffee ist seit mehr als einem Jahrzehnt erfolgreich auf einigen europäischen Märkten vertreten.

Der Erfolg dieser Markenkooperation führte zu weiteren Imagetransferstrategien der Austria Tabakwerke, die jedoch *nicht* auf den Ergebnissen der genannten Studie aufbauten. Diese Transferprojekte betrafen zur Gänze die Zigarettenmarke «Milde Sorte». Es handelt sich im einzelnen um folgende Kooperationen:

«Milde Sorte/Freizeitkleidung»
«Milde Sorte/Bier»
«Milde Sorte/Zahncreme».

Abgesehen davon, daß der Markenname «Milde Sorte» rein verbal ein Transferhemmnis zur Kleidung darstellt bzw. für Bier das Argument «Milde» nicht besonders geeignet erscheint, stellt sich die Frage, inwieweit ein Zigarettenname glaubhaft auf so viele völlig unterschiedliche Partnerprodukte übertragen werden kann, ohne daß es zu einer «Erosion» der Stammarke führt: Vor allen Dingen deshalb, weil die genannten Produktbereiche sich nicht nur technologisch, sondern auch in psychologischer Hinsicht unterscheiden.

Beispiele aus dem nichtdeutschsprachigen Ausland, insbesondere aus Frankreich (Lacoste und Christian Dior), zeigen, daß Imagetransferstrategien sehr erfolgreich sein können und daß auch technologische Barrieren durch gute Transfermarken überwunden werden können. So wurde z. B. die Marke Lacoste von Sportmode erfolgreich auf Tennisschläger und andere Sportartikel übertragen.

Der Vorteil für Unternehmungen, die Lizenzen für eine prominente Transfermarke übernehmen, liegt auf der Hand. Sie führen ihr Produkt im Windschatten einer großen Marke ein, genießen die ständige werbliche Unterstützung der Partnermarke und sparen damit Marketingkosten. Vor allem kleinere und mittlere Unternehmungen mit wenig bekannten Marken und beschränktem Marketingbudget werden dadurch Vorteile erzielen, die allerdings – zumindest teilweise – in Form von Lizenzgebühren an den Lizenzgeber zurückfließen.

Ein Spezialfall des Imagetransfers ist die Nutzung des Herkunftslandes (Country-of-origin-Effekt) für die Positionierung und Bewerbung von Produkten und Marken.

Heute gehören Produkte und Marken zur Visitenkarte eines Landes, ebenso wie seine Landschaften und Städte, berühmte Bauwerke und Prominente. Das Image zahlreicher Nationen wird mehr denn je durch international bekannte Marken und Firmennamen geprägt. (So ist z. B. der Mercedes-Stern außerhalb von Deutschland kaum weniger bekannt als die deutsche schwarz-rot-goldene Flagge). Das Image eines Landes ist aber umgekehrt auch Kapital für seine Exportwirtschaft und kann im Rahmen von Imagetransferstrategien für die Vermarktung von Produkten, insbesondere im Ausland, genutzt werden.

Meister in der Kapitalisierung des Landesimage für den Export sind die Schweizer. Abb. 56a zeigt eine Anzeige für die Tissot Rockwatch, in der in Bild und Text ausführlich auf die Schweiz Bezug genommen wird. Die visuelle Einbindung des Matterhorns in die Produktdarstellung ist sehr gut gelungen.

Auch bei der Positionierung von Schweizer Süßwaren wird häufig auf Imagestärken des Landes zurückgegriffen (z. B. die Marken Toblerone, Ricola Kräuterbonbons).

Auch die Franzosen nutzen ihr Landesimage nicht nur bei Wein und Parfums sondern setzen es darüberhinaus gezielt bei anderen Produkten ein. Abb. 56b zeigt eine Anzeige für Yves St. Laurent Parfum. Die französische Cognac-Marke Remy Martin wirbt in Japan mit dem Triumph-Bogen, wodurch ein deutlicher Bezug zu Frankreich hergestellt wird.

Selbstverständlich greifen auch die Amerikaner in ihrer Exportwerbung häufig zum Imagetransfer. Abb. 56c zeigt ein Direct Mail für die Wells Fargo Bank, das auf den «Wilden Westen» bezug nimmt. Dieser Auftritt der Bank wird erfolgreich nicht nur im Stammland der Bank, in Kalifornien, sondern auch in anderen US-amerikanischen Bundesstaaten und in Europa eingesetzt. Auch die Marlboro-Werbung kapitalisiert das Image des «Wilden Westen» der USA. Der amerikanische Lebensstil, auf den Marken wie Coca Cola, Pepsi Cola und ‹United Sports of America› zurückgreifen ist ebenfalls ein sehr erfolgreiches Beispiel für die Nutzung des Herkunftslandeffektes in der Werbung.

Deutsche und österreichische Markenartikelhersteller nutzen dagegen bisher die Chancen eines Auftrittes mit dem Landesimage nur in geringem Umfang. Zu den wenigen deutschen Ausnahmen gehört die Firma Wella, die in Japan sehr erfolgreich mit den schwarz-rot-goldenen Landesfarben Deutschlands auftritt.

Dabei löst gerade ein Hinweis auf deutschen Ursprung positive Qualitätsassoziationen aus, wie kaum bei einem zweiten Land. Es wurde durch geeignete Namensgebung und Produktaufmachung wiederholt versucht, bei den Konsumenten den Eindruck deutschen Ursprungs hervorzurufen, auch wenn das Produkt aus einem anderen Land stammt. Ein Beispiel für eine solche Strategie ist das französische Bier «Kanter-Bräu», das sich die deutsche Kompetenz für Bierproduktion sehr erfolgreich zunutze machte. Schon der Name «Kanter-Bräu» hat für die Franzosen eindeutig deutsche Anmutungsqualitäten (z. B. durch den Umlaut). Der werbliche Auftritt von Kanter-Bräu in Frankreich ist «deutscher» als die der meisten deutschen Biermarken. Somit ist es ohne Hinweis auf «Made in Germany» gelungen, eine «deutsche» Marke für den französischen Markt erfolgreich einzuführen.

Abb. 56a: Nutzung des schweizerischen Image durch ein Bild des Matterhorns sowie den Slogan «Millionen Jahre Swiss Quality Time» für Tissot-Rockwatch

Abb. 56b: Beispiel für Nutzung des französischen Image durch Verwendung des Eiffelturms in der Werbung für Yves Saint Laurent

Abb. 56c: Beispiel für die Nutzung der US-Herkunft durch die Wells-Fargo-Bank

Auf ähnliche Art haben in Deutschland und Österreich ansässige Anbieter durch ihre Werbung französischen und italienischen Country of Origian Effekt genutzt bzw. die Erlebniswelt dieser «Herkunftsländer» für die Positionierung ihrer Marken verwendet. Dies gilt z. B. für die Marken «Gourmet» und «Pietro Pizzi» des Nahrungsmittelkonzerns Unilever in Österreich und Deutschland.

Beispiele für die Nutzung des Österreichimage für Imagetransferstrategien im Ausland sind mit den Abb. 56d und 56e vertreten. Es sind dies die Einführungskampagnen für Mozartlikör auf dem deutschen Markt und für Semperit Reifen in Japan. In beiden Fällen basiert der Imagetransfer auf der Stärke Österreichs als Land der klassischen Musik und der Hochkultur.

5.3 Die Werbebotschaft

5.3.1 Die Form der Ansprache

Aristoteles unterschied in der Rhetorik zwischen folgenden Möglichkeiten zu überzeugen:

- Ethos: Appelle an das Gewissen, an die Moral
- Pathos: Appelle an Gefühle
- Logos: Rationale Argumentation.

5.3.1.1 Moralische Appelle

Bei moralischen Appellen hängt die Beeinflussungswirkung in erster Linie vom Sender (z. B. vom Sprecher in einem TV-Spot) bzw. vom Medium, weniger von der Botschaft selbst ab:

Abb. 56d: Nutzung der österreichischen Herkunft in der Werbung für Mozart-Likör

Abb. 56e: Nutzung der österreichischen Herkunft in der Werbung für Semperit-Reifen in Japan

Die Änderung von sozialen Wertvorstellungen oder Konsumnormen im Rahmen der Werbung ist bedeutend schwieriger als deren Bestätigung. In der Regel verwendet man in der Werbung Appelle an Konsumnormen, indem man auf soziale Bestrafung oder Belohnung hinweist. Produkte werden zu Symbolen für Status und Prestige aufgebaut.

Ob Normen («was ist gut und richtig») vom Empfänger als für die eigene Person gültig übernommen (internalisiert) werden, ist eine Frage der Glaubwürdigkeit und Attraktivität der Kommunikationsquelle.

Als glaubwürdig gilt ein Sender dann, wenn er

– über spezielle Erfahrungen und Kenntnisse in einem Themenbereich verfügt, also als Experte für kompetent angesehen wird,
– als vertrauenswürdig erachtet wird: Man glaubt, sich auf seine Aussage verlassen zu können.

Ein Arzt kann z. B. glaubwürdig als Experte ein bestimmtes Medikament empfehlen, auf Grund seiner Vertrauenswürdigkeit aber auch ein Auto.

Attraktiv ist ein Sender dann, wenn sich die Zielpersonen mit ihm identifizieren können, wenn sie beim Sender gemeinsame persönliche und soziale Merkmale wahrnehmen, wenn er ihnen sympathisch und vertraut ist.

Personen, die bei einer Zielgruppe bekannt sind und als sympathisch und glaubwürdig gelten, können als Leitbilder im Rahmen von Werbekampagnen verwendet werden.

Allerdings ist dabei Vorsicht geboten: Nicht jeder Prominente wird als Leitbild auf allen Gebieten anerkannt. Nach einer Untersuchung am Ordinariat für Werbewissenschaft und Marktforschung an der Wirtschaftsuniversität Wien wird z. B. dem Rennfahrer Niki Lauda von Jugendlichen Kompetenz in den Bereichen Auto/Treibstoffe zugesprochen, auf dem Gebiet Mode gilt er jedoch nicht als Leitbild (vgl. Helbig, 1985).

5.3.1.2 Emotionale Appelle

Eine gewisse emotionale Spannung (Aktivierung durch emotionale Reize) fördert nicht nur die erste Auseinandersetzung mit einer Werbebotschaft, sondern sie kann auch den gesamten Verarbeitungsprozeß positiv beeinflussen.

Es gibt eine Reihe von Stimuluskategorien, die besonders stark aktivieren:

- erotische Darstellungen
- Familienszenen
- Kinder bzw. Kindchenschema wie z. B. Teddybären, Häschen etc. (nach Lorenz, 1965)
- starke Farben.

Diese Reize aktivieren gleichsam automatisch jeden Menschen, da sie grundlegende Triebe und Motive aktualisieren.

Die Verwendung von emotionalen Stimuli darf sich dabei nicht auf Blickfänge und Anfangsreize beschränken, sondern muß insgesamt ein Emotions-Mix von Reizelementen bilden. Die aktivierenden Reize müssen auf die Schlüsselinformationen hinweisen, mit ihnen eine formale und gedankliche Einheit bilden. Sie dürfen keinesfalls von der eigentlichen Botschaft ablenken (vgl. Kroeber-Riel, 1984, S. 95 f.).

In der Regel werden in der Werbung angenehme Gefühle wie Erotik, Familienglück, Wohlbefinden oder soziale Anerkennung als Belohnung versprochen und – durch oftmalige Wiederholung – mit dem Markennamen konditioniert.

Aber auch Worte haben hohes Aktivierungspotential, wie ein im Auftrag des Jubiläumsfonds der österreichischen Nationalbank durchgeführtes Forschungsprojekt am Ordinariat für Werbewissenschaft und Marktforschung an der Wirtschaftsuniversität Wien dokumentiert. So aktivierte z. B. der Wortreiz «Vaterland» stärker als eine Reihe von Anzeigen mit aktivierenden Bildinhalten (z. B. Erotik).

Worte wie «Bruttosozialprodukt» und «Handelsbilanz» haben dagegen eine deutlich geringere Aktivierungswirkung als «Vaterland» bzw. die vorgenannten Anzeigen (vgl. Jiras, H., 1985 und Pöhn, U., 1985).

Bei negativen Appellen ist Vorsicht geboten: Es besteht die Gefahr, daß unangenehme Informationen durch selektive Wahrnehmung abgewehrt werden.

– *Angstappelle in der Werbung*
  Angstappelle, also das Aufzeigen drohender Konsequenzen bei Nichtbefolgen der Werbeempfehlung, werden beispielsweise im Bereich des «social advertising» bei Anti-Rauch-Kampagnen, für Zekkenimpfung oder Amnesty International verwendet, aber auch bei der Werbung von Versicherungen.
  Forschungsergebnisse lassen darauf schließen, daß zwischen der Intensität der Angstappelle und der Akzeptanz der Botschaft ein umgekehrt u-förmiger Zusammenhang besteht (vgl. Abb. 57):

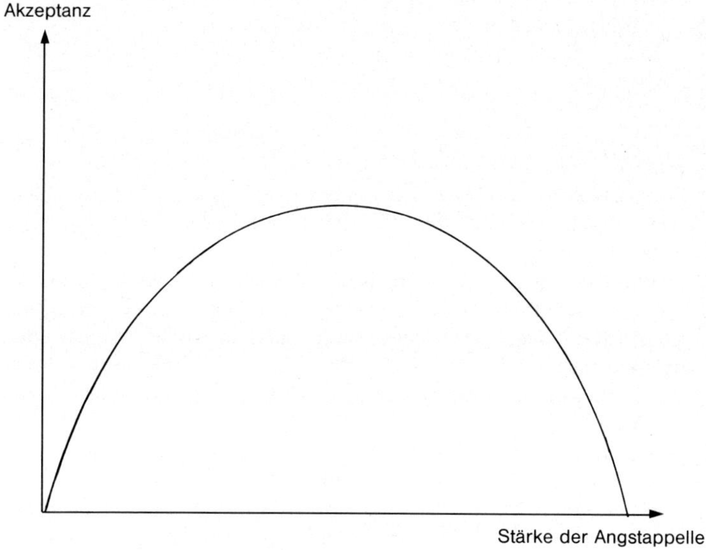

Abb. 57: Zusammenhang zwischen der Stärke der Angstappelle und der Akzeptanz der Botschaft

- Die Wirkung einer Werbebotschaft kann durch das Erregen von Angst verstärkt werden. Ein Mensch, der durch negative Appelle aus seinem emotionalen Gleichgewicht gebracht wurde, sucht nach einer Möglichkeit, die «Bedrohung» abzuwenden.
  Wird ihm nun gemeinsam mit der angsterregenden Botschaft ein geeigneter Ausweg angeboten (Nichtrauchen, Impfen, Abschluß einer Versicherung), so wird dieser akzeptiert und besonders gut gemerkt.
- Erreicht die empfundene Angst allerdings eine subjektiv nicht mehr ertragbare Höhe, so kommt es zu Abwehrmechanismen: Die Botschaft wird – unbewußt – geleugnet, verfälscht oder verzerrt bzw. der Werbende wird als unglaubwürdig abgelehnt.

Welche Wirkung ein Angstappell bei einer bestimmten Zielperson hervorruft, hängt von folgenden Faktoren ab (vgl. Grünwald, 1980, S. 88ff.):

- Persönlichkeit des Empfängers (offensiv, defensiv) und sein allgemeines Angstniveau,
- Bedeutung des Themas für den Empfänger,
- Stärke des Angstappells in der Botschaft,
- subjektiv empfundene Wahrscheinlichkeit, mit der die unangenehmen Konsequenzen eintreten werden,
- Zeitraum, der bis zum möglichen Eintreten der Folgen verstreichen wird,
- Glaubwürdigkeit des Senders.

- *Humor in der Werbung*

  Humoristische Elemente sind beispielsweise Witz, Wortspiele, Unter- oder Übertreibungen, Verdrehen von Aussagen, Ironie oder Slapstick.

  Ein Beispiel für Humor in der Werbung stellt die erfolgreiche Strategie von «Fast Eddies Restaurant», einem Lokal in Florida, dar. Dieses Restaurant wirbt erfolgreich mit dem Slogan «Lousy food and warm beer!»

  Auch Humor kann die Wirkung der Botschaft positiv oder negativ beeinflussen:

  - Humor erregt Aufmerksamkeit, er fördert das Verstehen der Botschaft und die Glaubwürdigkeit des Senders.
  - Andererseits besteht die Gefahr, daß die humoristischen Elemente die Aufmerksamkeit vom Produkt selbst ablenken (Vampireffekt).

– *Vermeidung von Reaktanzgefühlen*
Unter Reaktanz versteht man den gefühlsmäßigen Widerstand gegen einen wahrgenommenen Beeinflussungsdruck. Hat man das Gefühl, nicht mehr frei entscheiden zu können, so versucht man, sich dieser Einengung zu widersetzen.
Als Folge von Reaktanz kann ein Bumerang-Effekt auftreten: Der Betroffene lehnt die Empfehlung nicht nur ab, er entwickelt gerade für die bedrohte Meinung bzw. für die Alternativen, von denen abgeraten wird (z. B. Konkurrenzprodukte), ein besonderes Engagement.
Damit Werbung also wirksam beeinflussen kann, müssen Reaktanzgefühle bei den Zielpersonen vermieden werden (vgl. Kroeber-Riel/Meyer-Hentschel, 1982, S. 107ff.).
Die wohl bedeutendste Strategie zur Vermeidung von Reaktanz im Bereich der Werbung besteht darin, den Konsumenten nicht merken zu lassen, daß seine Entscheidungsfreiheit eingeengt wird.
Je glaubwürdiger Werbung ist, desto schwächer wird der Beeinflussungsdruck wahrgenommen. Mittel, um die Glaubwürdigkeit von Werbung zu erhöhen, sind beispielsweise Belegung besonders glaubwürdiger Medien, Einsatz kompetenter Sprecher, redaktionelle Gestaltung von Anzeigen etc. Letzteres ist bei Nichtkennzeichnung als Anzeige Schleichwerbung und damit ein Verstoß gegen das Presse- bzw. Medienrecht in Deutschland und Österreich.
Um die Beeinflussung zu verschleiern, können Ablenkungstechniken verwendet werden. Dazu wurden einige Experimente durchgeführt: Z. B. kann Ablenkung vom Ton her (ausländischer Akzent des Sprechers) oder vom Bild her (nicht zur Argumentation passende Bilder) erzeugt werden. Durch diese Ablenkung wird die gedankliche Gegenargumentation der Zielperson beeinträchtigt.
Bei zu starker Ablenkung besteht allerdings die Gefahr, daß auch die Aufnahme der Argumente selbst beeinträchtigt und die Werbebotschaft nicht verstanden wird (vgl. Percy/Rossiter, 1980).

5.3.1.3 Rationale Argumentation

Im folgenden wollen wir uns mit einigen Überlegungen zur Frage, wie Zielpersonen durch Sachinformationen und logische Argumente überzeugt werden können, befassen.

– *Einseitige oder zweiseitige Argumentation*
Hier geht es um die Frage, ob man sich auf Argumente, die für das Werbeobjekt sprechen, beschränkt (einseitige Argumentation), oder ob Gegenargumente und ihre Widerlegung in die Botschaft einbezogen werden sollen (zweiseitige Argumentation).

Die zweiseitige Argumentation gilt dann als wirkungsvoller,
- wenn Gegenargumente bereits bekannt sind bzw. damit gerechnet werden muß, daß sie bekannt sind,
- wenn die Zielpersonen ursprünglich nicht mit dem Werbenden übereinstimmen, wenn also die Einstellung verändert werden soll,
- wenn die Zielpersonen höhere Bildung haben.

Ein gutes Beispiel: «Crisan-Shampoo ist zwar sauteuer, aber es wirkt» (Slogan der Agentur Dr. Puttner & BSB für ein Haar-Shampoo in Österreich). Der hohe Preis – ein Argument gegen den Kauf – wird erwähnt und sofort widerlegt.
Zu beachten ist allerdings, daß die Kritikfähigkeit des Empfängers durch die Präsentation der Gegenargumente gesteigert wird.

- *Implizite oder explizite Schlußfolgerungen*
  Implizit bedeutet, daß der Empfänger selbst die Schlußfolgerung für sein Verhalten aus den Werbeaussagen ziehen muß. Voraussetzung dafür ist allerdings, daß eine gewisse Neugier, ein Involvement für eine nähere Auseinandersetzung mit der Botschaft bzw. mit dem Produkt vorhanden ist.
  Meistens werden Werbebotschaften allerdings mit eher geringer Anteilnahme, also mit «low involvement», aufgenommen. In diesen Fällen ist das Risiko einer falschen oder gar keiner Schlußfolgerung so groß, daß eine explizite Schlußfolgerung in der Botschaft selbst vorzuziehen ist.

- *Reihenfolge der Argumente*
  Nach Forschungsergebnissen von McGuire (1969, S. 212f.) ist die Aufmerksamkeit zu Beginn einer Botschaft am größten. Um diese zu erhalten und die Zielperson zu motivieren, die Botschaft weiter zu verfolgen, sollten die stärksten Argumente am Anfang gebracht werden:
  - Vorteile des Produktes
  - Auffassungen, mit denen der Konsument übereinstimmt
  - eventuell die Schlußfolgerung.

  Nicht bekannte Gegenargumente sollten erst am Schluß präsentiert werden.

- *Emotionale oder rationale Werbung*
  Die Streitfrage, ob Werbung eher emotional oder eher rational aufgebaut werden soll, ist vielfach normativer Art:
  - Konsumentenschützer fordern von der Werbung, daß sie möglichst rational angelegt sein sollte, daß sie vor allem Sachinforma-

tionen als Entscheidungsgrundlage bieten, nicht aber durch emotionale Techniken manipulieren soll.

– Viele Werbefachleute hingegen sind der Auffassung, daß der Mensch kein rein rational entscheidendes Wesen sei, dem es nur um den Grundnutzen der Konsumgüter gehe. Die Konsumenten hätten auch Bedürfnisse anderer Art, die durch emotional besetzte Werbung befriedigt werden könnten, unter anderem auch Vereinfachung der Kaufentscheidung durch Markenimages.

Emotionale und rationale Werbung sind jedoch nicht unbedingt Gegensätze, meistens enthalten Werbebotschaften beide Elemente. Es hängt u. a. von der Produktart und von der Persönlichkeit der Zielpersonen ab, welche Informationen gewünscht werden.

Manche Medien eignen sich besser zur Übertragung von emotionalen Appellen (Fernsehen, Rundfunk), andere Medien, insbesondere Printmedien, sind für rationale Appelle besser geeignet.

5.3.2 Einige Überlegungen zur Gestaltung von Anzeigen

Eine Anzeige wird im Durchschnitt zwei bis drei Sekunden (Kroeber-Riel, Prochazka) betrachtet. Um effizient zu sein, muß eine Anzeige schnell wirken, Aufmerksamkeit auslösen, die Botschaft schnell übermitteln, sofort verstanden und schnell behalten werden, eine Einstellung formen und die Kaufentscheidung beeinflussen.

Die ansteigende Informationsüberlastung durch die wachsende Zahl von Medien und Werbungen stellt somit erhöhte Anforderungen an die Werbegestaltung. Anzeigen müssen so gestaltet sein, daß sie in Sekundenbruchteilen wirken.

5.3.2.1 Zur Verarbeitung von Bild und Text: Die Hemisphärentheorie

Nach den Erkenntnissen der Gehirnforschung haben linke und rechte Gehirnhälfte unterschiedliche Aufgaben (Hemisphärentheorie):

– Die linke Gehirnhälfte ist für sprachlich-logische Verarbeitung zuständig,
– die rechte Gehirnhälfte für die bildlich-emotionale Verarbeitung.

Die Verarbeitung und Speicherung von Informationen erfolgt grundsätzlich doppelt (doppelte Codierung): einmal mittels Bild- und einmal mittels Sprachcode.

Bilder aktivieren direkt das Bildverarbeitungssystem, werden aber auch im sprachlichen System in Form von Assoziationen gespeichert. Worte wiederum können innere Bilder auslösen und so indirekt mittels Bildcode gespeichert werden.

Manche Informationen eignen sich allerdings nur für einfache Codierung, z. B. abstrakte Wörter, bei denen Bildassoziationen fehlen.

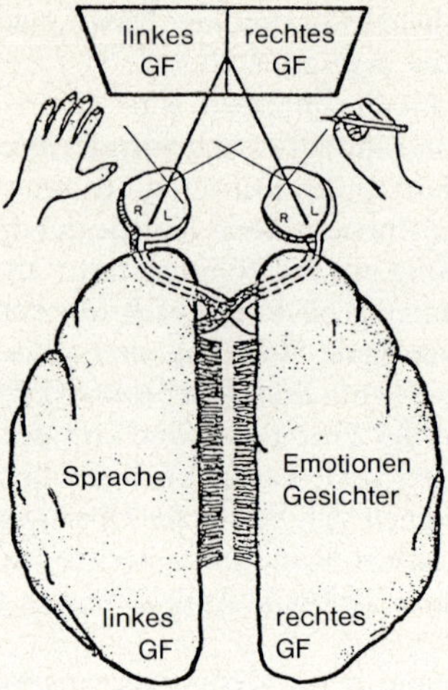

Quelle: Pöppel, E., 1982, S. 47

Abb. 58: Leistungen der beiden Gehirnhälften

5.3.2.2 Die Wirksamkeit von Bildern

Bilder übermitteln ganzheitliche Botschaften und sagen glaubwürdig und schnell das wichtigste. Die Bilder sollen prägnant und kontrastreich sein und frei von unwesentlichen Details, die Aufmerksamkeit ablenken könnten.

Bildinformationen erzielen aus folgenden Gründen eine bessere Wirkung als Textinformationen (vgl. auch Kroeber-Riel, 1984):

– Reihenfolgeeffekt der Bilder:
  Da Bilder einen auf den ersten Blick überschaubaren Informationswert bieten, wird der Bildteil von Anzeigen gewohnheitsmäßig als erstes fixiert und aufgenommen. Diese Tatsache ist vor allem auch deswegen interessant, da Elemente, die zuerst aufgenommen werden, besser behalten und erinnert werden.
– Aktivierungswert der Bilder:
  Das Aktivierungspotential von Bildern kann durch inhaltliche oder formale Gestaltungselemente geschaffen und – im Gegensatz zu Texten – auch relativ gut dosiert werden. Die Aktivierung durch Bilder fördert die Verarbeitung der Werbeinformationen.
– Gedächtniseffekt der Bilder:
  Je konkreter und bildhafter Informationen formuliert sind, desto

besser werden sie behalten. Nach der Theorie der doppelten Codierung können Bilder – je nach Thema mehr oder weniger – die verbalen Informationen ersetzen.

Emotionale Konsumerlebnisse werden nicht (nur) durch Worte, sondern vielmehr durch Bilder geschaffen. Bilder eignen sich besonders zur psychologischen Produktdifferenzierung, also zur emotionalen Konditionierung von Markennamen.

Diese Tatsache kann überall dort genutzt werden, wo keine ausführlichen Informationen notwendig sind, also besonders in der Werbung für Konsumgüter, weniger bei Investitionsgütern.

5.3.2.3 Die Verständlichkeit von Texten

Ob Texte verstanden werden, hängt einerseits von den Zielpersonen ab (Intelligenz, Vorinformationen, Interesse usw.), andererseits aber auch vom Text selbst: von den gewählten Worten, vom Aufbau der Sätze, von der Schrift.

Kurz einige Forschungsergebnisse:

Wortwahl: Leicht verständlich sind:
- häufig verwendete, allgemein bekannte Worte (Umgangssprache)
- kurze Worte
- konkrete, bildhafte Worte.

* Headlines

Sie wirken zuerst durch ihre Form, dann durch den Inhalt. Deshalb sollen möglichst große, farbige, auffällige Schriftarten, die sich durch Kontrast und Prägnanz auszeichnen, verwendet werden. Großbuchstaben und Negativschrift sollten vermieden werden. Auffällig gestaltete Headlines zwingen aus Platzgründen zur Beschränkung auf das wesentlichste, was die Aufnahme und Speicherung der Information fördert.

* Botschaftsabsender

Meyer-Hentschel empfiehlt, den Absender der Anzeige (Marke oder Firmenname) möglichst dominant zu integrieren, denn dieser ist ein wichtiges Element, wird aber oft klein und schlecht plaziert. David Ogilvy geht sogar einen Schritt weiter und fordert die Integration des Markennamens in der Headline.

* Fließtext

Texte sollten möglichst kurz gehalten werden. Die ideale Zeilenlänge hat laut Meyer-Hentschel zwischen 35 und 45 Anschläge; kürzere oder längere Texte sind schwer lesbar. Wenn längere Texte verwendet werden, so sollten sie durch Absätze, Zwischenüberschriften und Hervorhebungen strukturiert werden, damit die Lesefreundlichkeit steigt.

Sowohl in der Headline als auch im Text sollten möglichst konkrete, bildhafte Wörter verwendet werden, denn diese erzielen einen höheren Erinnerungswert als abstrakte Wörter.

Satzlänge: Als generelle Faustregel gilt, daß informationsreiche Botschaften in kurze Sätze gekleidet sein sollten.

Untersuchungsergebnisse von Schweiger und Hruschka (1977) widerlegen allerdings diese Ansicht für die Zielgruppe technisch Interessierter. Bei einer Studie der Anzeigenresonanz für eine Kennzahlen-Fachzeitschrift aus Deutschland («Elektroanzeiger des Verlags Girardet in Essen») zeigte sich, daß gerade Anzeigen mit langen Sätzen großes Interesse hervorriefen. Zwischen diesen Anzeigen und der Resonanz in Form von Anfragen bestand ein positiver Zusammenhang.

Dieser Befund läßt sich damit erklären, daß ein Fachpublikum auf Grund des bestehenden Interesses eher bereit ist, längere Sätze zu lesen. Bei technischen Gütern ist der Informationsbedarf außerdem zumeist größer als bei Konsumgütern.

Schrift: Hier ist insbesondere die Art des verwendeten Schrifttyps von Bedeutung. Erkennbarkeit und Lesbarkeit der Schrift sowie die ausgelösten Emotionen und Assoziationen bestimmen die Verständlichkeit und auch die Wirksamkeit: Emotionale Appelle wie «flott» oder «altmodisch» können durch entsprechenden Schrifttyp verstärkt werden.

Die Lesbarkeit hängt weiterhin ab von der Schriftgröße, dem Buchstabenabstand, Wortabstand, der Zeilenbreite, dem Kontrast der Schrift zur Hintergrundfarbe usw.

5.3.2.4 Die Plazierung von Anzeigen

Neben Gestaltungsvariablen spielen Plazierungsvariablen eine nicht unwesentliche Rolle für die Wirkung einer Botschaft.

In der oben erwähnten Studie von Schweiger und Hruschka wurde auch der Zusammenhang zwischen der Plazierung verschiedener Anzeigen und ihrer Wirkung (gemessen anhand der Resonanz auf diese Anzeigen) untersucht. Kurz die Ergebnisse:

- Die Wirkung von Anzeigen, die sich neben einem redaktionellen Beitrag befanden, war wesentlich höher. Diese Anzeigen profitieren also von der Aufmerksamkeit, die der entsprechenden Doppelseite wegen eines redaktionellen Beitrages geschenkt wird. Aus diesem Grund wird auch für diese Plazierung ein Zuschlag zum normalen Anzeigentarif verlangt.
- Anzeigen im vordersten Teil einer Ausgabe waren wirksamer als Inserate im Anzeigenteil. Diese wiederum lösten eine größere Resonanz aus als Anzeigen innerhalb von Produktberichten.

  Dies ist vor allem darauf zurückzuführen, daß die Wirkung nicht nur vom Aufbau der Zeitschrift, sondern auch von der Zusammensetzung der Leser abhängt. Der fachkundige Leser ist eher am Produktbericht selbst interessiert als an den Anzeigen, die in diesem Teil eingebaut sind.

– Mit der Anzahl der Wiederholungen nahm der Zuwachs an Anfragen ab.

Andere Untersuchungen am Ordinariat für Werbewissenschaft und Marktforschung an der Wirtschaftsuniversität Wien betraf die Aufmerksamkeitswirkung von Anzeigen in der österreichischen politischen Wochenzeitschrift Profil und in dem österreichischen Wirtschaftsmagazin Trend, gemessen mit dem Compagnonverfahren (vgl. Kap. III,7.1) (vgl. Bottesch/Langgassner, 1985; Brosch 1989; Prochazka, 1990):

Die Ergebnisse dieser Studie zeigen, daß Anzeigen gleich hohe Aufmerksamkeit geschenkt wird, unabhängig davon, ob sie auf der linken oder rechten Seite bzw. im vorderen oder hinteren Teil der Zeitschriften plaziert sind.

Es konnte auch kein signifikanter Unterschied in der Aufmerksamkeitswirkung von mehrfarbigen Anzeigen im Vergleich zu schwarz/weißen Anzeigen nachgewiesen werden.

5.3.3 Einige Überlegungen zur Herstellung von Radio- und TV-Spots

Die Überlegungen zur Anzeigengestaltung gelten zum Teil auch für diese Werbemittel (etwa Überlegungen bezüglich des Einflusses von Wortwahl und Satzbau auf die Verständlichkeit von Texten).

Zusätzliche Kriterien der Wirkung ergeben sich hier aus der akustischen Darbietung der Botschaften: Der Klang der Stimmen, Aussprache, Dialekt, Sprechgeschwindigkeit und Lautstärke usw. beeinflussen die Wahrnehmung.

Geräusche und Musik können zur Gewinnung der Aufmerksamkeit und zur Einstimmung auf die Botschaft eingesetzt werden. Aber auch das Merken der Werbeaussagen kann durch einen melodiösen «Ohrwurm» entscheidend gesteigert werden.

Die Herstellung von TV-Spots ist relativ aufwendig: Die erste Stufe ist ein Storyboard (vgl. Abb. 59 b und c): Dieses besteht aus einer Reihe von Skizzen, die den Bild-, Handlungs- und Textablauf eines Fernsehspots darstellen.

Das Storyboard wird üblicherweise von der Werbeagentur entworfen und bildet die Grundlage für den Filmproduzenten. Anschließend müssen die einzelnen Szenen gefilmt, geschnitten und vertont werden.

Im folgenden sollen in Anlehnung an Book/Cary (1978, S. 13 ff.) mögliche Strukturen von TV- oder Radiospots dargestellt werden:

- Die Story: Der Spot erzählt eine Geschichte mit Anfang, Mittelteil und Höhepunkt.
- Die Problemlösung (wahrscheinlich die häufigste Art von Spots): Das beworbene Produkt oder die beworbene Dienstleistung werden als Lösung eines Problems präsentiert.
- Presenter: Ein Sprecher stellt das Produkt vor.
- Interview-Technik: Das Produkt wird oder wurde getestet/verwendet; ein Interviewer befragt den Tester/Verwender zum Produkt.
- Testimonial: Personen, die das beworbene Produkt selbst benutzen, überbringen die Werbebotschaft (entweder Prominente oder «der Mann/die Frau von der Straße»).
- Produktdemonstration: Die Wirkung oder Anwendung des Produktes wird gezeigt. Für diese Demonstration eignet sich besonders das Fernsehen, hingegen das Radio nur, wenn das Produkt ausgezeichnet beschrieben werden kann.
- Slice-of-Life: Der Produktnutzen wird in einem alltäglichen, glaubwürdigen Zusammenhang präsentiert, etwa durch Einbeziehen von Familienmitgliedern, Freunden, Nachbarn. Diese Spotart wird meist gleichzeitig mit Problemlösungen verwendet, besonders in der Werbung für Reinigungsmittel.
- Analogie: Ein Produkt oder eine Produkteigenschaft wird mit etwas bereits Vertrautem verglichen, z. B.: «Wie Vitamine ihrem Körper, so gibt XY ihrem Auto Kraft.»
- Spezielle Effekte sollen Aufmerksamkeit erregen: ungewöhnliche akustische Geräusche oder Bildtechniken (z. B. Zeichentrick).
- Jingles: Die gesamte Aussage wird vertont. Markante Geräuschpassagen sind nicht nur unterhaltsam, sondern auch stark aufmerksamkeits- und erinnerungswirksam. Jingles eignen sich besonders für Radiospots.

Meistens werden diese Spotarten kombiniert eingesetzt. Die Typisierung liefert gute Anhaltspunkte dafür, worauf bei der Produktion bzw. beim Test vor dem Einsatz (Pretest) besonders geachtet werden muß:

- Bei Presenter-, Testimonial-, Produktdemonstrations- und Slice-of-Life-Spots sind die Glaubwürdigkeit und Attraktivität des Präsentators bzw. der Art der Präsentation besonders wichtig.
- Bei Story und auch Analogie kommt vor allem dem Typ der Argumentation besondere Bedeutung zu: einseitig/zweiseitig, Einbeziehung der Schlußfolgerung, Reihenfolgeeffekte usw.
- Spots mit Spannung, mit speziellen Effekten sind vor allem emotional ausgerichtet: Werden hier die gewünschten Emotionen tatsächlich beim Zielpublikum ausgelöst?

5.3.4 Überlegungen zur Copy Strategy

Bei der Botschaftsgestaltung für ein Produkt oder eine Marke stellen die Agentur bzw. der Kreative eine Reihe von Umsetzungsvorschlägen der Werbekonzepte in Wort und/oder Bild her. Diese Vorschläge basieren auf Informationen aus dem Agenturbriefing.

Voraussetzung für eine effiziente Botschaftsgestaltung ist neben der Zielgruppendefinition und der Positionierung die Festlegung der Werbeziele (vgl. dazu auch Kap. III.2.).

Die Werbeziele dirigieren die Botschaftsgestaltung in zweierlei Hinsicht: Sie engen die Zahl von Gestaltungsmöglichkeiten ein und geben innerhalb dieser reduzierten Alternativen Anstoß für neue Wege.
Abb. 59a zeigt eine Übersicht der für die Copy Strategy relevanten Elemente am Beispiel der Waschmittelmarken ‹Persil Supra› und ‹Dixan 2000› des Henkelkonzerns.

In der Produktpositionierung ist der Produktnutzen präzisiert: Das Waschmittel ‹Persil Supra› ist ein umweltschonendes Vollwaschmittel mit Wasserenthärter. Dies wirft sofort die Frage danach auf, was der Verbraucher davon hat (Consumer Benefit): ‹Persil Supra› liefert unübertroffene Reinheit und Pflege bei allen Textilien. Die Begründung dafür (Reason Why): Persil enthärtet das Wasser durch eine neue Kombination umweltverträglicher Wirkstoffe.

Das gesamte Versprechen, das dem Verbraucher in der Werbebotschaft gemacht wird, sollte sich von den Versprechungen der Mitbewerber-Marken abheben und somit einzigartig sein. Diese Einzigartigkeit kann entweder in physikalischen Eigenschaften des Produktes selbst begründet sein, wie im Fall von Persil die Wirkstoffkombination für Wasserenthärtung. Im Vergleich dazu enthält Dixan 2000 eine Anti-Kalk-Formel, die die Waschkraft und somit Flecklösekraft 100% zur Entfaltung bringt (vgl. Abb. 59a).

In vielen Produktgruppen und insbesondere bei Gütern des täglichen Bedarfs sind die angebotenen Produkte allerdings bereits so ähnlich, daß die Herausstreichung einer für eine Marke einzigartigen Produkteigenschaft nicht möglich ist. In diesem Fall wird eine Differenzierung über die Schaffung von Zusatznutzen erreicht (wie z. B. Prestige, Luxus u. ä.; vgl. dazu Kap. III.1.1.).

Sind Consumer Benefit und Reason Why festgelegt, so geht es darum, sie in eine Botschaft zu verpacken. Dazu ist es notwendig, eine zentrale Werbeidee zu finden, die sowohl durch die Kampagne im Zeitablauf, als auch in sämtlichen Medien umgesetzt werden kann.

Für Persil ist es der Präsenter, der im TV-Spot über die Vorzüge von Persil als Waschmittel spricht (vgl. dazu Abb. 59b). Mit der Wahl der

	PERSIL SUPRA	DIXAN 200
Positionierung:	Umweltschonendes Kompakt-Vollwaschmittel mit Wasserenthärter; für die gesamte Wäsche	Kraftvolles Kompakt-Waschmittel, das Flecken besser löst als andere; für weißes und buntes Gewebe
Consumer Benefit:	Unübertroffene Reinheit und Pflege bei allen Textilien und allen Waschverfahren ohne zusätzliche Wasserenthärter	Flecken werden restlos aus allen Geweben entfernt
Reason Why:	Wasserenthärtung durch eine neue Kombination umweltverträglicher Wirkstoffe	Anti-Kalk-Formel, die den Kalk aus dem Wasser beseitigt, sodaß die Waschkraft 100% wirksam gegen Flecken ist
Werbeidee:	Präsenter	Analogie (Dixan besiegt den Kalk: Pfeil durchbohrt Kalkplatte) und Special Effects
Tonality:	Vertrauenswürdig, informativ, persönlich	Kompetitiv, innovativ, impact-stark
Zielgruppen:	Alle Konsumenten, die schön gepflegte Wäsche bei geringer Umweltbelastung wünschen	Junge, innovative Verwender von Kompakt- und Normalpulver

Abb. 59a: Copy Strategy der Waschmittelmarken Persil Supra und Dixan 2000

Werbeidee ist auch die Tonalität der Botschaft (Tonality) festgelegt. Sie sollte auf die Zielgruppe abgestimmt sein, denn sie muß eine Beziehung zwischen Verbraucher und Produkt herstellen. Die Persil-Werbung richtet sich an eine breite Verwenderschicht. Durch das Ansprechen von Problemlösungen wirkt sie vertrauenswürdig, informativ und durch den Sprecher persönlich.

Bei der Entwicklung der Copy Strategy sollte darauf geachtet werden, daß sich nicht nur Consumer Benefit und Reason Why von den Konkurrenzmarken abheben, sondern auch Werbeidee und Tonalität.

Vergleicht man den ‹Reason Why› von Persil (Wasserenthärtung) mit jenem von Dixan 2000 (Anti-Kalk-Formel), so fällt auf, daß beide

Waschmittel ähnliche Problemlösungen anbieten. Doch bei Dixan 2000 wurde eine völlig andere Werbeidee und Tonalität (auch in Anlehnung an die im Vergleich zu Persil anders definierte Zielgruppe) gewählt. Für die Aussage, daß Dixan 2000 den Kalk besiegt, wurde eine Analogie, gepaart mit Special Effects, herangezogen: ein Anker, der sich zu einem «Dixan-Pfeil» verwandelt, zerstört den Kalk. Dies soll verdeutlichen, daß so die Waschkraft von Dixan voll wirksam werden kann (vgl. dazu Abb. 59c, S. 179).

Bei der Umsetzung der Konzepte und Ideen ist auf die Wirkung, die die Werbemittel (TV-Spot, Anzeige) bei der Zielgruppe erzielen sollen, zu achten. Es ist daher genau abzuwägen, welche Personentypen die Marke präsentieren sollen (vgl. dazu Kap. 5.4.1.).

Bei Persil z. B. wurde bewußt ein älterer, seriöser Herr als Präsenter gewählt, da er glaubwürdig und vertrauenswürdig wirken soll (vgl. Abb. 59b, S. 178).

Vor der Produktion der Werbemittel bedarf es daher ständiger Kontakte zwischen Auftraggeber, Agentur und Hersteller der Werbemittel, wie Regisseure, Fotografen, etc., um durch die Wahl von Personen, Hintergrund, Umfeld, Farbe, Stimmen und Musik die gewünschten Wirkungen zu erzielen.

5.3.5 Werbung für Nonprofit-Organisationen

Nonprofit-Organisationen sind nicht auf Gewinnerzielung gerichtet. Sie erfüllen gesellschaftlich notwendige Funktionen bzw. decken einen Bedarf ab, der durch erwerbswirtschaftliche Unternehmen nicht oder nicht ausreichend befriedigt werden kann, weil der Preis, den die Bürger für «soziale» Güter zu zahlen bereit sind, die Kosten nicht deckt. Dies liegt teilweise an mangelnder Information, teilweise an fehlender Einsicht über die Notwendigkeit der Erfüllung dieser «sozialen» Funktionen seitens der Konsumenten. Da diese Bedürfnisse im Interesse der Gesellschaft aber unabdingbar sind, greift hier zumeist der Staat ein. Wenn auch er nicht in ausreichender Weise tätig wird, treten private Organisationen auf.

Beispiele für solche Nonprofit-Organisationen sind: Kirchliche Organisationen, kulturelle Einrichtungen, karitative Organisationen (Rotes Kreuz, Caritas, amnesty international), Umweltschutzorganisationen (World Wildlife Fund, Greenpeace), Stiftungen, Fonds, Freizeitvereine und dergleichen mehr.

Vielfach wurde die Meinung vertreten, daß die Anwendung kommunikationspolitischer Maßnahmen mit den Zielsetzungen der Nonprofit-Organisationen nicht vereinbar sei. Der assoziative Bedeutungsgehalt von Wörtern wie «Marketing», «Werbung» oder «Management»

(Geräusche unterlegt)

Er: Wissen Sie, wie man mit weniger PERSIL wirksamer wäscht? Mit PERSIL SUPRA und der Kraft weichen Wassers. PERSIL SUPRA, das Kompaktwaschmittel von PERSIL enthält einen hochwirksamen Wasserenthärter. Damit macht PERSIL SUPRA aus Leitungswasser PERSIL-weiches Wasser. Darin kann sich die PERSIL-Waschkraft besser entfalten. Ihre Wäsche wird faserrein und sichtbar schöner. PERSIL SUPRA mit Wasserenthärter für PERSIL-schöne Wäsche. Mehr können Sie für Wäsche und Umwelt nicht tun.

Abb. 59 b: Storyboard Persil Supra

(Musik unterlegt)

Sie: Immer noch nicht sauber.

SieII: Nochmal waschen.

SieIII: Das hat mir gerade noch gefehlt.

SieIV: Wieder nicht raus.

Sie: Vergiß' es.

SieII: Jetzt reichts.

SieIII: Oh nein.

SieIV: Genug ist genug.

Er: DIXAN 2000 besiegt die Flecken, denn

DIXAN besiegt den Kalk. Viele Waschmittel

verlieren Waschkraft durch den Kalk im Wasser.

DIXAN 2000 beseitigt zuerst den Kalk, dann den Fleck

Gesang: We are the champions ...

Er: DIXAN 2000, der Fleckenchampion.

Abb. 59 c: Storyboard Dixan 2000

führte dazu, daß diese Maßnahmen lange Zeit nur geringe Akzeptanz im Nonprofit-Bereich fanden.

Da aber auch für Nonprofit-Organisationen Markt, Angebot und Bedürfnisse existieren, hat die Werbung auch für diesen Bereich zunehmend an Bedeutung gewonnen und mitgeholfen, dem relativ großen Informations- und Aufklärungsbedürfnis nachzukommen.

Für die Nonprofit-Werbung sind – im Gegensatz zur kommerziellen Werbung – vor allem folgende Inhalte typisch:

- Ziel der Werbung ist die Änderung bestimmter Einstellungen oder Wertvorstellungen bei den Zielpersonen (z. B. gegenüber Minderheiten, Behinderten etc.) oder eine Verhaltensbeeinflussung (z. B. weniger Rauchen) oder eine Handlungsaufforderung (z. B. Spendenaktion, Impfaktion, ...)
- Die Interessen der Gesellschaft werden ohne persönlichen Profit der Mitarbeiter gewahrt.
- Ideen, und nur selten Produkte, werden angeboten.

Meist wird für die Botschaftsgestaltung eine sehr emotionale Form der Ansprache gewählt, um hohe Aufmerksamkeit zu gewährleisten und starke Emotionen beim Empfänger hervorzurufen.

Eine Besonderheit im Marketing-Instrumentarium der Nonprofit-Organisationen stellt die bedürfnismindernde Kommunikation dar. Sie zielt auf die Unterlassung eines bestimmten, sozial nicht erwünschten Verhaltens ab (z. B. den Mißbrauch von Alkohol, Nikotin oder Drogen). Durch die bedürfnismindernde Kommunikation sollen die Zielpersonen dazu gebracht werden, sozial schädliche Verhaltensweisen zu ändern, aufzugeben oder gar nicht erst aufzunehmen.

Literaturverzeichnis zu III,5

Einführende Literatur

Aaker, D. A., Myers, J. G., Advertising Management, Prentice Hall, Englewood Cliffs, 2nd ed., 1982.

Bergler, R., Psychologie des Marken- und Firmenbildes, Vanden Hoeck & Ruprecht, Göttingen 1963.

Kroeber-Riel, W., Konsumentenverhalten, Vahlen, 3. Aufl., München 1984.

Kroeber-Riel, W., Meyer-Hentschel, G., Werbung – Steuerung des Konsumentenverhaltens, Physica-Verlag, Würzburg, Wien 1982.

Olins, W., Corporate Identity – Strategie und Gestaltung, Campus, Frankfurt/Main 1990.

Rosenstiel, L. von, Psychologie der Werbung, Komar-Verlag, Rosenheim 1969 u. 1973.

Rosenstiel, L. von, Ewald, G., Marktpsychologie, Band I, Konsumverhalten und Kaufentscheidung, W. Kohlhammer, Stuttgart, Berlin, Köln, Mainz 1979.

Rosenstiel, L. von, Neumann, P., Einführung in die Markt- und Werbepsychologie, Wissenschaftliche Buchgesellschaft, Darmstadt 1982.

Seyffert, R., Werbelehre, Band I+II, C. E. Poeschel, Stuttgart 1966.

Skowronnek, K., Wesen und Wert der Werbung, Österreichischer Gewerbeverlag, Wien 1964.

Weiterführende Literatur

Antonoff, R., Methoden der Imagegestaltung für Unternehmen und Organisationen, Verlag W. Girardet, Essen 1975.

Birkigt, K., Stadler, M. M., Corporate Identity, Verlag Moderne Industrie, München 1980.

Book, A. C., Cary, N. C., The Radio and Television Commercial, Crain-Books, Chicago 1978.

Bottesch, G., Langgassner, J., Analyse der Anzeigenwirkung mittels des Compagnon-Verfahrens, Dipl. Arb. am Ordinariat für Werbewissenschaft und Marktforschung an der Wirtschaftsuniversität Wien 1985.

Broadbent, S., (ed.), Advertising Works, Holt, London, New York, Sydney, Toronto 1981.

Brosch, S., Qualitative Mediafaktoren und ihr Einfluß auf die Anzeigenbeachtung, Diplomarbeit an der Wirtschaftsuniversität Wien, 1989.

Fechler, Ch., Die Gestaltung und die Produktion der Fernsehwerbung, in: Tietz, B. (Hrsg.), Die Werbung, Band 2, Verlag Moderne Industrie, Landsberg am Lech 1982.

Friedman, The Changing Language of a Consumer Society: Brand Name Usage in Popular Amercian Novels in the Postwar Era, in: Journal of Consumer Research, Vol. 11, Number 4, March 1985, Seite 927–938.

Gaede, W., Vom Wort zum Bild, Wirtschaftsverlag Langenmüller, München 1981.

Greyser, St. A., Cases in Advertising and Communication Management, Prentice Hall, Englewood Cliffs 1981.

Grünwald, W., Die Wirksamkeit von Angstappellen, Diplomarbeit an der Wirtschaftsuniversität Wien 1980.

Harrison, R. P., The Cartoon, Communication on the Quick, Sage Publications Inc., Beverly Hills, London 1981.

Haseloff, O. W., Beeinflussungsmodelle der Wirtschaftswerbung, in: WWG Information Nr. 85, 1982.

Hasenack, W., Humor in der Werbung, Taylorix-Fachverlag, Stuttgart 1974.

Hasitschka, W., Hruschka, H., Nonprofit-Marketing, Vahlen, München 1982.

Hätty, H., Der Markentransfer, Physika Verlag, Heidelberg 1989.

Hansen, F., Towards an Alternative Theory of the Advertising Communication Process?, in: International Journal of Research in Marketing, Vol. 1/1984.

Jiras, H., Die Aktivierungsleistung von Anzeigen zur Gemeinschaftswerbung von Produkten österreichischer Herkunft, Dipl. Arb. am Ordinariat für Werbewissenschaft und Marktforschung, Wirtschaftsuniversität Wien 1985.

Koppelmann, U., Produktwerbung, W. Kohlhammer, Stuttgart, Berlin, et al. 1981.

Kroeber-Riel, W., Bild schlägt Text in der Werbung, in: Absatzwirtschaft, Nr. 4, 1978.

Kroeber-Riel, W., Wirkung von Bildern auf das Konsumentenverhalten, in: Marketing. ZFP, Heft 3, August 1983.

Kroeber-Riel, W., Strategie und Technik der Werbung, W. Kohlhammer, Stuttgart 1988.

Kurz, H., Schweiger, G., Die Werbewirkung österreichtypischer Anzeigen, Arbeitspapier Nr. 17 der absatzwirtschaftlichen Institute der Wirtschaftsuniversität Wien, Wien 1987.

Landgrebe, K. P., Imagewerbung und Firmenstil, Spiegel-Verlag, Hamburg 1980.

Leven, W., Müller-Hagedorn, L., Die einstellungsbezogene Werbebotschaft, in: Marketing. ZFP, Heft 1, Februar 1981.

Lippegauss, A., Geplanter Transfer von Markenimages, in: Markenartikel 9/1984.

Mayer, A., Mayer, R., Imagetransfer, Spiegel-Verlag, Hamburg 1987.

Mayerhofer, W., Die elektrodermale Reaktion als Entscheidungshilfe bei der Prognose der Werbewirkung im Rahmen des Werbemittelpretests, Dipl. Arb. am Ordinariat für Werbewissenschaft und Marktforschung an der Wirtschaftsuniversität Wien 1980.

Mazanec, J., Objekte der Wirtschaftswerbung, C. E. Poeschel, Stuttgart 1975.

Mazanec, J., Geplanter Transfer von Markenimages, in: Transfer Nr. 4/1980.

Mazance, J., Schweiger, G., Improved Market Efficiency Through Multi-Productnames?, in: European Research, January 1981.

Meyer, P. W., Hermanns, A., Theorie der Wirtschaftswerbung, W. Kohlhammer, Stuttgart, Berlin, Köln, Mainz 1981.

Meyer-Hentschel, G., Erfolgreiche Anzeigen, Gabler, Wiesbaden 1988.

Müller, St., Werbemittelgestaltung aus informationstheoretischer Sicht, in: Marketing. ZFP, Heft 3, August 1981.

Percy, L., Woodside, Arch. G., Advertising and Psychology, Heath & Comp., Lexington, Toronto 1983.

Percy, L., Rossiter, J. R., Advertising Strategy, Praeger, New York 1980.
Pflaum, D., So lassen sich Produkte werblich profilieren, in: Marketing Journal, 2/1974.
Pöhn, U., Die Aktivierungsleistung von Anzeigentexten für die Gemeinschaftswerbung von Produkten österreichischer Herkunft, Dipl. Arb. am Ordinariat für Werbewissenschaft und Marktforschung an der Wirtschaftsuniversität Wien 1985.
Pöppel, E., Lust und Schmerz, Severin & Siedler, Berlin 1982.
Praschl, M., Anti-Rauchwerbung, Service Fachverlag, Wien 1987.
Prochazka, W., Die Messung der Kommunikationsleistung von Anzeigen unter Einsatz der nicht-reaktiven Leseverhaltensbeobachtung (Compagnon-Verfahren), Dissertation an der Wirtschaftsuniversität Wien, 1990.
Ray, M. L., Advertising and Communication Management, Prentice Hall, Englewood Cliffs 1982.
Rieder, B., Beiter-Rother, A., Bedingungen für den Erfolg von Testimonial-Kampagnen, in: Transfer, Dezember 1982.
Rosenstiel, L. von, Produktdifferenzierung durch Werbung, in: Marketing. ZFP, Heft 3, September 1979.
Rost, D., Strothmann, K. H., Handbuch der Werbung für Industriegüter, Th. Gabler, Wiesbaden 1983.
Ruge, H. D., Das Imagery Differential, Forschungsgruppe Konsum und Verhalten, Saarbrücken 1988.
Schweiger, G., Marktforschung als Mittel der Marketingpolitik der Verkehrswirtschaft, Arbeitspapier Nr. 3 des Absatzwirtschaftlichen Instituts an der Wirtschaftsuniversität Wien 1975.
Schweiger, G., Verwendung von gleichen Markennamen für unterschiedliche Produktgruppen (Markentransfer), in: WWG Information 86/1982.
Schweiger, G., Ergebnisse einer Imagetransfer-Unternehmung, Bericht der 25. WWT, Wien 1978.
Schweiger, G., Hruschka, H., Erklärung und Prognose der Anzeigenwirkung: Der Einfluß von Gestaltungsvariablen auf die Werbewirkung, in: Der Markt Nr. 67/1978.
Schweiger, G., Hruschka, H., Erklärung und Prognose der Anzeigenwirkung – ein ökonometrischer Ansatz: dargestellt am Beispiel der Kennziffern-Fachzeitschrift «Elektro-Anzeiger» des Girardet-Verlages Essen; Arbeitspapier Nr. 9 der Absatzwirtschaftlichen Institute der Wirtschaftsuniversität Wien 1977.
Seel, B. R., Die Angst in der Werbung, Langen-Müller/Herbig, München 1983.
Simon, H., Goodwill und Marketingstrategie, Gabler, Wiesbaden 1985.
Spiegel, B., Werbepsychologische Untersuchungsmethoden, Duncker & Humblot, Berlin 1958.
Sternthal, B., Craig, C. S., Consumer Behavior, Prentice Hall, Englewood Cliffs 1982.
Teigeler, P., Verständlichkeit und Wirksamkeit von Sprache und Text, Nadolski, Karlsruhe 1968.
Teigeler, P., Verständlich sprechen, schreiben, informieren, Bock und Herchen, Bad Honnef 1982.

Wiklicky, W., Ansätze zur Messung der Verständlichkeit von Werbetexten, in: Transfer 11/1984.
Wilkes, M. W., Richter, H., Mit kleinem Etat groß werben, WEKA-Verlag, Kissing 1980.
Zappe, K.-H., Asbach-Uralt – Geschichte und Gestaltung der Werbung, in: WWG (Hrsg.), Vom Stil der Werbung, Heft 1, Wien 1972.

6 Die Mediaselektion

Der Streuplanung – oder auch Mediaplanung – kommt eine wichtige Position innerhalb der Werbeplanung zu: Der Erfolg einer Werbekampagne hängt nicht nur von der Gestaltung der Werbemittel ab, sondern auch von deren Verbreitung.

Aufgabe der Mediaplanung ist es, für eine geplante Werbekampagne
- die Werbeträger
- mit der gewünschten Zahl an Einschaltungen
- im gewünschten Umfeld
- zum geplanten Zeitpunkt

einzusetzen.

Bevor wir uns mit der Auswahl der Werbeträger, also der Mediaselektion, näher befassen, wollen wir einen Überblick über die einzelnen Medien und ihre Eigenschaften geben.

6.1 Die Medien

Den Werbeträgern kommt die Funktion zu, die Werbebotschaft an die Zielpersonen heranzutragen. Während in den Werbemitteln die Botschaften gebündelt dargestellt werden, dienen die Werbeträger also der Streuung der Werbemittel.

Werbemittel sind beispielsweise:
- Anzeigen
- Rundfunkspots
- TV-Spots
- Kataloge
- Plakatanschläge
- Warenpräsentationen, z. B. auf Messen und Ausstellungen
- Kinowerbung
- Telefon- und Adreßbuchwerbung
- Werbebriefe

Zu den Werbeträgern zählen:

- Zeitungen
- Zeitschriften
- TV und die neuen elektronischen Medien
- Rundfunk
- Plakatwand
- Schaufenster
- Messestand
- Verpackungen
- Werbegeschenke
- Adreß- und Telefonbuch

Man kann werbeträgerbezogene Werbemittel, wie z. B. Anzeigen, und werbeträgerfreie Werbemittel, wie etwa Prospekte, unterscheiden. Aber auch werbeträgerfreie Werbemittel können durch klassische Werbeträger verbreitet werden: z. B. Prospekte als Zeitungsbeilage.

Grundsätzlich bestimmen Produkt, Zielgruppe und die Werbebotschaft die Wahl des Werbemittels. Voraussetzung für dessen Einsatz ist allerdings auch die Verfügbarkeit eines geeigneten Werbeträgers.

Neben den klassischen großen Medien – Zeitungen, Zeitschriften, Funk und Fernsehen – entstehen zur Zeit zahlreiche neue, elektronische Medien.

Im folgenden sollen nun die wichtigsten Medien hinsichtlich ihrer Bedeutung im Rahmen der Streuplanung beschrieben werden.

6.1.1 Zeitungen

In den letzten Jahren haben die Werbeausgaben, die auf Zeitungen entfallen, beträchtlich zugenommen. Folgende Eigenschaften tragen zu dieser Bedeutung als Werbeträger bei:

Die Leser von Zeitungen suchen aktiv Informationen, nicht nur über das Weltgeschehen, auch über Produktangebote. Tageszeitungen enthalten Produkt- und Preisverzeichnisse einer Vielzahl von Geschäften. Die Konsumenten wählen auf Grund der inserierten Angebote sowohl Geschäfte als auch zu kaufende Produkte aus.

Zeitungen sind ein ausgezeichnetes Medium für lokal beschränkte Informationen: Sie ermöglichen eine geographische Marktsegmentierung.

Zeitungen sind sehr flexible Werbeträger: Eine vorbereitete Anzeige kann noch in letzter Minute plaziert werden. Damit kann spezifischen Marktgegebenheiten kurzfristig Rechnung getragen werden (z. B. Werbung für Frostmittel bei Kälteeinbruch).

Zeitungen sind, wenn sie selektiv eingesetzt werden, ein kostengünstiges Medium.

Von Nachteil ist die relativ hohe *Anzahl* der Werbeeinschaltungen von *Konkurrenten*. Durch besonders günstige Plazierung (für die allerdings ein Preiszuschlag verlangt wird) sowie durch die Gestaltung der Botschaft kann ein Untergehen im Umfeld vermieden werden.

Andere Nachteile bestehen darin, daß die Druckqualität oft nicht besonders gut ist, daß die Lebensdauer von Zeitungen und damit auch der Anzeigen relativ kurz ist und daß Zeitungen oft nur von einer Person gelesen und nicht weitergereicht werden.

6.1.2 Zeitschriften

Zeitschriften bieten sowohl Information als auch Unterhaltung. Neben allgemeinen Zeitschriften (z. B. Magazinen, Illustrierten) gibt es Zeitschriften für Zielgruppen mit Spezialinteressen (Fachzeitschriften), die sich besonders zur Weitergabe von Detailinformationen eignen.

Zeitschriften, die auf eine spezifische Leserschaft abgestimmt sind (Zielgruppenmedien, z. B. für Geschäftsleute, Hausbauer, Teenager, Bastler und Fachzeitschriften für bestimmte Branchen bzw. Berufsgruppen) erlauben es, diese Zielgruppen zu relativ geringen Kosten zu erreichen.

Ein weiterer Vorteil der Zeitschriften liegt in ihrem guten Image, ihrer Glaubwürdigkeit und Exklusivität – Eigenschaften, die sich auf die Werbung übertragen. Dazu trägt natürlich auch die hohe Druckqualität bei, die es ermöglicht, Produkte attraktiv und in lebhaften Farben abzubilden.

Anzeigen in Zeitschriften haben auch ein längeres Leben als Werbemittel in Zeitungen, im Radio oder TV: Sie werden von einem oder mehreren Lesern in der Regel mehrmals betrachtet. Sie haben die Chance, zur Gänze gelesen zu werden, auch wenn sie größere Mengen an Informationen enthalten. Besonders in Fachzeitschriften werden Anzeigen oft bewußt zur Information gesucht (vgl. Drosg 1984).

Um diese Tatsache zu nützen, gibt es einerseits die Möglichkeit, auf der Anzeige einen Coupon oder auch eine Postkarte zur Anforderung von Informationsmaterial anzubringen, und andererseits werden sogenannte «Kennzifferfachzeitschriften» auf den Markt gebracht, deren spezielles Angebot darin besteht, daß jedes Inserat mit einer Kennziffer ausgestattet ist, über die via Zeitschriftenverlag nähere Informationen zum jeweiligen Produkt angefordert werden können.

Empirische Untersuchungen über den Einfluß des Umfelds auf die Wirkung von Anzeigen führen zu dem Ergebnis, daß größere Akzeptanz und Glaubwürdigkeit eines Mediums einen entscheidenden Einfluß auf Akzeptanz und Glaubwürdigkeit auch der enthaltenen Werbung hat (vgl. Knor 1987).

Allerdings kann das Umfeld, also Reportagen, Bilder und Konkurrenzanzeigen, auch die Aufmerksamkeit von der Anzeige ablenken, wenn die Gestaltung dem nicht entgegenwirkt.

Bei Zeitschriften, die sich nicht auf Spezialprobleme konzentrieren, kann keine klare Zielgruppenabgrenzung vorgenommen werden. In diesem Fall müssen Streuverluste in Kauf genommen werden.

6.1.3 Rundfunk

Die Gestaltungselemente des Rundfunks beschränken sich auf akustisch Wahrnehmbares: auf die Sprache, auf Rhetorik, auf Musik, Gesang und Geräusche.

Der Rundfunkspot eignet sich hauptsächlich für Werbebotschaften mit klaren, unkomplizierten und akustisch gut darstellbaren Inhalten.

In der Regel binden Rundfunksendungen zwar nicht die gesamte Konzentration des Hörers – das Radio läuft oft im Hintergrund –, doch kann man sich akustischen Reizen weniger leicht entziehen als optischen. Wegschauen ist leichter als Weghören.

Durch Sender- und Programm- bzw. Sendezeitenwahl ist eine Zielgruppensegmentierung möglich. Manche Sender bzw. Programme werden hauptsächlich von älteren bzw. jüngeren Leuten, von Hausfrauen etc. gehört. Werden von den Radiostationen Lokalprogramme angeboten, so ist überdies eine Segmentierung nach geographischen Gesichtspunkten möglich.

Darüber hinaus ist das Medium Rundfunk relativ kostengünstig.

6.1.4 Fernsehen und neue Medien

– *Fernsehen*

Im Gegensatz zu Anzeigen und Rundfunkspots basiert der Fernsehspot auf einer zweikanaligen Informationsübermittlung: Die Aufmerksamkeit der Zielpersonen wird durch Bild und Ton gefesselt. Wie sich z. B. Markenerinnerungswerte durch den Einsatz von Hintergrundmusik beeinflußen lassen, zeigen Park und Young (1986) in einer Untersuchung bei 120 Frauen aus dem Auskunftspersonenpool der University of Pittsburgh. Während durch den Einsatz von Hintergrundmusik bei low-involvement-Personen ein höherer Markenrecall erzielt werden konnte, kehrten sich die Befunde bei high-involved-Gruppen ins Gegenteil: die Ablenkung von der Werbebotschaft durch die Hintergrundmusik führte zu signifikant niedrigeren Markenerinnerungswerten.

Die Gestaltungsmöglichkeiten des TV-Spots sind auf Grund der simultanen Einsatzmöglichkeit von Text, Bild und Ton sehr vielschichtig. Handlungen und Demonstrationen von Produkten und Dienstleistungen können via TV wesentlich wirksamer übermittelt werden als über Print oder Funk.

Neben den konventionellen Sendemöglichkeiten öffentlich-rechtlicher Fernsehanstalten sind in den vergangenen Jahren neue Techniken der Information und Kommunikation entstanden, für die sich der Begriff «Neue Medien» eingebürgert hat.

Im folgenden möchten wir auf die Neuen Medien Kabelfernsehen, Satellitenfernsehen und Teletext näher eingehen.

– *Kabelfernsehen*

Unter Kabelfernsehen ist die Übermittlung von Fernsehsignalen über ein Kabelnetz mit großer Frequenzbreite zu verstehen.

In den USA wurde über einen offenen Kanal ein Public Access (öffentlicher Zugriff) für jedermann geschaffen. Durch einen zusätzlichen Rückkanal wurde ein Zwei-Wege-Fernsehen realisiert. Auf diese Weise können Informationen vom Empfänger zurück zum Sender geleitet werden.

Durch diese neue Technologie wurde die Einrichtung des Pay-TV möglich, bei dem man gegen Sonderzahlung Filme oder Informationen nach persönlicher Wahl zu beliebigen Zeiten abrufen kann. Die hohe Nachfrage nach Pay-TV in den USA ist vor allem darauf zurückzuführen, daß Spielfilme nicht immer wieder durch Werbeeinschaltungen unterbrochen werden.

In Europa ist das Kabelfernsehen derzeit besonders für den Empfang von ausländischen Programmen von Bedeutung.

– *Satellitenfernsehen*

Die Übermittlung von Fernsehsignalen mittels Satelliten ist auf zwei Arten möglich:

1. Die Programmübermittlung erfolgt über Fernmeldesatelliten (low power communication satellites) an eine zentrale Bodenstation, die diese Signale entweder über konventionelle Sendersysteme oder über Kabel-TV zu den einzelnen Teilnehmern weiterleitet.
2. Die Programmübermittlung erfolgt über direkt strahlende Satelliten unmittelbar zu den Teilnehmern, die diese Signale über kleine Parabolantennen empfangen.

In Europa findet die Entwicklung des Satellitenfernsehens auf supranationaler Ebene statt: Mehrere Länder teilen sich die Kosten der Entwicklung.

Satelliten und Kabel-TV haben ausschließlich für die Bewerbung international vertriebener Produkte Bedeutung. Für ausschließlich

national distribuierte Produkte (z. B. nur in einem Land erhältliche Schokoladewaren) wären die Streuverluste zu groß.
Es ist außerdem zu berücksichtigen, daß die Reichweiten von Kabel und Satelliten im Vergleich zu national empfangenen TV-Sendern in manchen Ländern derzeit noch gering, wenn auch im Steigen begriffen sind. So sind in Deutschland (alle Bundesländer) und Österreich noch weniger als 50% der Haushalte verkabelt. In Holland, der Schweiz und Belgien sind es dagegen wesentlich mehr.
Eine weitergehende Verkabelung läßt erwarten, daß der Trend in Richtung Vereinheitlichung des Erscheinungsbildes internationaler Marken gehen wird: Markenname, Produktgestaltung, Kommunikationsinhalte und -umsetzung international vertretener Produkte werden in Zukunft in sämtlichen Ländern, in denen das Produkt vertreten ist, tendenziell immer ähnlicher gestaltet werden. Als erfolgreiche Beispiele dafür wären zu nennen: die Softgetränke Pepsi und Coca Cola. Ihr einheitliches Erscheinungsbild zieht sich über den gesamten Erdball ohne Rücksicht auf unterschiedliche Kulturen. Hier zählt einzig und allein das Image der Marke, das hauptsächlich durch eine starke Bildsprache etabliert und unabhängig von möglichen Kulturbarrieren penetriert wird.

– *Teletext*

  Unter Teletext versteht man drahtlos oder kabelgebunden übermittelte Textinformationen, die auf einem Bildschirm zu beliebiger Zeit in beliebiger Wahl abrufbar sind.
  Unter diesen Sammelbegriff fallen drei Arten der Informationsübermittlung:
  - Bildschirmtext (BTX): Die Übermittlung erfolgt über schmalbandige Telefonleitungen im Dialogsystem, also interaktiv. Informationen können zwischen Wirtschafttreibenden, Behörden, privaten Haushalten etc. ausgetauscht werden. Bildschirmtext ermöglicht z. B. Abbuchungen vom Bankkonto oder Fernkauf.
  - Videotext (VT): Übermittlung in der Austastlücke des Fernsehbildes in Form einer «Bildschirmzeitung». Informationsanbieter sind Rundfunkanstalten und große Tageszeitungen.
  - Kabeltext (KT): Übermittlung über breitbandige Kabel, sonst ähnlich Videotext.

  Der Vorteil des Teletexts liegt vor allem in der Übermittlung hochaktueller Informationen, die jederzeit ergänzt, geändert oder gelöscht werden können.

- *Die Neuen Medien im Vergleich zum konventionellen Fernsehen*
  Bei den öffentlich-rechtlichen Fernsehanstalten wird die Gestaltungsfreiheit der Werbetreibenden durch Vorschriften hinsichtlich der Länge der Spots, ihrer Form und der möglichen Sendefrequenz eingeschränkt: Der Anteil der Werbesendungen am gesamten Tagesprogramm ist in den meisten Ländern limitiert, das Angebot an Werbezeit dementsprechend knapp. Die Buchung der Einschaltungen muß schon frühzeitig erfolgen.
  Eine Zielgruppensegmentierung ist bei Massenkanälen ebenfalls nur in geringem Maße über die Auswahl des Kanals bzw. über die Sendezeit der einzelnen Werbeblöcke möglich.
  Völlig neue Möglichkeiten bieten jedoch die Neuen Medien, insbesondere die privaten TV- und Funkprogramme:
  - Das breite Angebot erlaubt es den Sehern, Programme bzw. Sendungen je nach Interesse auszuwählen. Dadurch wird eine zielgruppenorientierte Ansprache nicht nur möglich, sondern auch notwendig, will man nicht Gefahr laufen, daß der Zuschauer einfach den Kanal wechselt.
    Inhalt und Form der Kommunikation müssen noch mehr als bisher auf die Bedürfnisse, auf die Interessen der Zielgruppen abgestimmt bzw. die Zielgruppen müssen nach ähnlichem Mediaverhalten abgegrenzt werden. Die Anforderungen an den Unterhaltungswert von Werbung steigen.
  - Sowohl Sendefrequenz als auch Länge der Werbeeinschaltung können vom Werbetreibenden frei gewählt werden. Damit ist völlige Gestaltungsfreiheit gegeben, man ist nicht mehr an die konventionellen Spot-Formen gebunden. Video-Clips für Jugendliche, «special interest»-Magazine (z. B. für Hausfrauen), stärkeres Einbeziehen der Zuschauer z. B. durch Quizsendungen, Werbeserien sind nur einige der neuen Formen von Fernseh- und Rundfunkwerbung.

6.1.5 Außenwerbung

Zur Außenwerbung zählen vor allem Plakate, Verkehrsmittelwerbung sowie Schilder.

Die Vorteile der Außenwerbung liegen in der außergewöhnlich hohen Reichweite (beinahe die gesamte Bevölkerung) und der hohen Kontakthäufigkeit: Diese Werbeträger erreichen, wenn strategisch günstig plaziert, ihr Zielpublikum auf dem Weg zur Arbeit, zum Einkauf usw., d. h. das ganze Jahr und fast rund um die Uhr.

Die Außenwerbung ist ein relativ preiswertes Medium und sie ermöglicht eine geographische Segmentierung.

Voraussetzung für eine Aufmerksamkeitswirkung ist allerdings eine eindrucksvolle, kreative Gestaltung der Werbemittel. Die Informationen müssen sehr kurz und prägnant gehalten werden.

Geschäftsschilder haben insbesondere für kleinere Betriebe bzw. Händler große Bedeutung: Sie sollten den Passanten vor allem Auskunft über den Namen des Geschäftes und den Geschäftsgegenstand sowie über zusätzliche wichtige Informationen wie Geschäftszeiten und Telefonnummer geben, das Interesse am Geschäft wecken bzw. zu einem positiven Image beitragen. Die Kunst der Gestaltung von Schildern wurde vor allem von den mittelalterlichen Zünften gepflegt.

Die Kritik an der Außenwerbung richtet sich hauptsächlich gegen unkontrolliertes Aufstellen von Plakatflächen und dadurch bedingte «Umweltverschandelung», wie das «wilde» Verkleben von Gebäuden.

6.1.6 Schaufenster

Die Bedeutung der Schaufensterwerbung ist je nach Branche unterschiedlich groß: Besonders bedeutungsvoll ist sie dort, wo der unmittelbare Kontakt des Konsumenten mit dem Geschäft kaufentscheidend sein kann.

Schaufenster sollen die Aufmerksamkeit der Kunden erregen, sie ins Geschäft locken, vor allem den Impulskauf fördern.

Gestaltungselemente der Werbung im Schaufenster sind insbesondere Modeartikel, Neuheiten, auffallende Farben, Hinweise auf Sonderangebote und Abverkauf durch aufmerksamkeitserregende visuelle Effekte.

6.1.7 Display – Point of Sale

Ist der Kunde einmal im Geschäft, so will er sich über das Angebot, über die Preise informieren, will sich mit der Ladeneinrichtung vertraut machen und mit dem Personal Kontakt aufnehmen. Wenn auch der erste Kontakt nicht zu einem Kauf führt, so entscheidet er doch meist darüber, ob der Kunde wiederkommt.

Die Grenzen zwischen der Werbung am Point of Sale (Point of Purchase) und der Verkaufsförderung sind fließend. Werbung am Point of Sale wird manchmal als werbliche Aktivität der Hersteller definiert, die dann allerdings einer weitgehenden Kooperation mit den Händlern bedarf.

Zur Werbung am Point of Sale gehören eine Reihe von Einzelmaßnahmen, wie etwa:
- auffallende Gestaltung des Sortiments
- Warenpräsentation
- Bereitstellung geeigneter Warenträger

- Bereitstellung werblicher Verkaufshilfen
- Händler- und Verkäuferschulung
- Persönliche Verkaufsförderung.

Verkaufshilfen werden oft vom Hersteller zur Verfügung gestellt, etwa Displaymaterial: Deckenanhänger, Preisplakate, Reihenaufsteller, Bodenaufsteller, Kassensätze, Schaupackungen oder Kantenkleber.

Von besonderer Bedeutung sind Verkaufshilfen in Selbstbedienungsläden. Statt des Verkaufspersonals muß das Displaymaterial dem Kunden alle Informationen liefern, die er für seine Kaufentscheidung braucht. Daß sich der Kunde – auch ein neuer Kunde – problemlos zurechtfindet, dafür muß durch die richtige Plazierung von Waren und Informationsmaterial gesorgt werden.

Immer häufiger wird audiovisuelles Displaymaterial wie Videokassetten dazu verwendet, über Qualität und Preise einzelner Produkte oder Dienstleistungen zu informieren und damit die beratende Tätigkeit des Verkäufers zu übernehmen.

Gut geschultes Verkaufspersonal ist besonders in Spezialgeschäften von entscheidender Bedeutung, für die Beratung bei teuren Gütern und Dienstleistungen.

Erhebliche Verkaufssteigerungen können erzielt werden, wenn die Werbung am Point of Sale durch andere Werbemittel unterstützt wird, insbesondere durch (überregionale) Fernsehwerbung.

6.1.8 Messen und Ausstellungen

Messen sind Veranstaltungen, auf denen Anbieter aus einer oder mehreren Branchen einen umfassenden Überblick über ihr Angebot vermitteln.

Ausstellungen haben eher den Charakter von Schauveranstaltungen, von Leistungsdemonstrationen. Sie sollen über einzelne Wirtschaftsräume bzw. -zweige informieren.

Der Ausstellungs- oder Messestand sollte dazu dienen, den Besucher umfassend mit dem Waren- und Dienstleistungsangebot des Ausstellers vertraut zu machen. Da die physische Darstellung aller Produkte meist nicht möglich ist, werden zusätzliche Werbemittel wie Prospekte, Kataloge und Diavorführungen eingesetzt. Diese Drucksachen bieten nähere Informationen und stehen auch dem Standpersonal für Auskünfte zur Verfügung.

6.1.9 Verpackung

Die Verpackung hat nicht nur Informations- und Werbefunktion zu erfüllen, sie muß auch technologischen Anforderungen gerecht werden. Sie soll

- den Erfordernissen der Automatisation (bei Produktion und Verpackung) entsprechen,
- den Anforderungen der Distribution in Format und Stabilität gerecht werden,
- optimale Lagerungsformen ermöglichen,
- eine wirksame Präsentation erlauben.

Für die Werbung hat die Verpackung insofern große Bedeutung, als der Konsument von der äußeren Gestaltung auf den Inhalt, auf die Ware, schließt. Bei der Gestaltung ist auf folgende Punkte zu achten:

- Die Verpackung soll informativ, sympathisch, unkompliziert sein.
- Sie soll das Produkt im Verkaufsraum bzw. im Regal im Konkurrenzumfeld präsentieren.
- Die relevanten Informationen sind auf die dem Konsumenten zugewandte Seite konzentriert, also meist auf weniger als ein Viertel der Gesamtoberfläche. Dies führt in der Regel zu einer Überladung mit Markennamen, -zeichen, Produktbeschreibungen usw.

Aufgabe des Designers ist es daher, eine Verpackung zu entwerfen, die den Anforderungen sowohl des Konsumenten als auch des Produzenten gerecht wird.

6.1.10 Werbegeschenke

Werbegeschenke wie Kalender, Kugelschreiber und Schlüsselanhänger dienen vor allem dazu, Goodwill zu schaffen. Die verschenkende Firma hofft, dadurch engere und bessere Beziehungen zu dem Empfänger aufbauen bzw. aufrechterhalten zu können.

Mit Hilfe von Werbegeschenken ist es möglich, eine spezifische Zielgruppe mit einer kurzen Botschaft zu erreichen, die meist nur aus Marken- oder Firmennamen und Adresse besteht.

Diese Information nimmt der Kunde immer dann auf, wenn er das Geschenk benützt. Neben der ständigen Erinnerung bieten Werbegeschenke auch den Vorteil, daß sie Mundpropaganda fördern. Man spricht über die Firma bzw. das Produkt.

Allerdings sind Werbegeschenke teuer und lediglich als zusätzliches Werbemittel geeignet, das an ein ausgewähltes Zielpublikum gehen sollte.

6.1.11 Adreßbuch- und Telefonbuchwerbung

Unter Adreßbüchern sind gedruckte Adressenverzeichnisse zu verstehen, z. B. Bundes-, Branchen-, Exportadreßbücher. Die Mindesteintragung kann besonders hervorgehoben, ergänzt oder in verschiedenen Anzeigenformen gestaltet werden.

Die Vorteile der Adreßbuchwerbung liegen darin, daß

- die Anzeigen auf das fachliche Interesse der jeweiligen Benutzer abgestimmt werden können,
- die Adreßbücher innerhalb eines bestimmten Zeitraumes öfters zur Hand genommen werden,
- vergleichsweise große Eintragungen mit wirtschaftlich starken Unternehmungen assoziiert werden,
- sie relativ preisgünstig ist.

Der Adreßbuchwerbung ähnlich sind die Möglichkeiten der Telefonbuchwerbung. Eintragungen auf der «gelben Seite» oder im Branchenverzeichnis sind ebenfalls vorteilhaft. Konsumenten benutzen oft das Branchenverzeichnis, um Lokalversorger ausfindig zu machen, etwa Aufsperrdienste oder Elektriker.

6.1.12 Direktwerbung

Unter Direktwerbung versteht man die
- direkte Übermittlung der Werbebotschaft an den Empfänger (auf dem Postweg oder durch gewerbsmäßige Verteiler)
- in Form eines selbständigen Werbemittels
- ohne Einschaltung eines Massenmediums.

Die bekannteste Form der Direktwerbung ist das Direct Mail, also die Ansprache des Umworbenen mittels eines Briefes, dem auch Prospektmaterialien oder Warenproben beigelegt werden können. Andere Werbemittel, die direkt zugestellt werden, sind Kataloge, Broschüren, Prospekte und Handzettel.

Direktwerbung ermöglicht eine exakte Zielgruppenselektion.

Direct Mail-Unternehmen und Adressenbüros bieten Adreßlisten an, die bereits nach verschiedenen Zielgruppenkriterien (z. B. Branchen) selektiert sind. Inhalt und Umfang der Informationen können somit genau auf die Bedürfnisse der Zielpersonen abgestimmt werden.

Um der Gefahr zu entgehen, daß der Werbebrief ungelesen in den Papierkorb wandert, sollte er personalisiert werden. So können etwa die Adresse des Empfängers handgeschrieben werden, Sondermarken verwendet oder die Anrede im Brief durch Verwendung des Namens persönlich gestaltet werden.

Die Chance eines Feed-back – in Form einer Antwortkarte oder einer telefonischen Rückfrage – ist bei individueller Ansprache durch Direktwerbung im allgemeinen größer als bei anderen Formen der Ein-Weg-Kommunikation.

Ein großer Vorteil der Direktwerbung ist ihre einfache, flexible und relativ kostengünstige Handhabung. Auch kleine Betriebe haben die Möglichkeit, bei Bedarf mittels Postkarte oder Werbezettel z. B. auf eine Sonderaktion aufmerksam zu machen.

Voraussetzung für effiziente Direktwerbung ist allerdings, daß einmal eingerichtete Adreßkarteien ständig gewartet und auf dem laufenden gehalten werden.

6.1.13 Sponsorship

Sponsorship gehört zum Kommunikationsmix. Seine wesentlichen Elemente sind:

1. Das «sponsernde» Unternehmen stellt dem Gesponserten Geld- oder Sachmittel zur Verfügung. Der Gesponserte kann dabei eine Einzelperson, Personengruppe oder Institution sein.
2. Der Sponsor ist zu der oben genannten Leistung unter der Voraussetzung bereit, daß er dafür vorher definierte Gegenleistungen erhält. Diese Gegenleistungen müssen so geartet sein, daß sie zur Erreichung der Marketingziele der Unternehmung beitragen.

Die wichtigsten Formen des Sponsorship sind:

- Sport-Sponsorship
- Kultur-Sponsorship
- Universitäts-Sponsorship.

Das Sport-Sponsorship kann sich auf Einzelsportler, Vereins- bzw. Verbandsmannschaften sowie Sportveranstaltungen beziehen. Sponsorship-Möglichkeiten im Bereich der Kultur bieten sich vor allem bei klassischer und moderner Musik, Kultur-, Kunst- und Filmpreisen sowie im Bereich der Literatur. Im Universitäts-Sponsorship dominieren gesponserte Lehrstühle, dies vor allem in den USA, und Preise für Spitzenleistungen der Universitätsangehörigen und -studenten.

Die häufigsten Ziele des Sponsorship sind die Erhöhung des Bekanntheitsgrades und die Imagepflege des Sponsors bzw. seiner Produkte.

Zwischen Sponsor und Gesponsertem kann unter Umständen eine Beratungsinstitution, der sogenannte Sponsorship-Consulting, zwischengeschaltet werden, der die Aufgabe hat, für den Erfolg des Sponsorship zu sorgen.

Vom Mäzenatentum unterscheidet sich Sponsorship durch die Art der Motivation. Während der Sponsor Geld- oder Sachmittel mit der Erwartung investiert, dafür definierte und vorher ausgehandelte Gegenleistungen zu erhalten, steht für den Mäzen der Förderungsgedanke im Vordergrund.

Generell werden dem Sponsorship große Entwicklungschancen vorhergesagt. Derzeit gibt es allerdings noch einen Mangel an sorgfältigen empirischen Untersuchungen zur Wirkungsanalyse des Sponsorship.

6.1.14 Product Placement

Product Placement bezeichnet das gezielte Einfügen eines Markenprodukts in die Dramaturgie eines Filmes, und zwar an einer Stelle, an der zwar ein Produkt dieser Art vorgesehen ist, aber eben nicht genau eines dieser Marke. Beispiele dafür gibt es unzählige: Wenn Dustin Hoffman in dem Film «Die Reifeprüfung» im roten Alfa Spider zu Mrs. Robinson fährt oder Alain Delon Gitanes raucht, so ist das meist kein Zufall, sondern eine bewußte Plazierung durch den Hersteller.

Product Placement wird oft mit «Schleichwerbung» gleichgesetzt und ist von dieser schwer abzugrenzen (vgl. Kap. IV,2.2.2). Unter Schleichwerbung versteht man das «Einschleichen» in eine Radio- oder TV-Sendung, z. B. bei Quizsendungen die Nennung einer bestimmten Marke, die mit dem Handlungsablauf nicht notwendigerweise in direktem Zusammenhang steht. Beim Product Placement hingegen stellt das Produkt eine objektiv notwendige Requisite in der Filmhandlung dar. Beim Product Placement sind die Markenartikel in die Handlung integriert und werden im Gebrauch bzw. im Gebrauchsumfeld gezeigt.

Das Ausmaß der Integration der Marke reicht von der reinen Plazierung als Requisite, wobei die Marke für den Zuschauer deutlich erkennbar im Handlungsumfeld gezeigt wird, bis zum «Verbal-Product Placement», der Nennung der Marke im Filmgeschehen.

Durch die Präsentation des Produkts als Teil der Handlung wird die Produktverwendung als selbstverständlich erlebt, was die Glaubwürdigkeit beträchtlich erhöht. Auch Personen, die Werbung ablehnen und deshalb während des Werbeblocks auf andere Sender umschalten, werden durch diese Form der Kommunikation erreicht. Nicht selten haben Filmdarsteller auch schon aufgrund ihrer Bekanntheit eine Art Vorbildfunktion, was sich zusätzlich positiv auf das Markenimage auswirkt. Ein weiterer Vorteil ist die Kommunikation in einem konkurrenzlosen Umfeld (im Vertrag kann Konkurrenzausschluß vereinbart werden) außerhalb der limitierten Werbezeiten.

Product Placement eignet sich besonders für Produkte des täglichen Bedarfs oder des gehobenen Konsumbedarfs (Autos, Kaffee, Computer), für Produkte, die mit Werbeverboten belegt sind (Zigaretten), sowie Produkte, die in ihrer Werbung das Image eines bestimmten Stars verwenden.

Ob sich die gewünschte Werbewirkung einstellt, hängt sehr stark davon ab, wie gut sich das Produkt in den Filmablauf einfügt. Der Auswahl des richtigen Films und der richtigen Darsteller kommt also zentrale Bedeutung zu.

6.2 Streuplanung

Das Ziel der Streuplanung besteht darin, einen Mediaplan zu finden, der eine maximale Wirkung des Werbebudgets ermöglicht. Dabei wird die Wirkung der Werbung im Bereich der Streuplanung durch folgende Faktoren beeinflußt:

- Richtige Bestimmung der Personen, die man erreichen will (Zielpersonen),
- Reichweite der Medien innerhalb der Zielgruppe,
- Kontakthäufigkeit, mit der die Angehörigen der Zielgruppe durch einen bestimmten Mediaplan erreicht werden,
- Eignung der verschiedenen Werbeträgergruppen bzw. Werbeträger für die Präsentation der Werbebotschaft (Kontaktqualität).

Das Ziel der Mediaselektion kann also folgendermaßen konkretisiert werden: Es sind jene Medien auszuwählen und die Zahl der Einschaltungen ist so festzulegen, daß ein möglichst hoher Anteil der Angehörigen der Zielgruppe die für notwendig erachtete Anzahl von Kontakten erhält, wobei die Eignung der Werbeträger zur Präsentation der Werbebotschaft zu berücksichtigen ist.

Zu diesem Zweck sind folgende Teilprobleme zu lösen:

- Bestimmung und Gewichtung der Zielpersonen,
- Prüfung der Eignung der Werbeträger für die Streuung und die Präsentation der Werbebotschaft (Mediengewichtung),
- Bestimmung der notwendigen Anzahl an Kontakten je Angehörigen der Zielgruppe (Kontaktbewertung) und Fixierung des Zeitpunktes der Einschaltung (Timing)
- Auswahl der Werbeträger aufgrund der Kosten-Leistungs-Relation.

Ein Aspekt, der in Zukunft sicher noch stärker berücksichtigt werden muß, ist die Tatsache, daß die Reichweite einer Reihe von Medien weit über das Ursprungsland hinausgeht. Diese grenzüberschreitenden Reichweiten werden als Medien-Overflow bezeichnet. So haben beispielsweise die deutschen Illustrierten und Magazine auch viele Leser in Österreich und in der Schweiz; die Neue Zürcher Zeitung und die Frankfurter Allgemeine Zeitung werden auch außerhalb ihrer Stammländer gerne gelesen. Die englischsprachigen Magazine, wie z. B. Business Week, News Week, Fortune und die Financial Times, gewinnen in ganz Europa an Bedeutung.

Noch stärkeres Gewicht wird in Zukunft der elektronische Medien-Overflow haben. Schon heute sind viele Fernseh-Stationen vom gesamten Marketingkonzept her stärker auf das Ausland als auf das Stammland ausgerichtet. Dies gilt insbesondere für Sender wie RTL-Plus, Luxemburg, und die Satellitenprogramme SAT1 und SKY Channel.

Via Fernsehsatelliten werden die Konsumenten von morgen eine Vielzahl von Programmen empfangen und entsprechend auswählen können. Durch diese Entwicklung werden vermutlich auch die letzten Bastionen des Fernsehsendemonopols, wie z. B. Österreich, fallen.

6.2.1 Informationsgrundlagen für die Mediaplanung

Für diesen Entscheidungsbereich sind, ungleich vielen anderen, Daten im Überfluß vorhanden. So werden seit Jahren in der Bundesrepublik Deutschland, in Österreich und in der Schweiz wie in allen anderen Industriestaaten alljährlich Media-Analysen durchgeführt, die die Kontaktmaßzahlen der einschlägigen Massenmedien bereitstellen und über die Zusammensetzung des Personenkreises nach soziodemographischen und teilweise auch psychographischen Kriterien sowie nach Besitzverhältnissen und Konsumgewohnheiten informieren. Da von den gängigen Media-Analysen nur Massenmedien betroffen sind, gibt es seit Jahren Bestrebungen, auch für Fachzeitschriften Erhebungen zu standardisieren, um überprüfbare qualitative Daten, wie erreichte Leserschaft und deren soziodemographische und psychographische Charakteristika, anbieten zu können. Für die Bundesrepublik Deutschland gibt es das sog. ZAW-Schema; in Österreich wurde zu diesem Zweck der FESA-Standard (FESA=Fachzeitschriften-Empfänger-Struktur-Analyse) entwickelt, der auf Basis einer Zufallsstichprobe mit Hilfe von standardisierten telefonischen Interviews arbeitet.

6.2.1.1 Kontaktmaßzahlen

Die wichtigste Kontaktmaßzahl zur Beurteilung eines Werbeträgers ist dessen Reichweite (reach). Die Reichweite kann sich beziehen auf:
- eine Einschaltung in einem Medium,
- mehrere Einschaltungen im selben Medium,
- je eine Einschaltung in mehreren Medien,
- mehrere Einschaltungen in mehreren Medien.

Daher gibt es auch unterschiedliche Begriffe der Reichweite:
- Die Reichweite einer Einschaltung in einem Medium findet man in den Medien unter der Bezeichnung «Leser pro Nummer» oder kurz «LpN» bzw. «Leser pro Ausgabe» oder kurz «LpA». Die analogen Begriffe für den Hörfunk sind «Hörer pro Zeiteinheit», für das Fernsehen «Seher pro Zeiteinheit», für das Kino «Besucher pro Woche».
- Die Reichweite mehrerer Einschaltungen im selben Medium (kumulierte Reichweite) bezieht sich auf die Gesamtzahl der Personen, die der Zielgruppe angehören, die zumindest einmal durch mehrere Ausgaben eines Werbeträgers bzw. durch mehrere Werbeeinschal-

tungen in einem Werbeträger erreicht werden. Bei den regelmäßigen Nutzern eines Mediums kommt es bei wiederholten Einschaltungen zu Wiederholungskontakten. Man spricht in diesem Zusammenhang auch von «internen Überschneidungen». Die internen 2-, 3-, ...n-fachen Überschneidungen geben an, welcher Anteil der kumulierten Reichweite durch 2, 3, ...n Einschaltungen erreicht wird. Die gängigen Media-Analysen erheben die Nutzungsfrequenz der einzelnen Medien, wodurch es möglich ist, die Reichweite von z. B. 2 Einschaltungen (K-2-Wert) bzw. in weiterer Folge auch von mehreren Einschaltungen in einem Medium zu errechnen. Selbst dann, wenn keine Nutzungsfrequenzen erhoben werden (das ist z. B. bei den Fachzeitschriften weitgehend der Fall), ist es mit Hilfe von bestimmten Annahmen möglich, die kumulierte Reichweite näherungsweise zu ermitteln.

- Die Reichweite je einer Einschaltung in mehreren Medien (Netto-Reichweite) bezeichnet jene Anzahl von Personen, die bei Einschaltungen in verschiedenen Medien mindestens einmal erreicht werden. Bei denjenigen Personen, die mehrere Werbeträger nutzen, kommt es zu sogenannten externen Überschneidungen. So spricht man von Duplikation, Triplikation und Quantuplikation, je nachdem, ob es sich um eine Überschneidung von 2, 3 oder mehr Medien handelt (vgl. Abb. 60 und 61). In den gängigen Mediaanalysen werden nur Duplikationen ausgewiesen. Triplikationen oder Quantuplikationen werden auf Sonderbestellung und gegen Kostenersatz von den Marktforschungsinstituten, die die Mediaanalysen durchführen, ausgezählt.
  Aufgrund der Einzelreichweiten und der Überschneidungsdaten ist es sodann möglich, die Nettoreichweite zu errechnen. Näherungsweise kann dies ohne Überschneidungsdaten geschehen.
- Liegen Nutzungsfrequenzen und Überschneidungsdaten vor, so ist es möglich, die kombinierte Reichweite durch die Verrechnung der

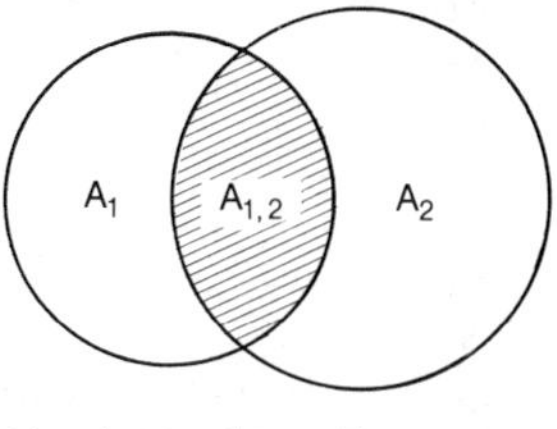

Abb. 60: Reichweiten (A_1, A_2) und Duplikationen ($A_{1,2}$) von zwei Medien

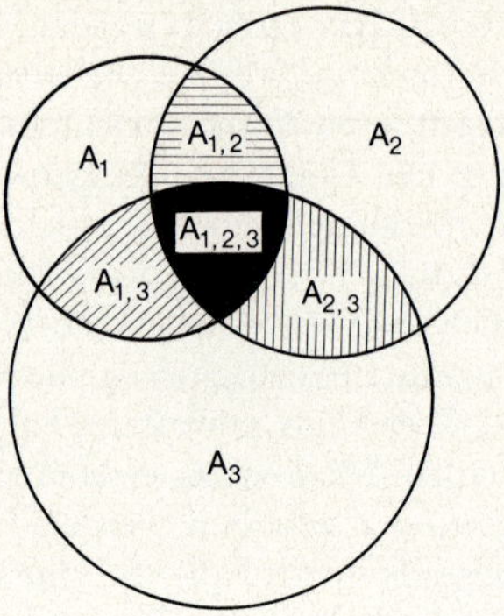

Abb. 61: Reichweiten (A_1, A_2, A_3) und Duplikationen ($A_{1,2}$, $A_{1,3}$, $A_{2,3}$) und Triplikation ($A_{1,2,3}$) von drei Medien

Kontaktwahrscheinlichkeiten mit Hilfe des Binomialmodells oder mit Hilfe von Simulationsmodellen zu ermitteln. Liegen keine Kumulationsdaten vor, so muß man sich mit Näherungsverfahren behelfen, die jedoch ziemlich ungenau sind.

Neben der Reichweite eines Streuplanes spielen auch die Kontakthäufigkeit und die Verteilung der Kontakte eine große Rolle.

Die Kontakthäufigkeit gibt an, wie oft die Zielgruppe Kontakt mit den Werbeträgern hat, in denen die Werbebotschaft geschaltet wird. Dabei muß man unterscheiden zwischen der durchschnittlichen Kontaktzahl und der tatsächlichen Kontaktzahl, die um die durchschnittliche Kontaktzahl streut.

Die durchschnittliche Kontaktzahl (OTS = opportunities to see) gibt an, wie oft die durchschnittliche Zielperson erreicht wird. Die Kontaktverteilung läßt sich grafisch durch die Kontaktverteilungskurve darstellen. Dabei werden in einem Koordinatensystem die Reichweite auf der einen Achse und die Kontaktzahl auf der anderen eingetragen. Es ist abzulesen, wieviele Zielpersonen mit einer bestimmten Kontakthäufigkeit erreicht werden.

Wie aus Abbildung 62 ersichtlich, setzt sich die Reichweite von insgesamt 200 000 Personen aus folgenden drei Gruppen zusammen:

Gruppe A: 100 000 Personen mit je einem Kontakt,
Gruppe B: 50 000 Personen mit je vier Kontakten,
Gruppe C: 50 000 Personen mit je sechs Kontakten.

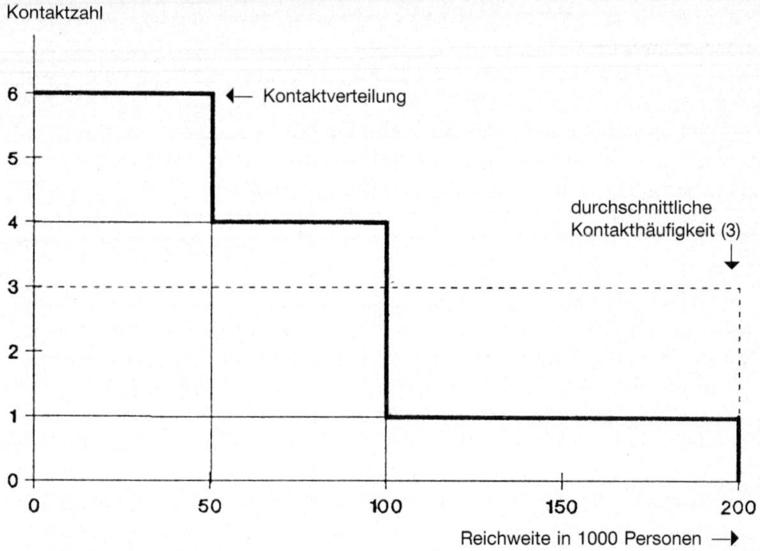

Kontaktverteilung:
6 Kontakte – 50 000 Personen
4 Kontakte – 100 000 Personen
1 Kontakt – 200 000 Personen

Abb. 62: Darstellung einer Kontaktverteilung

Die Kontaktsumme (Bruttoreichweite) dieses konstruierten Streuplanes beträgt 600 000 (100 000 + 50 000 × 4 + 50 000 × 6). Drückt man die Kontaktsumme in % der Zielgruppe aus, ergibt das die Kennziffer Gross Rating Points (GRPs). Auf unser Beispiel bezogen: Angenommen, die Zielgruppe besteht aus 100 000 Personen, so ergibt das 600 GRPs. Die durchschnittliche Kontakthäufigkeit ergibt sich aus der Division der Kontaktsumme (600 000) durch die Reichweite (200 000) und beträgt somit 3.

Es ist daher notwendig, nicht nur die durchschnittliche Kontaktzahl, sondern auch die Verteilung der Kontakthäufigkeit zu kennen. So wie die Reichweite können die Kontakthäufigkeit und ihre Verteilung mit Hilfe des Binomialmodells bzw. mit Hilfe der Simulation ermittelt werden. Die wahrscheinlichkeitstheoretische Berechnung der Kontakthäufigkeitsverteilung im Fall von mehreren Medien und mehreren Einschaltungen (man bezeichnet dieses Verfahren auch als Convolution) ist sehr rechenaufwendig und wird daher in der Praxis nicht vorgenommen.

Abschließend soll der Vollständigkeit halber noch ein letztes Kontaktmaß erwähnt werden, nämlich die Kontaktsumme. Die Kontaktsumme, die Gesamtzahl der Kontakte oder Brutto-Reichweite, ergibt sich aus der Summe der Einzelreichweiten. Sie ist nicht sehr aussagekräftig, weil sie nicht darüber informiert, wieviele Personen wie oft erreicht werden.

6.2.1.2 *Zusammensetzung der Zielgruppe*

Die genannten Kontaktmaßzahlen sind nicht die einzige Information, die die Mediaanalysen enthalten. Sie werden üblicherweise ergänzt durch Kennwerte für die soziodemographische Zusammensetzung der quantitativen Reichweite. Manche Mediaanalysen geben darüber hinaus Informationen über das Mediaverhalten der Verbraucher von bestimmten Produkten. Diese kombinierten Konsum- und Mediauntersuchungen haben den Vorteil, daß sie nicht nur für die Auswahl der Streumedien, sondern auch für die Bestimmung der Zielpersonen herangezogen werden können. Vorteilhaft ist die Tatsache, daß die Informationen über das Konsum- und das Mediaverhalten aus demselben Datensatz stammen. Setzt man dagegen für die Mediaauswahl eine Analyse ein, in der das Konsumverhalten nicht erhoben wird, so ist es notwendig, die Zielpersonenbestimmung aufgrund eigener Untersuchungen durchzuführen.

6.2.2 Bestimmung und Gewichtung der Zielpersonen

Die Zielgruppenbestimmung wurde in Kap. III,4.2 behandelt.

Die bereits erwähnten Mediaanalysen zeigen – zumindest für eine Reihe von Konsumgütern und Dienstleistungen –, wie sich die Verbraucherschaft eines Produktes nach soziodemographischen Merkmalen zusammensetzt. Manchmal ist der Besitz von bestimmten Gütern ein brauchbares Kriterium für die Definition von Käufern von Produkten, wenn der Kauf vom Besitz des Primärproduktes abhängt. Schließlich ermöglichen psychologische Merkmale und Interessenstrukturen eine leichtere Auffindung der relevanten Zielpersonen.

Für die Zielpersonendefinition ist jedoch nicht nur das Konsumverhalten maßgeblich, sondern darüber hinaus auch die Frage, ob eine Person meinungsbildend ist. Solche Personen üben einen Einfluß auf das Käuferverhalten anderer Personen aus und sind daher in erhöhtem Maße zu umwerben.

Sonderprobleme der Zielgruppenbestimmung tauchen bei der Umwerbung von Unternehmungen auf, wie z. B. in der Investitionsgüterwerbung. Die Zielpersonenbestimmung bei der Unternehmensumwerbung setzt voraus, daß zunächst die Unternehmungen bestimmt werden, die mit der Werbebotschaft erreicht werden sollen. Erst in zweiter Linie kann es darum gehen, Personen zu beschreiben, die in den Zielunternehmungen angesprochen werden sollen. Es sind dies jene Personen, die einkaufsentscheidend bzw. einkaufsbeeinflussend sind (vgl. dazu Kapitel III,4.1.4). Das hängt wiederum von der Stellung in der Unternehmenshierarchie und von der Funktion im Unternehmen ab.

Will man bei der Bestimmung der Zielgruppen dem unterschiedlichen Konsumpotential der einzelnen Zielpersonen Rechnung tragen, so ergibt sich die Notwendigkeit, die Zielpersonen zu gewichten. So ist es z. B. möglich, Intensiv-Verbrauchern ein höheres Gewicht zu geben als schwachen Verbrauchern. Auch die Tatsache, daß eine Person meinungsbildend ist, kann bei der Gewichtung Berücksichtigung finden.

6.2.3 Gewichtung der Medien

Ausgehend von der kreativen Strategie soll versucht werden, den Wert der einzelnen Medien für die Übertragung der geplanten Werbebotschaften abzuschätzen. Man gibt also z. B. dem durchschnittlich wirksamen Medium den Wert 1, dem doppelt so wirksamen Medium den Wert 2 und dem nur halb so wirksamen Medium den Wert 0,5.

Die gängigen Mediaanalysen enthalten kaum Daten über die Kontaktqualität der unterschiedlichen Werbeträger bzw. Werbeträgergruppen. Allenfalls sind Anhaltspunkte für die Kontaktqualität in Sonderuntersuchungen zu finden. Aus diesem Grund ist die Mediengewichtung eines der schwierigsten Probleme im Rahmen der Medienentscheidung, weshalb nicht selten darauf verzichtet wird.

Dabei darf jedoch nicht übersehen werden, daß ein Verzicht auf die Mediengewichtung auch eine Gewichtung darstellt, nämlich die Gewichtung aller Medien mit dem Wert 1.

Nicht jedes Medium ist aber gleichermaßen geeignet, die beabsichtigte Werbewirkung zu erzeugen. Stillschweigend wird wohl von jedem Mediaplaner bei der Auswahl der Medien eine Gewichtung vorgenommen. Im Rahmen der Mediengewichtung wird er lediglich dazu gezwungen, seine Vorstellung zu Papier zu bringen und überprüfbar zu machen. Empirische Untersuchungen zum *Intermedia-Vergleich*, also dem Vergleich der Wirkung der Werbeträgergruppen (Zeitungen, Zeitschriften, Fernsehen, Radio, Kino und Plakat), haben gezeigt, daß im allgemeinen kein Werbeträger generell überlegen ist. Vereinzelt festgestellte Wirkungsdifferenzen gehen zum Großteil auf andere Faktoren zurück, wie z. B. die Werbemittelgestaltung. Aus diesem Grund ergibt sich die Notwendigkeit einer kampagnenspezifischen Gewichtung.

Im folgenden sollen die wichtigsten Kriterien für die intermediale Gewichtung skizziert werden. Zum ersten ist entscheidend, über welche Darstellungs- und Demonstrationsmöglichkeiten ein Medium verfügt. Manche Werbeträger (Zeitungen, Zeitschriften und Plakate) können, wie im vorangegangenen Kapitel dargelegt, nur optische Werbebotschaften wiedergeben, der Hörfunk kann nur akustische, Fernsehen und Kino hingegen können optisch-akustische Werbemittel reproduzieren.

Aufgrund der unterschiedlichen Wahrnehmung dieser Demonstrationsmöglichkeiten durch die Zielpersonen ergibt sich eine unterschiedliche Eignung der verschiedenen Werbeträger für eine glaubhafte und wirkungsvolle Darstellung von Werbebotschaften. So können manche Werbebotschaften nur visuell wirkungsvoll wiedergegeben werden. Manche Werbebotschaften wirken nur in Farbe, andere wieder kann man nur audiovisuell glaubhaft präsentieren, z. B. die Funktionsweise einer Polaroidkamera für ein Publikum, das diese Technik noch nicht kennt. Diese Beispiele zeigen, wie stark die Brauchbarkeit eines Werbeträgers von der Werbebotschaft und der Art des beworbenen Produktes abhängt.

Ein weiterer Ansatzpunkt für die intermediale Gewichtung ist die soziale und räumliche Situation der Zielpersonen bei der Nutzung des Mediums. Aus der Tatsache, daß Zeitungen alleine und Zeitschriften ebenfalls alleine oder allenfalls zu zweit, Hörfunk und Fernsehen einzeln oder in der Intimgruppe genutzt werden, während der Filmbesuch als einziger in einem Präsenzpublikum vor sich geht, ergeben sich Konsequenzen für die Kontaktqualität der Werbebotschaft. Schließlich übt auch die Glaubwürdigkeit der verschiedenen Mediakategorien einen Einfluß auf die Werbewirkung aus.

Für die *intramediale Gewichtung* spielen die Gestaltungsmöglichkeiten im engeren Sinn eine Rolle. Damit sind Zeitungen und Zeitschriften, das Heftformat, die farbtechnischen Möglichkeiten und die Druckqualität gemeint. Ein weiteres Kriterium für die Mediagewichtung ist die Tatsache, ob das «passende» redaktionelle Umfeld für die eigene Werbebotschaft vorhanden ist.

6.2.4 Kontaktbewertung

Die Werbewirkung hängt zweifelsohne von der Anzahl der Kontakte mit der Werbebotschaft ab. Durch mehrfache Einschaltung wird einerseits die Wahrscheinlichkeit des Kontaktes an sich erhöht und andererseits wird durch tatsächliche Kontaktwiederholungen ein stärkerer Eindruck hinterlassen.

Um einen möglichst guten Streuplan zu finden, ist es daher notwen-

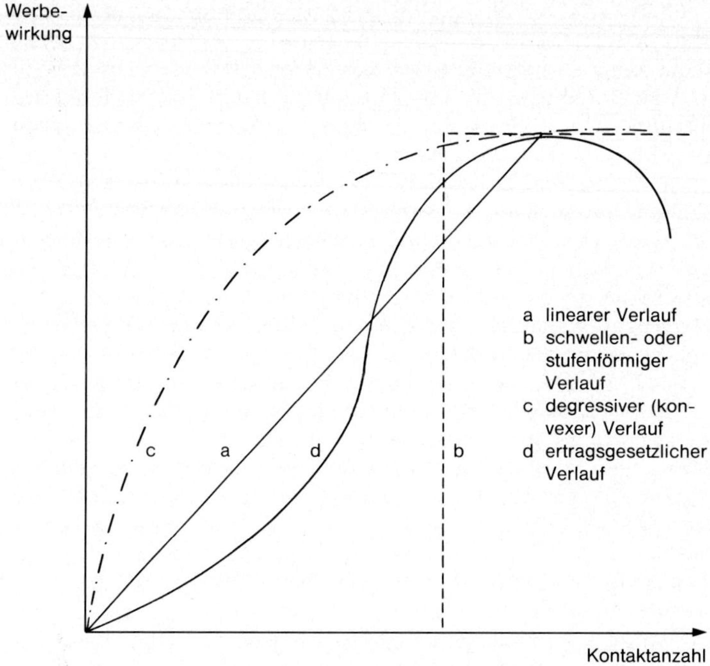

Abb. 63: Mögliche Formen des Zusammenhangs zwischen Kontaktanzahl und Werbewirkung

dig, die Werbewirkung in Abhängigkeit von der Kontaktanzahl zu kennen. Die Darstellung dieses Wirkungsverlaufes führt zur sogenannten Kontaktbewertungskurve bzw. «response function», wie sie in der englischsprachigen Literatur bezeichnet wird.

Als Kriterium für die Messung der Werbewirkung in Abhängigkeit von der Kontaktanzahl sind der Erinnerungserfolg, die Änderung der Einstellungen und der durch die Werbung erreichte Umsatz vorgeschlagen worden. Fast alle empirischen Untersuchungen beschränken sich jedoch auf die Messung der Erinnerungswirkung in Abhängigkeit von der Kontaktanzahl, nur wenige Studien haben die Wirkungen auf die Einstellungen zum Gegenstand. Über den Zusammenhang zwischen Umsatz und Kontakthäufigkeit sind keine empirischen Untersuchungen bekannt.

Ein linearer Verlauf der Kontaktbewertungskurve, wie er bei einfachen Mediaselektionsmodellen manchmal unterstellt wird, konnte durch keine einzige empirische Studie festgestellt werden. Dagegen gibt es Anhaltspunkte für die Annahme von sogenannten Schwellenwerten, also für die Tatsache, daß eine bestimmte Kontaktanzahl notwendig ist, um überhaupt eine Wirkung zu erreichen.

Größte empirische Relevanz besitzt aufgrund der bisher durchgeführten Untersuchungen die degressive Wirkungskurve. Dieser Verlauf ist sowohl durch lerntheoretische Untersuchungen im allgemeinen als auch durch empirische Studien im Zusammenhang mit der Werbung wiederholt belegt worden. Aber auch für den ertragsgesetzlichen («S-förmigen») Verlauf der Kontaktbewertungskurve spricht die eine oder andere empirische Studie.

Die Ergebnisse der bisher durchgeführten Untersuchungen des Verlaufes der Kontaktbewertungskurve können jedoch nicht verallgemeinert werden. Es gibt bislang keine generalisierbare Kontaktbewertungskurve, weil eine Vielzahl von Faktoren außer der Kontaktanzahl den Verlauf der Wirkungskurve beeinflußt. Diese Faktoren sollten daher nach Möglichkeit bei der Bestimmung des Verlaufes der Kurve berücksichtigt werden. Die Werbewirkung hängt u. a. ab von:

- Kreativen Aspekten der Gestaltung der Werbebotschaft,
- Art der eingesetzten Medien,
- Art des beworbenen Produktes,
- Einsatz der anderen Marketing-Instrumente,
- Konkurrenzwerbung,
- Kommunikation der Zielpersonengruppe untereinander,
- zielpersonenabhängige Faktoren, wie z. B. Produktinteresse und bereits vorhandene Kenntnis des Produktes und seiner Eigenschaften,
- gewähltes Werbewirkungskriterium,
- zeitliche Abstände zwischen den Kontakten und die Möglichkeit, daß Erlerntes wieder vergessen wird. Dabei besteht die Notwendigkeit, die Zeitpunkte der Einschaltung so zu wählen, daß das gewünschte Mindestniveau an Werbewirkung nach Möglichkeit nicht unterschritten wird.

6.2.5 Mediaselektionsmodelle

Mediaselektionsmodelle stellen Verfahren zur Auswahl der Werbeträger dar. Im folgenden sollen die wichtigsten Verfahren der Mediaselektion dargestellt und auf ihre Brauchbarkeit zur Lösung des Problems der Mediaselektion hin untersucht werden.

6.2.5.1 *Wirtschaftlichkeitsprogramme*

Ausgehend von den früher ermittelten 1000-Leser-Preisen entwickelte man das Kriterium der Kosten je 1000 Kontakte. Es wird ermittelt, wie hoch die Kosten sind, um 1000 Personen zu erreichen. Dabei ist es möglich, den unterschiedlichen Wert der Zielpersonen durch Zielpersonengewichtung und den unterschiedlichen Wert der eingesetzten Medien durch Mediengewichtung zu berücksichtigen.

Um diesen Vorgang rationell durchführen zu können, hat man Computerprogramme erstellt, mit deren Hilfe die eingegebenen Werbeträger bewertet werden können. Die einzelnen Werbeträger werden im Hinblick auf ihre Wirtschaftlichkeit (definiert durch die Kosten je 1000 gewichtete Kontakte) gereiht (siehe Abb. 64 und 65).

Es ist bei diesen Programmen sogar möglich, die internen Überschneidungen (Kumulationen) zu berücksichtigen. Auf Wunsch kann die Rangreihung der Titel für jeweils gleiche Belegungsfrequenz der Medien durchgeführt werden. In diesem Fall wird in einer Tabelle die Kontaktverteilung dieser Belegungsfrequenz bei den einzelnen Titeln dargestellt.

Dieses Verfahren hat lediglich einen einzigen Nachteil: Es können keine externen Überschneidungen berücksichtigt werden. Damit ist es auch nicht möglich, die Reichweite einer Kombination von Medien zu beurteilen, sondern nur die Reichweite der Bausteine eines Streuplanes. Die Stärke der Wirtschaftlichkeitsprogramme liegt daher in der Vorauswahl der Medien.

Abb. 64 zeigt ein Beispiel für die Eingabedaten des Streuplanes, die mit Hilfe des Wirtschaftlichkeitsprogrammes VIP (= Vergleichsindex für Preiswürdigkeit) verarbeitet werden. Es sind dies die einzelnen zu belegenden Medien und deren Anzeigenpreise und Gewichte, und schließlich die Zielgruppe, die erreicht werden soll, und die Personengewichtung innerhalb dieser Zielgruppe. Die Einschaltung einer ganzseitigen, vierfarbigen Anzeige in Medium A kostet 32 547,– DM, wobei Medium A mit 68 gewichtet wird. Zielgruppe der Anzeige sollen Hausfrauen sein, wobei die Personen innerhalb dieser Zielgruppe – je nach Zielgruppenmerkmalen, Alter, Haushaltseinkommen und Nielsen-Gebiet – unterschiedlich gewichtet werden: 14–39jährige Hausfrauen erhalten ein Gewicht von 100, während 40–49jährige lediglich mit 50 gewichtet werden. Die Eingabedaten stammen aus den Media-analysen.

Das Ergebnis des Programmes VIP ist eine Reihung der einzelnen eingegebenen Medien nach ihrer Wirtschaftlichkeit: Abbildung 65 zeigt, daß Medium D zur Erreichung der gewünschten Zielgruppe das günstigste ist; 1000 gewichtete Kontakte kosten 9,48 DM, wobei eine

Medium	Preis	Medien-Gewicht	Zielgruppe	Personen-Gewicht	
A	32 547	68	Hausfrauen	Altersgruppen	
B	45 613	57		14–39 Jahre	100
				40–49 Jahre	90
C	18 314	46		50–59 Jahre	80
				60–70 Jahre	70
D	23 240	63		Haushalts-Einkommen	
E	14 762	74		– 399 DM	70
				400– 999 DM	80
F	7 592	99		1000–1499 DM	90
				1500 DM und mehr	100
G	13 878	100		Nielsen-Gebiete	
Preise für 1/1 Seite, vierfarbig				I/V	70
				II	90
				III A/B	100
Basis: 1 Einschaltung				IV	70

Abb. 64: Eingabedaten für das Wirtschaftlichkeitsprogramm VIP

Medium	Preis	VIP-Rang	Kontakte gewichteter Wert in Tsd.	Reichweite gewichteter Wert in %	Preis pro Tsd. gew. Kontakte in DM
D	23 240	1	2 452	13,1	9,48
E	14 762	2	1 269	6,8	11,63
A	32 547	3	2 881	15,4	11,30
B	45 613	4	4 321	23,1	10,56
G	13 878	5	580	3,1	23,92
F	7 592	6	219	1,2	35,58
C	18 314	7	627	3,4	29,21

Abb. 65: Ergebnis des Wirtschaftlichkeitsprogrammes VIP

Anzeige 13,1% Reichweite hat und 2 452 000 Hausfrauen erreicht (gewichtete Werte).

6.2.5.2 *Optimierung mit Hilfe der Methoden der mathematischen Planungsrechnung*

In der Literatur findet man zahlreiche Versuche, um die Auswahl der Medien mit Hilfe der Methoden der mathematischen Planungsrechnung zu erleichtern. Es wurden lineare und fallweise auch nichtlineare und dynamische Planungsrechnungen vorgeschlagen.

Mit Hilfe der linearen Planungsrechnung sucht man jenen Media-Mix, der die gewichtete Kontaktsumme unter Einhaltung verschiedener Nebenbedingungen maximiert. Die Gewichtung der Kontaktsumme erfolgt durch Berücksichtigung von Zielgruppen- und Mediengewichten. Auch eine Abnahme des Kontaktwertes durch wiederholte Einschaltung im selben Medium kann berücksichtigt werden, und zwar dadurch, daß die dann nicht mehr lineare Wirkungskurve in lineare Abschnitte zerlegt wird. Namentlich Formen der nichtlinearen und der dynamischen Planungsrechnung eignen sich für die analytische Berücksichtigung nichtlinearer Wirkungsverläufe.

Alle Optimierungsmodelle haben jedoch den Nachteil, daß sie von dem wenig aussagekräftigen Kontaktmaß der Kontaktsumme (Bruttoreichweite) ausgehen. Diese sagt nämlich wenig darüber aus, wieviele Personen erreicht werden (Reichweite), wie oft sie durchschnittlich erreicht werden (Kontakthäufigkeit) und wie sich die durchschnittliche Kontakthäufigkeit auf alle Zielpersonen verteilt (Kontaktverteilung). Da es nicht gleichgültig ist, ob bei hoher Kontaktsumme viele Personen selten oder wenige Personen oft erreicht werden, ist die Kontaktsumme als alleiniges Zielkriterium für die Mediaselektion ungeeignet. Optimierungsmodelle stellen somit keinen echten Fortschritt gegenüber den einfachen Wirtschaftlichkeitsprogrammen dar. In der Werbepraxis haben daher die Modelle der mathematischen Planungsrechnung so gut wie keine Anwendung gefunden.

6.2.5.3 Bewertungsmodelle (Evaluierungsmodelle)

Mit Hilfe der Bewertungs- bzw. Evaluierungsmodelle wird die Eignung von Mediaplänen im Hinblick auf die zu Grunde gelegten Zielkriterien untersucht. Zu diesem Zweck werden die gewünschten Kontaktmaßzahlen errechnet. Zielgruppen- und Mediengewichtung sind ebenso möglich wie die Gewichtung der auf eine Person entfallenden Kontaktzahl aufgrund einer gewählten Kontaktbewertungskurve. Auf diese Weise kann für jeden eingegebenen Streuplan ein Wirkungsindex ermittelt werden, der angibt, wie groß die nach Zielgruppen, Medien und Häufigkeit gewichtete Reichweite ist. Bezieht man diesen Index auf die Einschaltkosten des jeweiligen Streuplanes, so kann dessen Wirtschaftlichkeit beurteilt werden.

Der Mediaplaner ist mit Hilfe dieser Modelle in der Lage, aus einer Reihe von von ihm selbst festgelegten Mediakombinationen die günstigste herauszufinden. Je nach seinem Geschick, seiner Kenntnis des

Media-Marktes und seinem Anspruchsniveau wird die Anzahl der zu überprüfenden Mediapläne schwanken.

Wenn auch die Evaluierungsmodelle den Verfahren der mathematischen Planungsrechnung insofern überlegen sind, als sie die entscheidenden Größen eines Streuplanes zu messen in der Lage sind, so haben sie andererseits den Nachteil, daß das Problem der Mediaselektion nicht vollständig gelöst wird. Diese Verfahren zeigen nämlich keinen Weg auf, wie ein besserer Mediaplan gefunden werden kann.

Da die Evaluierungsprogramme häufig zur Mediaselektion benutzt werden, sei hier das Programm PEP (Plan-Evaluierungs-Programm) dargestellt, ein Mediasoftwarepaket, das vom Verlag Gruner & Jahr der Werbepraxis zur Mediaselektion angeboten und im deutschsprachigen Raum relativ oft zur Streuplanung verwendet wird.

PEP fordert vom Benutzer die Bereitstellung folgender Daten:

1. Datei (in der BRD z. B. die Mediaanalyse MA, die Allensbacher Werbeträgeranalyse AWA oder die Reiseanalyse RA; in Österreich die MA, ÖVA oder RollMa; in der Schweiz die Mediastudie MS, jeweils in der aktuellen Ausgabe)
2. Zielgruppenprofil,
3. alternative Streupläne (Medien, Einschaltfrequenzen),
4. Mediagewichte (Option),
5. Werbewirkungskurve (Kontaktbewertungskurve) (Option),
6. gewünschte Anzeigenformate bzw. Spotlängen.

Tab. 2 enthält einen typischen PEP-Ergebnis-Ausdruck mit Erklärung der einzelnen Ein- und Ausgabedaten. Dem Benutzer fällt die Aufgabe zu, den seiner Meinung nach bestgeeigneten Streuplan (den reichweitenstärksten Plan, den Plan mit dem besten Preis-Leistungs-Verhältnis, den Plan mit der besten Kontaktverteilung) aus den vom Programm evaluierten Streuplänen auszuwählen.

6.2.5.4 Heuristische Verfahren zur Findung von guten Streuplänen (Satisfizierungsmodelle)

Kernstück dieser Modelle ist ebenfalls ein Evaluierungsprogramm. Mit diesem werden die jeweils eingegebenen bzw. konstruierten Pläne aufgrund der vorgegebenen Kriterien bewertet. Sie bleiben jedoch nicht dabei stehen, sondern haben bestimmte Regeln zur Findung von besseren Streuplänen vorgegeben. Dadurch sind sie in der Lage, Näherungslösungen zu bieten, die die errechnete Wirkung von intuitiv aufgestellten Streuplänen wesentlich verbessern können. Obwohl man mit Hilfe dieser Programme nicht mit Sicherheit das absolute Optimum findet, hat sich dennoch die Bezeichnung »Optimierungsprogramm« für sie eingebürgert.

Tab. 1: Steckbriefe der österreichischen, deutschen und schweizer Mediaanalysen

	ÖSTERREICH			BR DEUTSCHLAND			SCHWEIZ
Titel der Untersuchung	MA: Mediaanalyse	OPTIMA	RollMA: Rollende Mediaanalyse	MA: Mediaanalyse	AWA: Allensbacher Werbeträger-Analyse	Roll-VA: rollende Verbraucheranalyse	MS/AM: Media-Studie
Grundgesamtheit	Öst. Wohnbevölkerung in Privathaushalten über 14 Jahren	Öst. Wohnbevölkerung in Privathaushalten über 14 Jahren	Öst. Wohnbevölkerung in Privathaushalten über 14 Jahren	deutsche Wohnbevölkerung in Privathaushalten über 14 Jahren	deutsche Wohnbevölkerung in Privathaushalten über 14 Jahren	deutsche Wohnbevölkerung in Privathaushalten über 14 Jahren	schweizer Wohnbevölkerung in Privathaushalten zwischen 15 und 74 Jahren
Stichprobenauswahlverfahren	Random, disproportional	Random, disproportional	Quota	Random, disproportional	Quota	Random, disproportional	Random, mehrstufig geschichtet
Stichprobengröße	ca. 12 000	ca. 12 000	ca. 12 000 (8 Monate 1500 Interviews)	ca. 19 000	ca. 9000	ca. 12 000	ca. 8400
Erhebungsperiode	ca. alle 2 Jahre	jedes Jahr	laufend, jd. Monat	ca. alle 2 Jahre	jedes Jahr	laufend, jd. Monat	jedes Jahr
Erhebungsprogramm – Mediadaten	ja	ja	ja	ja	ja	ja	ja
– Konsum-, Besitz- und Verwendungsdaten	ja, in einigen wenigen Produktklassen	ja, in einigen wenigen Produktklassen	ja, sehr umfassend, (ÖVA–Österreichische Verbraucheranalyse: in RollMA implementiert)	nein	ja, sehr umfassend	ja, sehr umfassend schriftliches Interview zum Konsumverhalten	nein
Markendaten	nein	nein	ja, für ausgewählte Marken	nein	nein	ja: z. B. Markenverwendung in ausgew. Prod.kl.	nein
qualitative Werbeträgerdaten	nein	nein	ja, «gewichtet» ausgewählte Medien in der Öffentlichkeit	nein	ja, Intensität der Heftnutzung, Leserblattbindung	nein	nein

Quelle: interne Recherchen und «Die audiovisuellen Medien in Europa», hrsg. von Information et Publicité, Paris 1984.

Tab. 2: Demonstrationsbeispiel zum Evaluierungsprogramm PEP vom Verlag Gruner & Jahr

```
AUFTRAG: 32/85370-002 ------------ PPPPPP  EEEEEE PPPPPP ---> Auftragsnummer (wichtig bei Nachläufen)
VON     : GRUNER+JAHR              PP    PP EE     PP    PP
DATUM   : 10.12.82                 PPPPPP  EEEE    PPPPPP
DATEI   : MA82 ------------------- PP      EE      PP -----> Datei: Media-Analyse 1982
KR ------------------------------- PP      EEEEEE  PP -----> Bearbeiterkennung

AUFTRAG FUER: HANS-MICHAEL KRAEMER  ┐
              MARKETING SERVICE     ├----------------------> Kundenadresse
              ALSTERUFER 1  4.OG    │
              D  2000 HAMBURG 36    ┘

VORGABEDATEN
- - - - - - - - - - -

ZIELGRUPPE
***********

ZG-SEGMENT 1 =                        ┐
      BESITZ GEFRIERKOMBINATION:    JA├--------------------> Zielgruppe: Besitzer von mindestens einem der
ODER BESITZ KUEHLSCHRANK:           JA│                      drei Geräte
ODER BESITZ GEFRIERSCHRANK/-TRUHE:  JA┘

FORMATE: ZEITSCHR. 1/1 SEITE VIERF.ANG. ┐
SONDERPREIS FUER STERN                  ├------------------> Größe und Ausstattung der Werbeträger
BEI FREQUENZ   6 = DM   555999          │
                                        │                    Zielgruppengröße nach der faktoriellen Gewich-
TB 1 = TEILBELEGUNG NIELSEN:   NIELS.4  ┘                    tung zur Anpassung an die Amtliche Statistik
                                                             und nach einer eventuellen Zielgruppen-
                                                             gewichtung
ZIELGRUPPENGROESSE  18408F = 45.26 MIO  (ZIELGR.+FAKT.GEWICHTUNG) ┘
******************  18408F = 45.26 MIO  (FAKT.GEWICHTUNG        ) --> Zielgruppengröße nach der faktoriellen Ge-
                                                                      wichtung
                    18365F = 45.16 MIO  (DURCHGEF.INTERVIEWS    ) --> Anzahl durchgeführte Interviews und deren
                                                                      Hochrechnung auf die Grundgesamtheit
*****************************************************************
```

WERBETRAEGER **************	PLAN 1	PLAN 2	PLAN 3	PLAN 4	PLAN 5
KOSTEN:	2028017	1998525	2081748	2112790	2012943
ELTERN	6	6	6	6	–
TV HOER+S	6	6	6	–	6
BRIGITTE	6	6	6	6	6
HOER ZU	6	–	–	6	–
BURDA MODE	6	–	6	–	6
ESS.+TRIN.	6	6	6	6	6
GONG	–	6	6	6	–
STERN	–	6	6	6	6
DAS BESTE	–	6	–	–	6
GONG TB 1	–	–	–	–	6
NETTOREICHWEITE ****************					
%	59.7	59.7	59.3	63.3	58.8
MIO	27.04	27.03	26.85	28.64	26.63
KONTAKTE *********					
%	388.1	381.5	374.0	410.3	368.6
MIO	175.65	172.70	169.31	185.70	166.84
PRO LESER/NUTZER	6.5	6.4	6.3	6.5	6.3

Die Plankosten werden automatisch über die aktuelle Preisdatei unter Berücksichtigung der Rabatte errechnet

Zu bewertende Werbeträger mit Einschaltfrequenz

Plan 4 erreicht mit 63,3 % = 28,64 Mio Personen der Zielgruppe die höchste Nettoreichweite aller Pläne

Plan 5 erreicht 166,84 Mio Kontakte in der Zielgruppe: das sind 368,6 % (auch GRP genannt) und durchschnittlich 6,3 Kontakte pro erreichter Person

Tab. 2: Fortsetzung

KOSTEN PRO 1000					
LESER/NUTZER	75.00	73.94	77.55	73.78	75.59
KONTAKTE	11.55	11.57	12.30	11.38	12.07

1000 Nutzer von Plan 1 kosten DM 75,--; 1000 Kontakte mit Plan 1 kosten DM 11,55

****

KONTAKTKLASSEN	PLAN 1	PLAN 2	PLAN 3	PLAN 4	PLAN 5
	NETTOREICHWEITE IN PROZENT				
1	4.6	7.0	7.3	6.4	7.3
2	3.8	5.5	5.6	5.0	5.7
3	3.1	4.3	4.3	4.0	4.4
4	2.8	3.6	3.6	3.4	3.8
5	3.9	4.1	4.1	4.1	4.2
6+	41.5	35.2	34.4	40.4	33.4
	HOCHRECHNUNG IN MIO				
1	2.09	3.19	3.29	2.88	3.29
2	1.70	2.47	2.53	2.27	2.56
3	1.40	1.93	1.94	1.79	2.01
4	1.29	1.63	1.63	1.53	1.71
5	1.74	1.84	1.84	1.87	1.92
6+	18.79	15.95	15.59	18.26	15.13
	ZUSAMMENSETZUNG REICHWEITE IN PROZENT				
1	8	12	12	10	12
2	6	9	9	8	10
3	5	7	7	6	8
4	5	6	6	5	6
5	6	7	7	7	7
6+	70	59	58	64	57

Kontaktverteilung

34,4 % der Zielgruppe haben mindestens 6 Kontakte mit Plan 3, das sind 15,59 Mio

und 58 % der Reichweite des Plan 3

KONTAKTKLASSEN KUMUL.	PLAN 1	PLAN 2	PLAN 3	PLAN 4	PLAN 5
	NETTOREICHWEITE IN PROZENT				
1	59.7	59.7	59.3	63.2	58.8
2	55.1	52.6	52.0	56.8	51.5
3	51.3	47.2	46.4	51.8	45.9
4	48.2	42.9	42.1	47.9	41.4
5	45.4	39.3	38.5	44.5	37.7
6+	41.5	35.2	34.4	40.4	33.4
	HOCHRECHNUNG IN MIO				
1	27.02	27.00	26.82	28.61	26.61
2	24.92	23.82	23.53	25.73	23.32
3	23.23	21.35	21.00	23.46	20.76
4	21.83	19.42	19.05	21.67	18.75
5	20.54	17.79	17.43	20.14	17.04
6+	18.79	15.95	15.59	18.26	15.13
	ZUSAMMENSETZUNG REICHWEITE IN PROZENT				
1	100	100	100	100	100
2	92	88	88	90	88
3	86	79	78	82	78
4	81	72	71	76	70
5	76	66	65	70	64
6+	70	59	58	64	57

****

→ 58,8 % der Zielgruppe werden von Plan 5 mindestens 1 × erreicht (= Nettoreichweite); das sind 26,61 Mio Personen

→ 42,1 % der Zielgruppe werden von Plan 3 mindestens 4 × erreicht; das sind 19,05 Mio

→ 81 % der von Plan 1 erreichten Personen hat 4 und mehr Kontakte

Literaturverzeichnis zu III,6

Einführende Literatur

Freter, H. W., Mediaselektion, Th. Gabler, Wiesbaden 1974.

Ruland, J., Werbeträger, Verlag für Marketing, Bad Homburg 1972.

Schweiger, G., Mediaselektion – Daten und Modelle, Th. Gabler, Wiesbaden 1975.

Weiterführende Literatur

Blair, M. H., An Empirical Investigation of Advertising Wearin and Wearout, in: Journal of Advertising Research, December 1987/January 1988, S. 45 ff.

Doujak, G., Nichts, was Sie sehen ist zufällig, in: trend 5/1988, S. 250–256.

Drosg, A., Der Einfluß der Medienqualität auf das Leseverhalten, Dipl. Arb. am Ordinariat für Werbewissenschaft und Marktforschung an der Wirtschaftsuniversität Wien 1984.

Hintermüller, A., Martschitsch, K. J., Schweiger, G., Die Werbung der Österreichischen Wirtschaft im Fernsehen, BM für Handel, Gewerbe und Industrie, Wien 1985.

Institut für Publizistik und Kommunikationswissenschaft der Universität Salzburg (Hrsg.), Massenmedien in Österreich – Medienbericht II, Wien 1982.

Knor, G., Fachzeitschriften versus Sonderbeilagen in Tageszeitungen – Ein Vergleich der Werbewirkung am Beispiel der Kommunikations- und Datentechnik, Band 6 der Schriftenreihe Empirische Marketingforschung, Service, Wien 1988.

Meffert, H., Bildschirmtext als Kommunikationsinstrument, W. Kohlhammer, Stuttgart, Berlin, Köln, Mainz 1983.

Neuerburg, U., Werbung im Privatfernsehen, Physica-Verlag, Heidelberg 1988.

Nickels, W. G., Marketing Communication and Promotion: Text and Cases, Columbus, 3rd ed., 1984.

Park, Young, Consumer Response to Television Commercials: The Impact of Involvement and Background Music on Brand Attitude Formation, in: Journal of Marketing Research, Number XXIII, Februar 1986, Seite 11–24.

Plewe, H., Sponsoring: Dezent präsent, in: Copy 11/1988, S. 9 ff.

Ratzke, D., Handbuch der neuen Medien, Deutsche Verlags-Anstalt, Stuttgart 1982.

Roth, P., Sportwerbung – Grundlagen, Strategien, Fallbeispiele, Verlag Moderne Industrie, Landsberg am Lech 1986.

Schenck, M., Medienwirkungsforschung, J. C. B. Mohr, Tübingen 1987.

Schweiger, G., Der marketingstrategische Ansatz zur Optimierung des Marketing-Mix, in: Der Markt Nr. 58, 1976.

Specht, A. D., Sponsorship als Marketinginstrument, in: Markenartikel 11/1986, S. 514 ff.

Stitz-Ulrici, C., Das Produkt als grauer Passagier, in: Werben und Verkaufen 21/1986, S. 16.

Theuer, G., Schiebel, W., (Hrsg.), Tele-Selling, Verlag Moderne Industrie, Landsberg 1984.

Tietz, B., Zentes, J., Dic Werbung der Unternehmung, Rowohlt, Reinbek bei Hamburg 1980.
Time Inc., A Study of the Effectiveness of Advertising Frequency in Magazines, Ney York 1982.
Vögele, S., Das Verkaufsgespräch per Brief und Antwortkarte, 3. Auflage, Verlag Moderne Industrie, Landsberg am Lech 1987.
Wenzel, W., Werbewirkungsforschung für die Mediaplanung, in: Marketing. ZFP Nr. 2, 1984.
Wiedermann, M., Sponsoring als Kommunikationsinstrument, Diplomarbeit an der Wirtschaftsuniversität Wien 1984.
Wiedermann, M., Product Placement, in: Der Markt, 3–4/1987, S. 122–125.
Wilde, C., Product Placement, in: Marketing Journal 2/1986, S. 182f.
Wirtz, K.-E., Product Placement – Am medienrechtlichen Trennungsgebot führt kein Weg vorbei, in: Werbeforschung & Praxis 1/1988, S. 20ff.
Wenzel, W., Werbewirkungsforschung für die Mediaplanung, in: Marketing. ZFP Nr. 2, 1984.

7 Die Kontrolle der Werbewirkung

Die Wirkung von Werbemitteln kann entweder vor oder nach ihrem Einsatz auf dem Markt gemessen werden. Man unterscheidet daher zwischen Pretest und Posttest von Werbemaßnahmen.

Ein Werbemittel-Pretest wird aus zwei Gründen durchgeführt:

- Diagnose: Der Pretest liefert Anhaltspunkte für die Entscheidung, welche Alternativentwürfe von Werbemitteln auszuwählen sind bzw. welche Korrekturen allenfalls durchgeführt werden müssen, um einen möglichst großen Werbeerfolg zu erreichen.
- Prognose: Die Wirkung eines Werbemittels bei der Zielgruppe soll abgeschätzt werden.

Durch Urteile der Geschäftsleitung bzw. der für Marketing Verantwortlichen allein werden Fehler der Werbekonzeption selten aufgedeckt:

Einerseits sind der Informationsstand und das Wissen des Managements wesentlich größer als das der Zielpersonen. Werden die Werbeaussagen auf diese Experten abgestimmt, so haben die Zielpersonen möglicherweise Schwierigkeiten, sie richtig zu verstehen.

Andererseits unterscheiden sich die Zielpersonen von den Beurteilern im Hinblick auf soziodemografische und psychografische Merkmale. Was der Geschäftsleitung «gefällt», muß noch lange nicht wirkungsvoll sein; umgekehrt muß wirkungsvolle Werbung nicht immer den Experten «gefallen».

Der Posttest zeigt, welche Effekte durch die Werbemaßnahmen konkret bewirkt wurden. Durch Vergleich mit den (operational) festgelegten Werbezielen ist einerseits der Zielerreichungsgrad feststellbar, andererseits sind daraus Konsequenzen für zukünftige Maßnahmen ableitbar.

Bevor wir auf einzelne Testverfahren näher eingehen, wollen wir kurz einige Begriffe erläutern.

– *Labor- und Felduntersuchungen*

  Nach der Testsituation unterscheidet man zwischen *Labor-* und *Felduntersuchungen.*

  In einem Forschungslabor werden Testsituationen künstlich geschaffen. Die Versuchspersonen reagieren in dieser Umgebung tendenziell anders als in der Realität. Sie schenken den Vorgängen um sich herum besondere Aufmerksamkeit, bemühen sich, einen guten Eindruck zu erwecken, usw.

  Wenn die Testpersonen um den Versuch wissen und ihr Verhalten davon beeinflußt wird, so spricht man auch von nicht-biotischen Versuchsbedingungen.

  Besonders bei Befragungen besteht die Gefahr, daß sozial erwünschte Antworten gegeben werden, daß die Testpersonen die Ergebnisse bewußt oder unbewußt verfälschen.

  Dem Einwand, Labortests seien zu praxisfremd, kann jedoch durch den zusätzlichen Einsatz anderer – nonverbaler – Verfahren Rechnung getragen werden. Dazu gehören apparative Verfahren, wie etwa die Messung der aktivierenden Wirkung von Werbemitteln über den Hautwiderstand, der willentlich nicht steuerbar ist.

  Eine andere Möglichkeit ist die Beobachtung unter quasi-biotischen Bedingungen: Die Versuchsperson bemerkt nicht, daß sie gefilmt oder durch einen Einweg-Spiegel beobachtet wird und verhält sich daher relativ natürlich.

  Wirklich lebensechte – biotische – Daten gewinnt man in Felduntersuchungen. Dafür müssen allerdings – im Gegensatz zu Labortests – die Werbemittel weiträumig bekannt gemacht werden (Anzeigen müssen tatsächlich geschaltet, Plakate affichiert werden, etc.). Eine Beschränkung auf einen örtlich begrenzten Testmarkt, der für den gesamten Markt repräsentativ sein muß, ist nur bei wenigen Medien möglich. Insbesondere die «neuen» elektronischen Medien können für Markttests herangezogen werden.

  In der Regel werden daher Werbemittel-Pretests im Labor durchgeführt, Felduntersuchungen erst nach dem Einsatz der Werbemittel auf dem Markt.

– *Die bedeutendsten Testverfahren*

Bei der Darstellung der wichtigsten bzw. gebräuchlichsten Testverfahren wollen wir auf die Trennung nach Pre- und Posttest verzichten. Die Gliederung erfolgt danach, inwieweit einzelne Verfahren zur Messung verschiedener Kriterien der Werbewirkung geeignet sind. Dabei gehen wir wieder von den kommunikativen Werbezielen aus:

1. Die Informationen sollen Aufmerksamkeit erregen, aufgenommen und richtig verarbeitet werden. Konkret geht es dabei um folgende Fragen:

– Wird die Botschaft als Ganzes wahrgenommen, welche Elemente ziehen besonders den Blick auf sich?
– Welches sind die ersten Anmutungen, welche Elemente werden als erste erkannt (Prägnanz, Figur-Grund-Differenzierung)?
– Wie stark aktiviert die Botschaft?
– Wird die Botschaft gefühlsmäßig akzeptiert? Ist sie glaubhaft?
– Wird die Botschaft als Ganzes verstanden?
– Wird sie so verstanden, wie der Sender es beabsichtigt hat oder gibt es etwa Fehlinterpretationen?
– Ist der Text verständlich?
– Wie gut bleibt die Botschaft im Gedächtnis haften?

2. Die Botschaft soll Interesse wecken, die Produktbeurteilung (Einstellungen, Images etc.) sowie die Kaufabsicht beeinflussen.
3. Die Botschaft soll das Kaufverhalten beeinflussen.

7.1 Werbewirkung gemessen anhand der Informationsverarbeitung

7.1.1 Informationsaufnahme

– *Beobachtung des Lese- bzw. Fernsehverhaltens*

Die Frage, ob einem Werbemittel (z. B. einer bestimmten Anzeige in einer Zeitschrift) in der Realität überhaupt Aufmerksamkeit geschenkt wird, kann nur in einer quasi-biotischen oder biotischen Versuchssituation untersucht werden. Die Versuchsperson darf nicht wissen, daß es sich um einen Werbemitteltest handelt.

Ein geeignetes Verfahren ist die getarnte Leseverhaltensbeobachtung, das «Compagnon-Verfahren».

Die Testperson wird hier mit dem Hinweis, daß der Befragungsraum noch nicht frei ist, in ein wohnlich gestaltetes Zimmer gebeten. In diesem Zimmer befindet sich ein Spiegeltisch, auf dem die neueste

Ausgabe einer Zeitschrift liegt. In diese sind die zu testenden Anzeigen wirklichkeitstreu eingebaut.
In der Stehlampe neben diesem Tisch ist eine Videokamera verdeckt angebracht, die sowohl die betrachtete Zeitschrift als auch das Gesicht der Testperson, das sich in der Tischplatte spiegelt, unbemerkt filmt (vgl. Abb. 66). Der Auskunftsperson wird selbstverständlich nach Beendigung des Tests mitgeteilt, daß sie «mit versteckter Kamera» gefilmt wurde, und ihr Einverständnis zur Auswertung wird eingeholt, wie dies ethische Normen der Marktforschung erfordern (vgl. ESOMAR 1986).
Als Versuchspersonen kommen nur regelmäßige Leser dieser Zeitschrift in Frage. Interesse an der neuesten Ausgabe ist Voraussetzung, daß diese zumindest durchgeblättert wird.
Die Auswertung des Videobandes zeigt, wieviele Leser die Testanzeigen überhaupt gesehen und wie lange sie sie jeweils betrachtet haben. In einer anschließenden Befragung kann die Erinnerung an diese Anzeige überprüft und zu den Beobachtungswerten in Beziehung gesetzt werden.

Abb. 66: Getarnte Leseverhaltensbeobachtung mittels Compagnon-Verfahren (Foto: Trend-Verlag, Wien)

Die Fernsehverhaltensbeobachtung mit Video funktioniert ähnlich wie das Compagnon-Verfahren. Bei diesem Verfahren wird mit Hilfe einer verdeckt angebrachten Videokamera beobachtet, wie die Testpersonen auf Werbefilme im Fernsehen reagieren, ob sie z. B. konzentriert zusehen, sich langweilen oder sich überhaupt anders beschäftigen.

– *Blickaufzeichnung*

Das Auge ist das leistungsfähigste Sinnesorgan des Menschen. Trotzdem reicht die normale Betrachtungszeit von Werbemitteln in den seltensten Fällen dazu aus, das gesamte Informationsspektrum einer Anzeige, eines Werbebriefes etc. aufzunehmen.

Es ist daher für den Werbetreibenden von großer Bedeutung zu wissen, welche Informationen gesehen und welche verarbeitet werden.

Das Betrachten von Bildern setzt sich aus zwei Komponenten zusammen, aus Fixationen und Saccaden.

- Während der Fixation *verweilt das Auge* auf einem Bildelement, der fixierte Ausschnitt wird scharf wahrgenommen.
- Die Sprünge von einem Fixationspunkt zum nächsten nennt man Saccaden. Infolge der hohen Geschwindigkeit findet während diesen Augenbewegungen keine Informationsaufnahme statt.

Den Fixationen kommt damit entscheidende Bedeutung für den Werbeerfolg zu:

- Nur während der Fixationen wird Information aufgenommen.
- Von der Anzahl der Fixationen hängt es ab, wie gut ein Bildelement erinnert wird.

Die Blickregistrierung erfolgt mit Hilfe einer «Lesebrille». Diese Brille ist über ein Glasfiberkabel mit einer Kamera verbunden. Die Kamera «schaut» gemeinsam mit der Testperson durch die Brille und filmt ihr Blickfeld, also das Werbemittel (vgl. Abb. 67).

Zusätzlich strahlt eine an der Brille befestigte Lampe auf das Auge. Der auf die Hornhaut gerichtete Lichtstrahl wird von dieser reflektiert und über einen durchlässigen Spiegel in die Glasfiberoptik eingespiegelt. Wird das Auge bewegt, so ändert sich auch die reflektierende Fläche, der Lichtstrahl wird anders gespiegelt.

Auf einem Monitor sieht man diese Spiegelung als kleinen Lichtpfeil, der im Blickfeld der Versuchsperson scheinbar unsystematisch umherspringt. Er kennzeichnet die Fixationspunkte des Betrachters.

Mit der Methode der Blickaufzeichnung ist es möglich, Aussagen darüber zu machen, welche Bild- und Textelemente eines Werbemittels in welcher Reihenfolge fixiert werden:

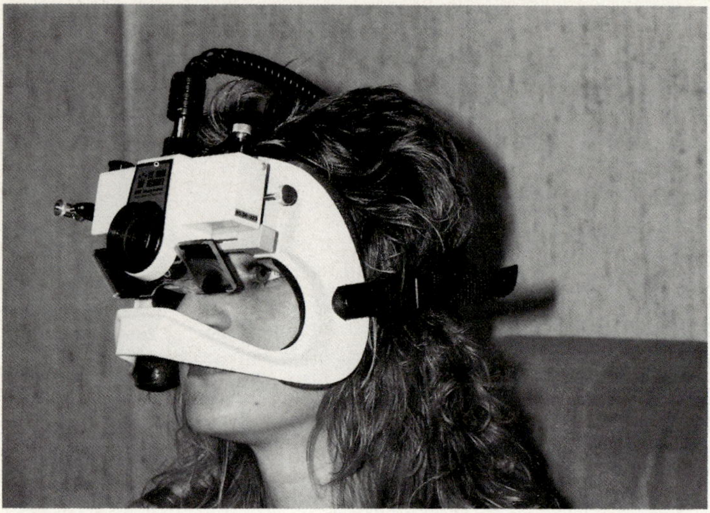

Abb. 67: Blickaufzeichnung mit dem NAC Eye-Mark-Recorder

- Werden der Markenname und der Slogan fixiert oder nur der Blickfang (Vampireffekt)? (Es kann z. B. ein starker erotischer Reiz die Aufnahme des danebenstehenden Slogans oder Markennamen verhindern.)
- Wie oft werden die wesentlichen Elemente des Werbemittels fixiert? (Die Anzahl der Fixationen bestimmt, wie gut diese Elemente erinnert werden.)
- In welcher Reihenfolge werden die Bildbestandteile fixiert? (Die zuerst wahrgenommenen Elemente bestimmen, wie die Botschaft verstanden wird.)
- Sind Schlüsselelemente (z. B. Markenname) richtig plaziert?

Der Einsatz der NAC-Brille bei einzelnen Anzeigen wurde in einer Reihe von Diplomarbeiten an der Wirtschaftsuniversität Wien und an der Universität Saarbrücken dokumentiert (vgl. z. B. Pöhn/Jiras 1986, Weiss 1987, Bruckner 1988, Washiedl/Melzer 1988).

Beispiele für je eine Anzeige mit einem günstigen und einem eher ungünstigen Blickverlauf finden sich in Abb. 68. Im Fall der Martini-Anzeige ist deutlich zu erkennen, daß die einzelnen Blickpunkte sich auf die Frau und das Segel konzentrieren; Marke, Slogan und Produkt werden erst spät und daher nur ungenügend fixiert. Das Beispiel der Castrol-Anzeige zeigt einen deutlich günstigeren Blickverlauf, die Marke wird früh und intensiv fixiert; der recall der Anzeigenelemente ist entsprechend höher. Tab. 3 zeigt die auf die einzelnen Anzeigenelemente entfallenden Anteile an den Gesamt-Fixationen für beide Anzeigen. Dabei ist zu beachten, daß die Martini-Anzeige 6 sec. dargeboten wurde, was sicher für die Realsituation zu lange ist, während die Castrol-Anzeige nur 3,5 sec. betrachtet wurde; dieser Wert für die Castrol-Anzeige entspricht der mittels Compagnon-Verfahren festgestellten durchschnittlichen Betrachtungsdauer.

Tab. 3: Vergleich der Anzahl der Fixationen einzelner Anzeigenelemente mit dem Markenrecall bei Martini und Castrol

Martini: Anzeigen-element	Anteil an Fixationen in %	recall in % der Apn	Castrol: Anzeigen-element	Anteil an Fixationen in %	recall in % der Apn
Frau	43	63	Castrolflasche	26	50
Segel	36	63	Frau/Körper	24	
Flasche/Glas	9	32	Frau/Gesicht	23	80
Hand	4	7	Frau/Beine	12	(Frau)
Martini	7	12	Kotflügel vorne	7	
Fußzeile	1	–	Autokühler	5	90
			Auspuffanlage	3	(Auto)

Kommerzielle Anwendung findet das Verfahren der Blickregistrierung vor allem durch das Institut für Kommunikationsforschung, von Keitz GmbH in Saarbrücken, wo es auch zur Vermessung von Katalogen und Prospekten herangezogen wird, bzw. durch das Institut für Direktmarketing, Gelting, BRD, wo es zur Aufdeckung charakteristischer Blickverläufe auf Mailings und zur Entwicklung geeigneter Methoden zur optimalen Blickführung auf einem Mailing eingesetzt wird.

Eine Gegenüberstellung von Blickaufzeichnung und Compagnon-Verfahren hinsichtlich Wahrnehmung von Anzeigenelementen ergab, daß beide Verfahren im wesentlichen zu denselben Ergebnissen führen, wenn auch die Blickregistrierung leichte Vorteile hinsichtlich der genauen Zuordnung des Blickes auf einzelne Anzeigenelemente aufweist (vgl. Schnötzinger 1987).

– *Tachistoskop*

Das Tachistoskop ist ein Diaprojektor mit angeschlossenem Steuergerät, der eine Verkürzung der Belichtung auf minimal 0,0001 sec. erlaubt. Damit wird es möglich, die Aktualgenese, also das allmähliche Entstehen der Wahrnehmung zu simulieren.

Abb. 68a: Beispiel für einen ungünstigen Blickverlauf. Der Blick wechselt lange Zeit zwischen Person und Segel und erreicht bei einer Darbietungszeit von 6 sec den Markennamen auf der Flasche erst an 10. Stelle. Der Schriftzug außerhalb des Bildes wird gar nicht fixiert

Abb. 68b: Beispiel für einen günstigen Blickverlauf. Obwohl auch hier eine Vielzahl von Blickpunkten auf die Frau entfällt, wird die Flasche mit der Markenbezeichnung wesentlich besser und früher fixiert

Durch die Unterbrechung des Wahrnehmungsprozesses können die für Werbemittel typischen, kurzen, flüchtigen Betrachtungen im Labor nachvollzogen werden. Man spricht in diesem Zusammenhang auch vom Verfahren der «gelockerten Reizbindung».
Bei sehr kurzer Darbietung der Werbemittel und anschließender Befragung, wobei von der Tiefenpsychologie entwickelte Techniken (Assoziationsverfahren) angewandt werden, können die frühen Anmutungen überprüft werden.
Ein stufenweises Verlängern der Darbietungszeit ermöglicht es, aus dem, was die Testpersonen nun zu erkennen glauben, auf die Ursachen der ersten Anmutungen zu schließen.

Andererseits ist es ein Beweis für Prägnanz und gute Figur-Grund-Differenzierung, wenn Elemente (Markennamen, Firmenzeichen, Teile der visuellen Botschaft) schon bei kurzen Darbietungszeiten richtig erkannt werden.
So werden gut gelernte Zeichen, wie z. B. das Markenzeichen von Fischer-Schi, aber auch gut gelernte Schriftzüge wie z. B. Coca Cola in Millisekunden wiedererkannt (vgl. Abb. 48). Ein besonders prägnantes Symbol ist das schwarze Hakenkreuz auf weißem kreisförmigen Grund der roten Flagge (siehe Abb. 69a). Obwohl nur eines von acht affichierten Plakaten von der NSDAP stammt, dominiert das Hakenkreuz. Es wird im tachistoskopischen Test weit vor den Symbolen der anderen Parteien (Sozialdemokraten, Deutschnationale, KPD) erkannt. Lediglich die Zahl 16 der konservativen Volkspartei wird auch in der Kurzzeitdarbietung wahrgenommen.
Ein anderes Beispiel für Prägnanz ist die Anzeige «PSK» (vgl. Abb. 69b).

7.1.2 Aktivierungswirkung

Die Messung des elektrischen Hautwiderstandes

Je stärker die durch Werbung ausgelöste Aktivierung ist, um so größer ist die Bereitschaft zur Aufnahme und Verarbeitung einer Werbebotschaft.

Abb. 69a: Beispiel für Prägnanz: Plakatwand aus der Zeit der Weimarer Republik (Original farbig)

Abb. 69b: Beispiel für prägnant gestaltete Anzeige

Die emotionale Wirkung von Werbemitteln kann durch Befragung gemessen werden. Die Richtung der Gefühle (angenehm oder unangenehm) sowie deren Qualität (etwa Freude, Angst) können auf diese Weise recht gut erfaßt werden.

Die Stärke der emotionalen Wirkung, also die Aktivierungswirkung der Werbemittel, wird jedoch besser über physiologische Indikatoren gemessen, die willentlich nicht beeinflußbar sind. Die Methode der Befragung führt in diesem Fall vielfach zu verzerrten Ergebnissen. Die Testpersonen versuchen einerseits, sozial erwünscht und «vernünftig» zu antworten, andererseits sind sie gar nicht in der Lage, den Grad ihrer Aktivierung wirklich genau anzugeben.

Der in der Praxis am häufigsten herangezogene physiologische Indikator der Aktivierung ist der elektrische Hautwiderstand. Dieser verändert sich – als Reaktion des peripheren Nervensystems – mit der Stärke der Aktivierung (vgl. Abb. 73 b).

Zur Messung dieser elektrodermalen (EDR) oder psychogalvanischen (PGR) Reaktion wird über zwei Elektroden an den Fingern der Auskunftsperson ein sehr schwacher Strom (10 Micro-Ampere) durch die Haut geschickt (vgl. Abb. 70).

Die Veränderung des Hautwiderstandes wird über die Höhe der elektrischen Spannung erfaßt, die sich bei konstanter Stromstärke proportional zum Widerstand ändert. Um Störeinflüsse, die sich auf den Hautwiderstand auswirken (z. B. tiefes Durchatmen), zu erfassen, werden Atem- und Pulsfrequenz als Kontrollindikatoren mitgemessen.

In jüngster Zeit werden auch Gehirnströme (EEG) als Aktivierungsindikatoren herangezogen. Allerdings ist derzeit die Interpretation dieser EEG-Kurven für die Zwecke der Werbepraxis noch nicht genügend ausgereift (vgl. Olson, I., 1985).

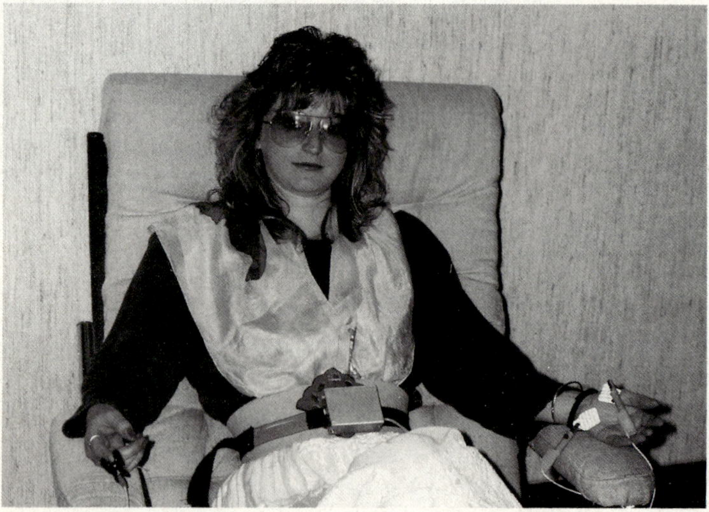

Abb. 70: Messung der elektrodermalen Reaktion und Kontrolle der Atmung

7.1.3 Glaubwürdigkeit und Akzeptanz von Werbebotschaften

Sowohl Glaubwürdigkeit als auch Akzeptanz, d. h. die spontane Zustimmung zum Botschaftsinhalt, können durch Befragung mit Hilfe von Ratingskalen oder durch non-verbale Verfahren gemessen werden.

Es ist jedoch sehr fraglich, inwieweit die Akzeptanz der Werbebotschaft als Indikator für die Werbewirkung brauchbar ist.

– *Befragung mit Hilfe von Ratingskalen*

  Bei der mündlichen Befragung wird die Auskunftsperson in der Regel aufgefordert, den Grad ihrer Empfindung anhand einer Ratingskala anzugeben.

  Sie hat sich z. B. zu entscheiden, wie sehr das Statement «Diese Anzeige ist glaubhaft» oder «Diese Anzeige gefällt mir» für sie zutrifft. Im Falle einer 4-teiligen Ratingskala muß also zwischen 1 = «sehr», 2 = «einigermaßen», 3 = «weniger» oder 4 = «überhaupt nicht» gewählt werden.

  Die Ratingskalen können dabei entweder in Form einer Liste oder graphisch aufgelöst vorgelegt werden (vgl. Abb. 71).

Abb. 71: Beispiel für eine Ratingskala

  Vor allem semantische Probleme beeinträchtigen die Messung von Empfindungen mit Hilfe von Ratingskalen. Nicht alle Auskunftspersonen haben etwa die gleiche Auffassung davon, was «trifft ziemlich zu» bzw. «trifft einigermaßen zu» eigentlich bedeutet.

– *Magnitudeskalierung*

  Mit diesem non-verbalen Verfahren kann die Stärke innerer Empfindungen gemessen werden, ohne diese in Worte fassen zu müssen. Die Auskunftsperson kann die Stärke ihrer Zustimmung mit Hilfe der Größe (Magnitude) eines objektiven Reizes ausdrücken, z. B. durch die mittels Drehregler bestimmte Helligkeit einer Lampe oder durch die Länge eines Striches (vgl. Abb. 72).

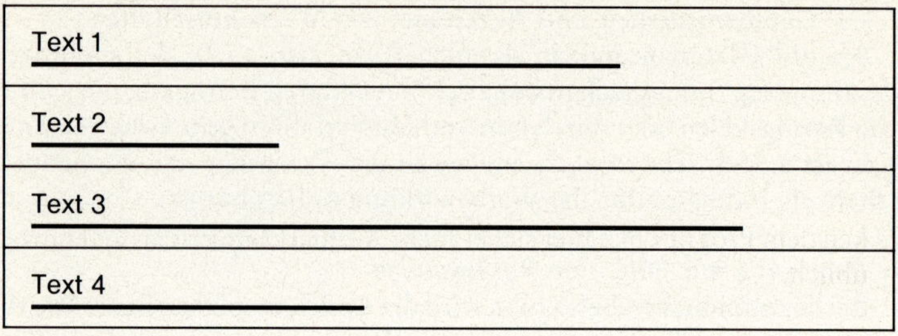

Abb. 72: Magnitude-Skala zur Messung der Aufmerksamkeit

Der Vorteil dieses Verfahrens gegenüber Ratingskalen liegt darin, daß sich die Auskunftsperson nicht mündlich äußern muß.
Weiters bietet die Magnitudeskalierung ein wesentlich breiteres Kontinuum möglicher Abstufungen. Dies ist besonders dann wichtig, wenn zwischen ähnlichen Reizen (z. B. Anzeigen oder auch Produkten) unterschieden werden muß.
Damit spricht einiges dafür, die Magnitudeskalierung im Vergleich zu Ratingskalen als das gültigere (validere) Meßinstrument anzusehen, das auch die Anwendung anspruchsvollerer statistischer Auswertungsverfahren rechtfertigt.

– *Programmanalysator*
  Die spontane Zustimmung oder Ablehnung zu gezeigten Werbespots kann mit Hilfe eines Programmanalysators ermittelt werden.
  Über ein Tastengerät («+»-Taste für Zustimmung/Akzeptanz, «–»-Taste für Ablehnung) kann die bequem in einem Fauteuil sitzende Auskunftsperson unmittelbar, ohne lange nachzudenken, ihren Eindruck vom dargebotenen Programm kundtun (vgl. Abb. 73).
  Die erfaßten Daten werden sofort über den Computer weiterverarbeitet, so daß nach kurzer Zeit ein gedrucktes Protokoll über den Reaktionsverlauf der Testpersonen während der Darbietung informiert.
  Mit Hilfe des Programmanalysators kann der Werbepraktiker durch systematisches Variieren einzelner Botschaftselemente Anhaltspunkte für die geeignete Dramaturgie (Handlungsablauf, Personen, Sprecher, Musik etc.) finden.
  Für das einfache Überprüfen, ob ein Spot «ankommt», genügt eine Versuchsreihe mit einigen Testspots, die im normalen Umfeld plaziert sind.

Der Vorteil dieses Verfahrens liegt in der Erfassung der Spontaneität der Testpersonen. Auf umständliche und fehleranfällige Befragungen kann verzichtet werden. Die Eindrücke werden sofort erfaßt, bevor noch bewußt rationalisiert werden kann.
Von Nachteil ist, daß die Auskunftspersonen selbstverständlich wissen, daß sie sich in einer Versuchssituation befinden. Sie schenken dem Programm daher sicher mehr Aufmerksamkeit als zu Hause üblich.

– *Beispiel für die Anwendung apparativer Verfahren für die Analyse von Fernsehspots*

Der TV-Spot «Hardrock-Cafe» für Coca Cola wurde sowohl programmanalysiert als auch aktivierungsvermessen. Abb. 73 a zeigt einige Szenenfotos aus dem Film, man sieht ausgelassene, fröhliche Jugendliche beim Trinken von Coca Cola. Die Grafik in Abb. 73 a zeigt das Programmanalysator-Reaktionsprofil mit zwei Kurven: die eine Kurve, die von links in die Grafik hineinragt, repräsentiert die Zustimmungswerte, während die Kurve von rechts für die Ablehnungswerte steht. Man erkennt deutlich die von Beginn an hohen Zustimmungswerte, die bis zum Ende des Spots erhalten bleiben, und den äußerst geringen Prozentsatz von Ablehnungswerten.
Die Grafik in Abb. 73 b zeigt den Verlauf der EDR-Mittelwertskurve für denselben Spot. Auch hier sieht man deutlich, daß der Spot schon nach wenigen Sekunden relativ hohe Aktivierung auslöst bzw. auch in weiterer Folge neue Aktivierungsschübe auslösen kann.

7.1.4 Verständlichkeit von Texten

– *Der Lückentest*

Der Lückentest ist ein standardisiertes Verfahren, wobei in einem 100 bis ca. 300 Worte langen Text regelmäßig Worte ausgelassen werden (also z. B. jedes fünfte Wort durch eine Leerstelle ersetzt wird). Die Aufgabe der Auskunftspersonen besteht darin, in die vorgegebenen Lücken die ihrer Meinung nach richtigen Worte einzusetzen.
Die Anzahl richtiger Treffer gilt als Maß für die Schwierigkeit des Textes.
Bei der Auswertung dieser Tests muß allerdings subjektiv entschieden werden, ob nur buchstabengetreu oder auch sinngemäß richtig eingesetzte Worte als Treffer gelten. Außerdem hängt das Ergebnis eines Lückentests von der Intelligenz der Auskunftspersonen ab.

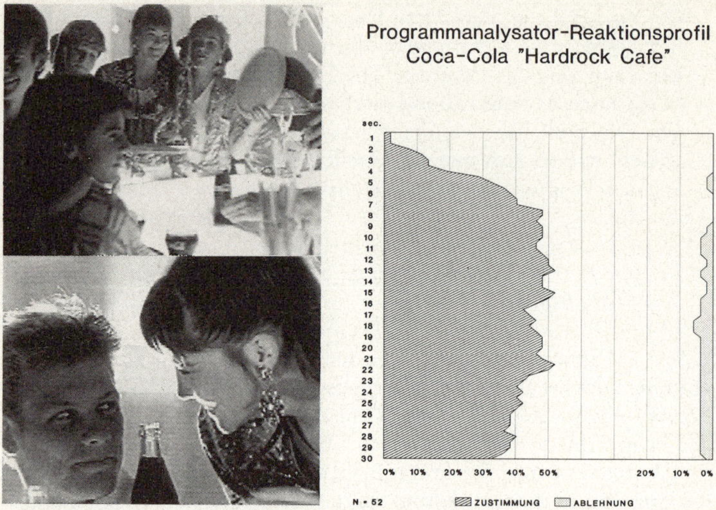

Abb. 73a: Szenenbilder zu Coca-Cola ‹Hardrock-Cafe› mit Programmanalysator – Reaktionsprofil

Trotz der Nachteile ist der Lückentest unter wirtschaftlichen Gesichtspunkten anderen – weitaus aufwendigeren – experimentellen Verfahren vorzuziehen (z. B. den Multiple Choice-Tests, bei denen zwischen mehreren vorgegebenen Antwortmöglichkeiten die richtige auszuwählen ist).
Einsatzbereiche können Pretests von (Werbe-)Texten mittlerer Länge sein, also z. B. Prospekttexte und Gebrauchsanweisungen. Bei längeren Texten besteht die Gefahr der Ermüdung der Auskunftspersonen.

– *Textverständlichkeitsformeln*
Bei diesen Formeln handelt es sich in der Regel um empirisch ermittelte Regressionsgleichungen, die den Zusammenhang zwischen der Verständlichkeit und den maßgeblichen Kriterien der Verständlichkeit (meist Wortlänge, Satzlänge und Auftretenshäufigkeit der Worte) darstellen.
Dabei wird allerdings nur das allgemein übliche Sprachverständnis berücksichtigt, nicht jedoch Merkmalen der Zielgruppe (wie z. B. Intelligenz, Vorkenntnisse) Rechnung getragen.
Vorteile dieser Formeln sind die einfache Handhabbarkeit und die

Abb. 73 b: Szenenbilder zu Coca-Cola ‹Hardrock-Cafe› mit EDR-Mittelwertskurve

plausiblen Annahmen, die auch empirisch bestätigt wurden (z. B. längere Worte sind seltener und daher schwieriger verständlich als kürzere und häufiger gebrauchte).
Der Nachteil der gebräuchlichen Textverständlichkeitsformeln liegt darin, daß diese ursprünglich für englischsprachige längere Texte konzipiert wurden. Die Anwendung auf deutschsprachige Werbetexte ist allerdings – bei vorsichtiger Interpretation – durchaus möglich.

7.1.5 Messung der Gedächtnisleistung (Erinnerung)

Um feststellen zu können, welche Informationen in welcher Form im Gedächtnis gespeichert wurden, stehen der Werbewirkungsforschung im Prinzip drei Methoden zur Verfügung:
- Freie Wiedergabe (Recall),
- gestützte Wiedergabe (Aided Recall),
- Wiedererkennen (Recognition).

Da mit Hilfe dieser drei Methoden jeweils andere Gedächtnisinhalte gemessen werden, ergeben sich verschiedene, nicht vergleichbare Erinnerungswerte.

Die Erinnerung an eine Werbebotschaft ist nicht nur Erfolg der

Werbung, sie hängt insbesondere auch vom Produktinteresse, vom Markenwissen und von der Produkterfahrung der Testperson ab.

– *Recall-Test*
  Beim Recall-Test wird die Auskunftsperson aufgefordert, das Gemerkte (Gelernte) frei, ohne jede Gedächtnisstütze, wiederzugeben. Dieser Test wird z. B. für die Messung der Erinnerung an Anzeigen der letzten Ausgabe einer Zeitschrift verwendet.
  Man setzt dabei allerdings voraus, daß eine aktive Erinnerung an die Werbemittel bzw. -botschaften besteht. Nicht gemessen werden beim Recall-Test passive Gedächtnisreste, also vage Erinnerungsbilder, die im Augenblick der Befragung nicht bewußt sind.

– *Aided Recall-Test*
  Mit diesem Verfahren können sowohl aktive als auch passive Gedächtnisinhalte gemessen werden. Durch Vorgabe von Produktkategorie, Markennamen oder -symbolen wird den Auskunftspersonen geholfen, sich zu erinnern. Das Ergebnis dieses Tests zeigt, ob die Schwerpunkte der Werbebotschaft im Gedächtnis haften geblieben sind.
  Diese Form der Erinnerungsmessung wird beispielsweise beim Impact-Test verwendet. Vorgelegt werden hier eine geschlossene Zeitschrift, die vom Befragten bereits gelesen wurde, sowie Kärtchen mit Namen von Produkten bzw. Firmen einschließlich fiktiver Namen. Die Auskunftsperson wird nun bei jedem Kärtchen gefragt, ob sie sich an eine Anzeige mit diesem Namen erinnern kann, und anschließend gebeten, diese zu beschreiben. Anhand dieser Beschreibung kann u. a. festgestellt werden,
  – welche Elemente besondere Aufmerksamkeit erregen,
  – wie die Anzeige verstanden wird,
  – welche gefühlsmäßigen Eindrücke sie hinterläßt,
  – ob sich verschiedene Personengruppen in ihrer Erinnerung unterscheiden.

Gallup-Impact-Test
ist ein Beispiel für einen Post-Test auf der Basis der gestützten Erinnerungsmessung für Fernsehspots.
Der Erinnerungswert setzt sich dabei zusammen aus:
1. Spoterinnerung,
2. Produktstützung durch Vorlage von Kärtchen und
3. Markenstützung durch Nennung der Marken.

Personen, die sich an wesentliche Bild- und/oder Textelemente erinnern, werden im Recall-Wert erfaßt.

– *Recognition-Test*
Bei diesem Verfahren werden den Testpersonen Werbemittel vorgelegt mit der Frage, ob sie diese wiedererkennen bzw. sich daran erinnern.
Da es dabei zu erheblichen Fehlern kommen kann – sei es, daß die Auskunftspersonen beweisen wollen, ein «gutes Gedächtnis» zu haben, oder daß sie sich einfach irren –, ist es notwendig, Kontrollfragen einzubauen. Dies geschieht in Form von Werbemitteln, die sicher noch nicht gesehen wurden. Aus den Antworten läßt sich dann erkennen, welche Befragten zuverlässig bzw. unzuverlässig sind.
Bekannt für diese Methode ist der Starch-Test. Hier wird mit dem Befragten eine Zeitschrift vollständig durchgeblättert. Bei jeder Anzeige soll die Versuchsperson angeben, ob sie diese bereits gesehen hat bzw. inwieweit sie sich daran erinnern kann.

7.2 Werbewirkung gemessen anhand der Produktbeurteilung

7.2.1 Messung der Einstellung

– *Eindimensionale Einstellungsmessung*
Die einfachste Art, Einstellungen zu messen, sind Rating- oder Magnitudeskalen (vgl. Kap. III,7.1.4), anhand derer der Grad der Zustimmung oder Ablehnung zu Statements wie «Das Auto XY gefällt mir» festgestellt werden kann.
Von Nachteil ist allerdings, daß man auf diese Weise nichts über die Gründe dieser mehr oder weniger positiven Einstellung erfährt. Man weiß nicht, wie dieses Auto im einzelnen beurteilt wird.

– *Mehrdimensionale Einstellungsmessung*
In Kap. III,4.1.2.1 haben wir bereits festgestellt, daß sich die Gesamteinstellung zu einem Produkt aus der Beurteilung ergibt, wie gut es zur Befriedigung einzelner – persönlich wichtiger – Bedürfnisse geeignet ist.

Es wurden daher Ansätze zur Messung von Einstellungen entwickelt, die berücksichtigen, daß
– sich die Einstellung aus der Beurteilung mehrerer Eigenschaften eines Objektes zusammensetzt (z. B. Motorleistung, Sicherheit, Design bei einem Auto),
– diesen Eigenschaften nicht gleiche Bedeutung für die Gesamtbeurteilung eines Objektes zukommt.

Die wichtigsten Ansätze dieser Multiattribut-Modelle stammen von Rosenberg und Fishbein. Ihre Grundstruktur ist durch folgende Formel festgelegt:

$$A_{jk} = \sum_{i \cdot 1}^{n} I_{ijk} \cdot B_{ijk}$$

Dabei bedeuten:

A_{jk} = Gesamteinstellung des Konsumenten k zur Marke j

I_{ijk} = Gewichtung (Wichtigkeit) einer gegebenen Eigenschaft i durch Konsument k

B_{ijk} = Ausmaß, in dem der Konsument k glaubt, daß die Marke j diese Eigenschaft i besitzt.

Gewichtung und Eigenschaftsbewertung werden meist anhand von Ratingskalen vorgenommen.

Beispiel: Die Einstellung zu verschiedenen Urlaubsländern kann folgendermaßen ermittelt werden:

1. Die Auskunftsperson muß für jedes (sachhaltige) Beurteilungskriterium z. B. anhand einer 4teiligen Ratingskala angeben, wie wichtig dieses für ein Gelingen des Urlaubes ist (1 = sehr wichtig bis 4 = sehr unwichtig):
   - Freundliche Bedienung,
   - komfortable Unterkünfte,
   - schönes Landschaftsbild,
   - gutes Essen und Trinken,
   - gesunde, saubere Umwelt.
2. Die Auskunftsperson muß anhand einer Ratingskala angeben, wie sehr diese Eigenschaften auf die einzelnen Urlaubsländer zutreffen.

Die einzelnen Werte für Wichtigkeit und Bewertung werden für jede Eigenschaft multipliziert. Die so erhaltenen Werte werden dann über sämtliche Eigenschaften zur Gesamteinstellung aufsummiert.

Ein schlechter Einstellungswert zu einem Urlaubsland kann sowohl auf die Wichtigkeits- als auch auf die Bewertungskomponente zurückzuführen sein:

- Der Befragte glaubt zwar, daß das Urlaubsland eine bestimmte Eigenschaft, wie z. B. komfortable Unterkünfte, besitzt, diese sind jedoch für ihn persönlich unwichtig, da er ohnehin campieren will.
- Der Befragte hält eine bestimmte Eigenschaft, wie z. B. ein schönes Landschaftsbild, für wichtig, glaubt aber nicht, daß das Urlaubsland diese Anforderung hinreichend erfüllt.

Etwas problematisch bei diesen Modellen zur Einstellungsmessung ist die multiplikative Verknüpfung der Wichtigkeits- und Bewertungskomponente. Es stellt sich nämlich die Frage, ob die Einstellungsbildung in der Realität tatsächlich diesem mathematischen Modell entspricht.

Dieser meßtechnische Zweifel kann durch das Trommsdorff-Modell ausgeschaltet werden. Anstelle der Wichtigkeit einzelner Eigenschaften wird hier die ideale Ausprägung der einzelnen Eigenschaften erhoben.

Je mehr eine Marke den Idealvorstellungen entspricht, d. h. je kleiner die Differenz zwischen den gewünschten Eigenschaftsausprägungen einer Idealmarke und den tatsächlich wahrgenommenen Eigenschaften einer Marke ist, desto positiver ist die Einstellung.

$$E_{jk} = \sum_{i} |B_{ijk} - I_{ik}|$$

Dabei bedeuten:
E_{jk} = Einstellung der Person k zur Marke j
B_{ijk} = Beurteilung der Eigenschaft i an Marke j durch Person k
I_{ik} = Beurteilung der Eigenschaft i an der Idealmarke durch Person k

Der Vorteil der Multiattribut-Modelle liegt in ihrem hohen Informationswert für das Marketing:
- Welche Eigenschaften sind bei bestimmten Zielgruppen kaufentscheidend?
- Welche Eigenschaftsausprägungen werden als ideal empfunden?
- Wie werden Konkurrenzprodukte beurteilt, welche Produkte werden als besonders ähnlich empfunden, wie kann und soll die eigene Marke herausgehoben werden?

7.2.2 Messung des erlebten Risikos

Die Messung des erlebten Risikos erfolgt ähnlich wie die der Einstellung durch einen mehrdimensionalen Ansatz:

Für einzelne Risikodimensionen wird anhand von Ratingskalen jeweils überprüft,
- wie unangenehm diese Folge ist,
- wie unsicher das Eintreten dieser Folge wahrgenommen wird.

Beispiel: Bezogen auf eine Urlaubsentscheidung könnte das wahrgenommene Risiko folgendermaßen gemessen werden:

1. «Wie sehr stören Sie bei einem Urlaub folgende Dinge?»
   - schlechtes Wetter
   - mangelhafte Unterkünfte
   - überhöhte Preise.
2. «Wie hoch schätzen Sie die Gefahr ein, daß solche Dinge im Urlaubsland A vorkommen?»

   Diese Urteile werden für jede Risikodimension (schlechtes Wetter usw.) multipliziert und schließlich über die Dimensionen aufsummiert.

7.2.3 Imagemessung

Es ist außerordentlich schwierig, das Image, also das gefühlsmäßige Vorstellungsbild von einem Produkt oder einer Dienstleistung, in seiner Vielschichtigkeit als Ganzes zu erheben. Die meisten Testverfahren messen lediglich einen Ausschnitt.

Es gibt keine Standardmethode der Imageanalyse. Die am häufigsten verwendeten Verfahren stammen aus der Psychologie und wurden für die Marktforschung adaptiert.

- *Explorative Verfahren*

  Die Exploration (Tiefeninterview) ist ein scheinbar zwangloses Gespräch, das jedoch vom Interviewer ständig behutsam gelenkt wird.

  Eine Zwischenstufe zwischen Exploration und voll strukturiertem Interview (bei dem alle Fragen konkret vorgegeben werden) nimmt die Gruppendiskussion unter Leitung eines geschulten Psychologen ein.

  Dieses Verfahren ist vor allem in der Anfangsphase einer Imageanalyse von Bedeutung, wenn es darum geht, die für die Beurteilung eines Produktes als wichtig erachteten Eigenschaften aufzuspüren.

- *Semantisches Differential bzw. Polaritätenprofil*

  Unter einem Semantischen Differential versteht man einen Satz von Ratingskalen, an deren Polen jeweils gegensätzliche Eigenschaften stehen (z. B. fröhlich–traurig, modern–altmodisch, kalt–warm). Die Auskunftsperson hat jeweils zu entscheiden, in welchem Ausmaß eine Eigenschaft auf das Objekt zutrifft.

  Zur Imagemessung werden Konnotationen verwendet, d. h. die Eigenschaften gelten im übertragenen Sinn und sind wissensunabhängig.

  In der Marktforschung wird manchmal darauf verzichtet, Gegensatzpaare zu verwenden. Es werden lediglich Items (Reizworte) vorgegeben, anhand derer die Objekte einzustufen sind.

  Unter einem Imageprofil versteht man die graphische Darstellung der durchschnittlichen Ratingwerte der Auskunftspersonen für alle Items. Wird dieses Imageprofil den Profilen der Konkurrenzmarken bzw. des Idealproduktes gegenübergestellt, so werden die Stärken und Schwächen der eigenen Marke deutlich erkennbar.

  Abb. 74 zeigt die Imageprofile der Bundesrepublik Deutschland, der Schweiz und Österreichs, die anhand von 4stufigen Ratingskalen erhoben wurden.

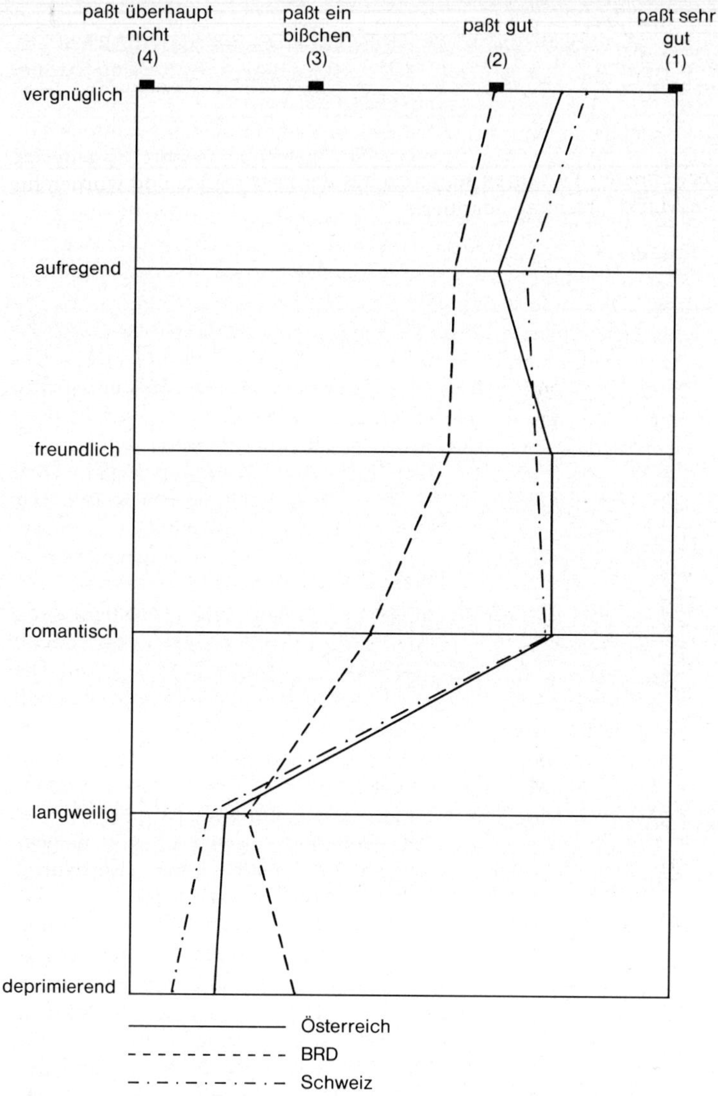

Quelle: Schweiger, G., 1985, S. 35

Abb. 74: Imageprofil von Österreich, der Schweiz und der Bundesrepublik Deutschland aus der Sicht der US-Amerikaner

– *Projektive Verfahren*

Bei direkten Fragen nach persönlichen Gefühlen, Wünschen etc. besteht die Gefahr, daß die Auskunftspersonen – bewußt oder unbewußt – nicht wahrheitsgetreu antworten.

Durch geschickte Fragestellung wird daher die Auskunftsperson veranlaßt, ihre eigenen Gefühle, Wünsche oder Erwartungen in eine andere Person hineinzuprojizieren.

Beim thematischen Apperzeptionstest (TAT) werden typische Lebenssituationen in Bildern dargestellt. Die Aufgabe der Versuchsperson besteht nun darin, die Situation durch eine möglichst spannende Geschichte zu erklären.

Zur Erhebung eines Produktimages müssen Bilder entwickelt werden, die das Produkt beinhalten (z. B. Ein Kind lutscht Eis, eine Hausfrau putzt Fenster usw.). Die Erzählungen der Auskunftspersonen werden dann unter dem Gesichtspunkt analysiert, welche Rolle dem Produkt zukommt, wie es gesehen und bewertet wird.

Der Picture-Frustration-Test (PFT) oder Ballontest zeigt in Form skizzenhafter Zeichnungen Szenen, in denen Personen Unerwünschtes – «Frustrationen» – erleben (z. B. eine Panne mit dem Auto). Die Auskunftsperson soll sich nun mit einer dieser Personen identifizieren und artikulieren, was in deren leerer Sprechblase stehen könnte.

Eine andere sehr gebräuchliche Variante des Projektionstests ist der Satzergänzungstest. Die Auskunftsperson hat dabei einen unvollständigen Satz möglichst spontan zu ergänzen.

Beispiel zur Messung des Images der Marke «Toblerone»:

1. Wenn es keine Toblerone gäbe ...
2. Bei Toblerone habe ich immer das Gefühl ...
3. Leute, die Toblerone naschen, ...

Eine andere Möglichkeit besteht darin, Wortassoziationen zu testen. Die Auskunftsperson soll beispielsweise spontan, ohne lange nachzudenken, alles sagen, was ihr zum Namen «Persil» einfällt.

– *Zuordnungstests*

Bei den Personenzuordnungstests müssen Bildvorlagen bestimmter Personentypen als mutmaßliche Verwender verschiedenen Marken zugeordnet werden. Diese Zuordnungen lassen Rückschlüsse auf das psychologische Umfeld und damit auf das Image dieser Marken zu.

Analog zu diesen Tests können auch bestimmte vorgegebene Eigenschaften zugeordnet werden.

Beim Einkaufslistenverfahren werden zwei fiktive Einkaufslisten zusammengestellt, die sich nur in dem zu untersuchenden Artikel unterscheiden. Die Auskunftspersonen müssen nun denjenigen, der diese Liste zusammengestellt hat (z. B. «die Hausfrau»), charakterisieren. Aus den Abweichungen dieser Charakteristika kann auf Unterschiede in den Images des untersuchten Artikels geschlossen werden.

– *Nonverbale Imagemessung*

Wir haben bereits früher darauf hingewiesen, daß die menschliche Informationsverarbeitung zu einem erheblichen Teil in Bildern bzw. Bildvorstellungen vor sich geht (vgl. Kap. III,5.3.2).

Bei der verbalen Imageforschung werden die Auskunftspersonen aufgefordert, ihre inneren Vorstellungsbilder anhand einzelner Wortreize zu beschreiben, die erst nachträglich wieder zu einem Gesamtbild zusammengefügt werden.

Bei der Gestaltung der Werbebotschaft tritt also gleich zweimal ein Übersetzungsproblem auf:

1. Der Marktforscher übersetzt visuelle Stimuli in Wortreize, mit denen er seine Studien durchführt. Das Ergebnis der Marktforschung (z. B. Polaritätenprofil) ist Grundlage für das Briefing des Auftraggebers an den Kreativen.
2. Der Kreative wiederum übersetzt die Wortreize in visuelle Stimuli und Bilder.

Diese Übersetzung ist risikoreich, bedingt Fehlermöglichkeiten und erschwert den Prozeß der Werbedurchführung.

Am Lehrstuhl für Werbewissenschaft und Marktforschung der WU-Wien wurde nun die Hypothese überprüft, ob visuelle Reize, also Bildvorlagen, besser zur Messung von Images geeignet sind als verbale Reize.

Dazu wurde in den Vereinigten Staaten 1984 das Image Österreichs im Vergleich zu jenem der Schweiz und dem der BRD nicht nur mit Hilfe von verbalen Statements sondern auch mittels Bildzuordnung erhoben. Die Apn wurden aufgefordert, die Bild- bzw. Wortreize spontan den Vergleichsländern zuzuordnen.

Die zunächst 28 (in späteren Studien 34) Bildvorlagen zeigten Landschaften, Personen und Szenen aus Österreich. Nur wenige gaben bekannte Ansichten wieder (vgl. Abb. 75); der Großteil der Sujets konnte – zumindest aus amerikanischer Sicht – genauso gut aus Deutschland bzw. der Schweiz stammen.

Diese Bilder wurden in einer eigenen Untersuchung sowohl von Österreichern als auch von Amerikanern anhand von 12 Eigenschaften beurteilt. Dabei ergab sich bei dem Vergleich der beiden Stichproben eine unterschiedliche Interpretation korrekt übersetzter

ÖSTERREICH:

Weitere, signifikant häufig auf Österreich zugeordnete Bilder:

- Musikverein
- Museum
- Hofreitschule
- Buffet

SCHWEIZ:

Weitere, signifikant häufig auf die Schweiz zugeordnete Bilder:

- Großglockner
- Après-Ski
- Bauernhaus
- Skidorf
- Hinterstoder

BUNDESREPUBLIK DEUTSCHLAND:

Sängerknabe

Fortsetzung BUNDESREPUBLIK DEUTSCHLAND:

Mädchen mit g'spritztem Wein

weitere Bilder:
- Weinlese
- Weinkost
- Weinfest

Uno City Wien

weitere Bilder:
- Wirtschafts-
universität
Wien

Sandler (= Penner)

weitere Bilder:
- Papiergeschäft
- Rauchender Schlot
- Verschmutzte Straße

Quelle: Schweiger, G., Nonverbale Imagemessung, Werbeforschung Praxis 4/1985, S. 131 (Originale farbig)

Abb. 75: Zusammenfassung der signifikanten Bildzuordnungen

Worte in den beiden Kulturkreisen (z. B. altmodisch $\neq$ old fashioned)!

Die Hypothese, daß Bildreize besser diskriminieren als Wortreize, konnte durch diese Studie bestätigt werden. Ein Vergleich der verbalen mit der nonverbalen Imagemessung zeigt die weitgehende Übereinstimmung der Rangplätze der Vergleichsländer, aber auch, daß die Urteile bei Bildzuordnung im allgemeinen schlechter ausfallen als bei der verbalen Erhebung. Das deutet darauf hin, daß Bildvorlagen weniger oft zu Gefälligkeitsantworten bzw. sozial erwünschten Reaktionen führen.

Das anfangs für die Nonverbale Imagemessung (NVI) aufgestellte Postulat einer «höheren Prägnanz der Bildreize gegenüber Wortreizen» konnte jedoch, wie weiterführende Untersuchungen zeigten, zumindest in der herangezogenen Operationalisierung nicht aufrecht erhalten werden, da eine unmittelbare Äquivalenz bzw. Korrespondenz zwischen Bildern und Wortreizen nicht gegeben war. Mit anderen Worten: Die jeweils korrespondierenden Reize waren nicht unmittelbar vergleichbar (vgl. Harbich, R., 1987).

Dennoch bleibt ein erheblicher Vorteil der NVI aufrecht: Es gibt so etwas wie eine «visuelle Prägnanz». So wurde beispielsweise das Bild des «GROSSGLOCKNER» in allen untersuchten Ländern mit besonderer Deutlichkeit der Schweiz zugeordnet – dies höchstwahrscheinlich deswegen, weil die verwendete Ansicht große Ähnlichkeit mit dem Matterhorn aufweist, das fast schon als Schweizer Wahrzeichen bezeichnet werden kann.

Im folgenden sollen einige Vorteile und Nachteile der Nonverbalen Imagemessung zusammengefaßt werden:

- Die Ergebnisse sind besser verständlich und leichter interpretierbar.
- Für den Kreativen ist ein visuelles Briefing möglich.
- Bei multinationalen Studien können Übersetzungsfehler vermieden werden.
- Für die Auskunftspersonen ist das Interview abwechslungsreicher, sie ermüden nicht so stark.

Nachteile können in der zeitaufwendigen und kostspieligen Suche, Auswahl und Herstellung des Bildmaterials gesehen werden. Als problematisch erweist sich bisweilen auch die Tatsache, daß die Nonverbale Imagemessung ein relativ junger Meßansatz ist: Die Voraussetzungen, unter denen sie verbalen Verfahren überlegen ist, sind noch nicht hinreichend bekannt. So ist eine Einschränkung der Eignung vor allem dort gegeben, wo die Markenwahl überwiegend kognitiv-rational gesteuert wird (vgl. Schweiger, G., Wiklicky, W. & Bednar, B., 1987).

Ähnliche Studien wie die Pilotstudie 1984 in den USA wurden in einer Reihe weiterer Länder durchgeführt. In diesem Zusammenhang wurde auch der Frage nachgegangen, inwieweit die eingesetzten Bildreize in so unterschiedlichen Ländern, wie z. B. Japan, Israel, Frankreich oder Mexiko, bei den Apn ähnliche emotionale Reaktionen auslösen. Die Vermutung, daß die Bildvorlagen grundsätzlich «sehr ähnlich» beurteilt werden, konnte durch inferenzstatistische, korrelationsstatistische und multivariate Verfahren voll validiert werden: Es kann für die verwendeten Bilder also davon ausgegangen werden, daß ein und dasselbe Bild ähnliche Emotionen in grundsätzlich verschiedenen Ländern auslöst!

Die praktische Verwertbarkeit dieser Ergebnisse liegt nun darin, daß eine Vereinheitlichung aller exportausgerichteten Werbebemühungen eine Reihe von Vorteilen mit sich bringt, die von Kosteneinsparungseffekten über Botschaftsstandardisierung bis zur konsequenten Schaffung einer «WORLD IDENTITY» reichen (vgl. Wusst, Ch., 1987).

Alternativ zu Bildreizen wurden schließlich in den Länderimage-Studien auch Musikreize hinsichtlich ihres Diskriminierungspotentials getestet. Aus den Ergebnissen wird jedoch deutlich, daß die herangezogenen Musikreize nicht besser als die verwendeten Wortreize diskriminieren. Hierfür könnte eine Reihe von Gründen verantwortlich sein – so ist z. B. die Gefahr, daß die dargebotenen Musikreize von den Befragten erkannt und dementsprechend kognitiv zugeordnet werden, relativ groß. Die Imagemessung artet in diesem Fall leicht in einen Wissenstest aus (vgl. Schweiger, G. & Wusst, Ch., 1988).

7.2.4 Messung der Kaufabsicht

Bei Messung der Kaufabsicht muß die Auskunftsperson gedanklich vorwegnehmen, wie wahrscheinlich der Kauf eines bestimmten Produktes innerhalb eines definierten Zeitraumes ist.

Kaufabsichten werden im Rahmen von Verbraucheranalysen für bestimmte Gebrauchsgüter (Möbel, Haushaltsgeräte etc.) regelmäßig erhoben.

Dabei verwendet man meist Flächenskalen: Die Intensität der Kaufabsicht wird durch die Größe des «Würde ich kaufen»-Kärtchens ausgedrückt (vgl. Abb. 76).

Die relativ bessere Einstufung eines Botschaftsentwurfes im Vergleich zu anderen Konzepten läßt auf dessen bessere Gestaltung bzw. größere Wirkung schließen.

Die absolute Zuverlässigkeit der Äußerung von Kaufabsichten ist allerdings gering. Diese Absichten werden nur zum Teil tatsächlich verwirklicht.

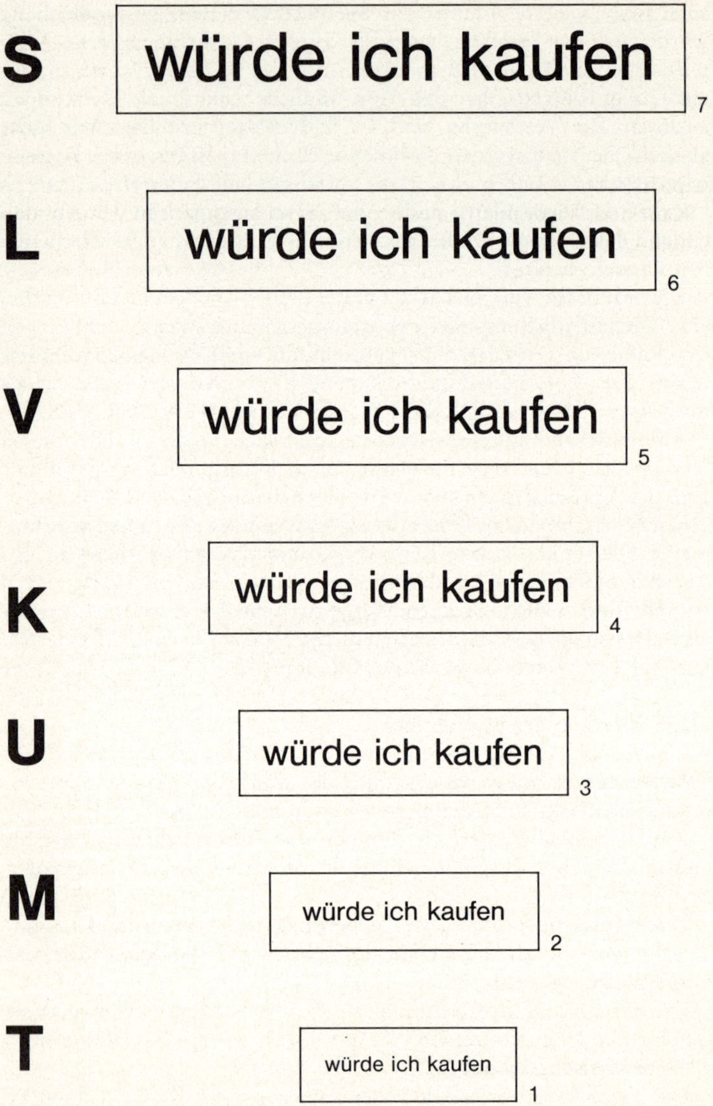

Abb. 76: Flächenskala des IVE-Institut für Verbrauchs- und Einkaufsforschung GmbH

7.3 Werbewirkung, gemessen anhand des Kaufverhaltens

Ziel von Marketingmaßnahmen ist es, die Zielpersonen zum Kauf eines bestimmten Produktes zu veranlassen. Der Kauf kann dabei als Ergebnis eines Entscheidungsprozesses aufgefaßt werden, der in unterschiedlichem Ausmaß kognitiv kontrolliert wird (vgl. dazu ausführlich Kap. III,4.1).

Kauf und Wiederkauf eines Produktes schlagen sich in den Absatzzahlen nieder. Die Prognose der zukünftigen Nachfrage ist schwierig, vor allem dann, wenn freier Wettbewerb auf dem Markt herrscht.

Die einzelnen Prognosemethoden basieren entweder auf
- den geäußerten Kaufabsichten der Konsumenten,
- Absatzzahlen der Vergangenheit, die vor allem durch Panelerhebungen und etwa durch Zeitreihenanalysen gewonnen wurden, oder
- dem unter Testbedingungen beobachteten tatsächlichen Kaufverhalten.

7.3.1 Panels

Vergangenheitsdaten können kostengünstig aus sog. Verbraucher- bzw. Haushaltspanels gewonnen werden, wie sie z. B. von der GfK und G & I angeboten werden.

Unter einem Haushalts-Panel versteht man regelmäßige Aufzeichnungen ausgewählter Haushalte über einen längeren Zeitraum, die über die Kaufgewohnheiten Auskunft geben, über die *Mengen und Marken der eingekauften Güter,* über die Art und Häufigkeit der in Anspruch genommenen *Dienstleistungen,* über die bevorzugten Geschäfte sowie den Zeitpunkt von Käufen bzw. Ersatzkäufen.

Abgesehen von Ungenauigkeiten in den Aufzeichnungen ergeben sich bei dieser Art der Erhebung zwei Probleme:

Erstens fallen immer wieder Haushalte aus und müssen durch neue ersetzt werden, ohne daß dadurch die Struktur der Stichprobe verändert wird («Panelsterblichkeit»).

Das zweite Problem ist unter der Bezeichnung «Paneleffekt» bekannt und bezeichnet das Phänomen, daß sich mit der Dauer der Zugehörigkeit zum Panel die Sensibilität der Konsumenten ihren Einkäufen gegenüber erhöht und damit eine Änderung in den Konsumgewohnheiten herbeigeführt wird.

Eine Möglichkeit, zumindest dem Paneleffekt und auch etwaigen Ungenauigkeiten entgegenzuwirken, stellt die sog. Scanner-Marktforschung dar. Voraussetzung dafür sind die Ausstattung möglichst aller Produkte mit dem EAN-Code und ein ausreichendes Netz von Scanner-Kassen in der jeweiligen Testregion. Die Haushalte, die am Panel teilnehmen, bekommen eine Magnetkarte, die sie bei jedem Einkauf an der Kasse vorweisen. Auf dieser Karte sind alle soziodemographischen Daten des Haushalts gespeichert. Die Kasse ist über den Rechner des jeweiligen Geschäfts mit dem untersuchenden Marktforschungsinstitut verbunden, wo die Einkaufs- und Haushaltsdaten weiterverarbeitet werden. Bei dieser Form der Erhebung ist es auch möglich, Kontrollvariable, wie z. B. Sonderangebote oder Zweitplazierungen bestimmter Marken, in die Berechnungen einfließen zu lassen.

In weiterer Folge ist es möglich, die Panelteilnehmer über kostenlose TV-Magazine, die als Gratifikation für die Teilnahme ausgegeben werden, oder über Kabelfernsehen gezielt mit Test-Werbemitteln zu konfrontieren und deren unterschiedliche Wirkung zu untersuchen.

Solche Scanner-gestützten Panels gibt es derzeit in der Bundesrepublik Deutschland in Haßloch (GfK-Panel) und in vier weiteren Orten (Nielsen-Panel), allerdings sind sowohl die Installations- als auch die Betriebskosten derzeit sehr hoch.

7.3.2 Markttestmethoden

Da die Daten aus Panels bzw. über Kaufabsichten für die Einführung eines neuen Produktes weniger brauchbar sind, werden in diesem Fall Markttestmethoden eingesetzt.

Hierbei interessieren vor allem die Annahme eines Produktes durch die Konsumenten sowie die Kauffrequenz, also Probekäufe und die ersten Wiederkäufe.

Eine Methode des Markttests ist die des Testladens. Eine Stichprobe der Zielgruppe wird eingeladen, einige TV-Spots anzusehen, unter anderen auch den des zu testenden Produktes. Danach erhalten diese Personen einen bestimmten Geldbetrag und werden aufgefordert, einen Testladen zu besuchen und einzukaufen. Dabei wird festgestellt, wie oft zum neuen Produkt bzw. zu Konkurrenzprodukten gegriffen wird.

Abschließend wird mit den Testpersonen über die Gründe für den Kauf ihres Produktes diskutiert. Einige Wochen später findet eine telefonische Nachbefragung über die Zufriedenheit mit dem neuen Produkt sowie über die Wiederkaufsabsichten statt.

Eine weitere Methode stellt der Markttest dar. Dabei kann ein Produkt unter Bedingungen getestet werden, die der Einführung auf breiter Basis sehr ähnlich sind.

Zu diesem Zweck wird ein Testgebiet oder eine Teststätte festgelegt, in dem das vollständige Werbe- und Verkaufsförderungsprogramm eingesetzt wird. In einem geographisch begrenzten Gebiet wird also gleichsam eine Generalprobe für den gesamten Marketingplan durchgeführt.

Aus Markttests können sich wertvolle Hinweise bezüglich des gesamten Marketing-Mix ergeben, also auch in bezug auf mögliche Distributionsprobleme oder auf Produktmängel.

Diese Methode erleichtert Prognosen über die zukünftigen Umsätze, ist aber relativ kostspielig und zeitaufwendig. Markttests können einige Monate bis mehrere Jahre dauern, jedenfalls solange, bis die Beobachtung von Wiederkaufsraten möglich ist.

Schwierig ist das Auffinden eines Testmarktes, der für den Gesamtmarkt repräsentativ ist, da nationale und regionale Charakteristika eine entscheidende Rolle beim Kaufverhalten spielen. Ein weiterer Nachteil besteht darin, daß ein Markttest nicht ohne Wissen der Konkurrenten durchführbar ist. Mit störenden Gegenreaktionen ist daher unmittelbar zu rechnen.

7.3.3 Markentreue als Indikator für zukünftige Markenwahl

Die Markentreue wird als besonderes Treueverhältnis des Konsumenten zu einer bestimmten Marke aufgefaßt. Dieses Treueverhältnis ist das Ergebnis positiver Erfahrungen mit dem betreffenden Produkt bzw. einer bestimmten Marke und schlägt sich im Wiederkauf nieder.

Es ist üblich, von unterschiedlichen Graden der Markentreue zu sprechen:

- Ungeteilte Markentreue liegt vor, wenn ein Haushalt innerhalb eines bestimmten Zeitraumes ausschließlich ein- und dieselbe Marke kauft.
- Geteilte Markentreue ist durch regelmäßig abwechselnde Käufe mehrerer Marken gekennzeichnet.
- Instabile Markentreue äußert sich darin, daß nach wiederholtem Kauf einer Marke mehrmals eine andere Marke erworben wird.

Der Grad an Markentreue in der Vergangenheit kann zur Prognose der Markenwahl in der Zukunft herangezogen werden. Dabei wird berücksichtigt, daß bei wiederholten Käufen derselben Marke die Wahrscheinlichkeit steigt, daß diese Marke auch zukünftig präferiert wird.

Ein sehr bekanntes Modell zur Berechnung von Kaufwahrscheinlichkeiten stellen die sogenannten Markoff-Ketten dar. Aus den Verteilungen der Kaufwahrscheinlichkeiten der einzelnen Marken kann prognostiziert werden, wie wahrscheinlich der Kauf einer bestimmten Marke in der nächsten Periode ist.

Die Wahrscheinlichkeit, daß eine bestimmte Marke gekauft wird, hängt bei diesem Modell nur davon ab, welche Marke in der Vorperiode gewählt wurde. Nicht berücksichtigt wird dabei die Wirkung der Marketinginstrumente.

Literaturverzeichnis zu III, 7

Einführende Literatur

Aaker, D. A., Myers, J. G., Advertising Management, Prentice Hall, Englewood Cliffs, 2nd ed., 1982.

Koeppler, K., Werbewirkungen definiert und gemessen, Heinrich-Bauer-Stiftung, Velbert 1974.

Kroeber-Riel, W., Meyer-Hentschel, G., Werbung – Steuerung des Konsumentenverhaltens, Physica-Verlag, Würzburg, Wien 1982.

Kroeber-Riel, W., Konsumentenverhalten, 3. Aufl., Vahlen, München 1984.

Weiterführende Literatur

Bergler, R., (Hrsg.), Das Eindrucksdifferential – Theorie und Technik, Hans Huber-Verlag, Bern, Stuttgart, Wien 1975.

Bruckner, S., Werbewirkungsmessung mit Compagnon und Blickregistrierung, Diplomarbeit an der Wirtschaftsuniversität Wien, Februar 1988.

Esomar, International Code of Marketing and Social Research, Esomar, Amsterdam 1986.

Grabner, U., Eine vergleichende Analyse des Nonverbalen Österreich-Image, Diplomarbeit an der Wirtschaftsuniversität Wien, 1988.

Hammann, P., Erichson, B., Marktforschung, Gustav Fischer, Stuttgart, New York 1978.

Harbich, R., Die Einsatzbestimmungen der Nonverbalen Imagemessung, Diplomarbeit an der Wirtschaftsuniversität Wien, 1987.

Holm, K., Die Befragung, Band 1, Gustav Fischer, München 1982.

Hossinger, H. P., Pretest in der Marktforschung, Physica-Verlag, Würzburg, Wien 1982.

Jiras, H., Die computergestützte Aktivierungsmessung, Diplomarbeit an der Wirtschaftsuniversität Wien, September 1986.

Keitz, B., Wirksame Fernsehwerbung, Physica-Verlag, Würzburg 1983.

Koeppler, K., Werbebotschaften wirksam machen, in: Vierteljahreshefte für Mediaplanung Nr. 2, 1984.

Meyer, W., The Imagemakers, Time-Books, New York 1984.

Mühlbacher, H., Selektive Werbung, R. Trauner-Verlag, Linz 1982.

Neibecker, B., Werbewirkungsanalyse mit Expertensystemen, Physica Verlag, Heidelberg 1990.

Olson, J. und Ray W. J., Using Brain Wave Measures to Assess Advertising Effects, Marketing Science Institute Research Program, Cambridge, Massachusetts 1983.

Pöhn, U., Die Aktivierungsleistung von Anzeigentexten, Diplomarbeit an der Wirtschaftsuniversität Wien, Juli 1986.

Prochazka, W., Methoden der Aktivierungsforschung, in WWG Information Nr. 90, 1982.

Ruge, H. D., Das Imagery Differential, Forschungsgruppe Konsum und Verhalten, Saarbrücken 1988.

Salcher, E. F., Psychologische Marktforschung, De Gruyter, Berlin, New York 1978.

Schnötzinger, J., Die Messung der Anzeigenwirkung: Vergleich der nonverbalen Leseverhaltensbeobachtung und der Blickregistrierung, Dissertation an der Wirtschaftsuniversität Wien, 1987.

Schweiger, G. (Hrsg.), Österreichs Image im Ausland, Norka-Verlag, Wien 1988.

Schweiger, G., Wiklicky, W., Bednar, B., Nonverbale Imagemessung bei Markenartikeln – Eine Anwendung im Bereich Babyprodukte, in: Werbeforschung & Praxis 2/87.

Schweiger, G., Wusst, C., Neue Wege in der Nonverbalen Imagemessung, in: Werbeforschung & Praxis 2/87.

Steffenhagen, H., Wirkungen absatzpolitischer Instrumente, Theorie und Messung der Marktreaktion, Poeschel-Verlag, Stuttgart 1978.

Steffenhagen, H., Ansätze der Werbewirkungsforschung, in: Marketing Nr. 2, 1984.

Wansch, H., Computergestützte Aktivierungsmessung und ihre Fehlerquellen am Beispiel von Anzeigen der Gemeinschaftswerbung zur Förderung des Absatzes von Österreichischen Produkten, Diplomarbeit an der Wirtschaftsuniversität Wien 1988.

Weiss, A., Werbewirkungsmessung mit Hilfe der computergestützten Blickregistrierung, Diplomarbeit an der Wirtschaftsuniversität Wien, April 1987.

Wiswede, G., Motivation und Verbraucherverhalten, E. Reinhardt-Verlag, München, Basel, 2. Aufl. 1973.

Wusst, C., Ansätze zur Einstellungs- und Imagemessung am Beispiel ‹Österreich›, Dissertation an der Wirtschaftsuniversität Wien, 1987.

IV. Grenzen der Werbung

Im folgenden Abschnitt sollen die Grenzen der Werbung aufgezeigt werden. Diese bestehen einerseits in rechtlichen Bestimmungen, andererseits aber auch in selbstgeschaffenen Beschränkungen und Ehrenkodizes.

Werbung sah sich seit jeher dem Vorwurf ausgesetzt, daß ethische oder moralische Überlegungen kaum Berücksichtigung fänden. Bezog sich die Kritik in den 60er Jahren noch vorrangig auf den Einsatz manipulativer Techniken gegenüber schutzlosen unmündigen Bürgern, so richtet sie sich heute in erster Linie gegen einzelne Erscheinungsformen, wie zum Beispiel gewisse Formen der angsterregenden Kommunikation. Auf der anderen Seite wächst die Bedeutung der Werbung als Mittel des Wettbewerbs ständig.

Ständiges kritisches Hinterfragen der Wirtschaftsordnung ist ein Mittel, um Mängel zu erkennen und Fehlentwicklungen bereits in ihren Anfängen zu korrigieren. Auch die Werbewirtschaft darf sich hier nicht ausschließen, sondern muß Verantwortung zeigen und sich der öffentlichen Kritik stellen. Werbung versteht sich als Bitte um Aufmerksamkeit für das, was man zu bieten hat. Daß sie zumindest den Versuch unternimmt, Konsumenten in ihrem Sinn zu beeinflussen, liegt in der Natur des Instruments. Dabei muß sie sich aber innerhalb der Grenzen der gesetzlichen Normen und der selbstdisziplinären Zurückhaltung bewegen.

Im folgenden sollen zunächst die rechtlichen Rahmenbedingungen für die Werbung näher beleuchtet und dann auf die freiwilligen Normen eingegangen werden.

1 Werberecht

In den meisten Ländern (z. B. der Bundesrepublik Deutschland und Österreich) ist das Werberecht kein einheitliches in sich geschlossenes Rechtsgebiet. Ein Gesetz, das die Zentralfragen der Werbung generell regelt, gibt es nicht. Vielmehr hat die rechtliche Ordnung, die für die Werbegestaltung relevant ist, ihren Niederschlag in einer Fülle von Einzelgesetzen und Verordnungen gefunden.

Die vorhandenen gesetzlichen Bestimmungen waren lange fast ausnahmslos solche zum Schutz des Werbers, der gegen unlauteren Wettbewerb, gegen mißbräuchliche Verwendung seiner Firma und seines

Warenzeichens und gegen die Verletzung seiner Urheberrechte geschützt wurde. Neben diesem Recht des Werbers trat das Recht des Umworbenen vorläufig fast gänzlich zurück, obwohl dessen Schutzbedürftigkeit nicht weniger bedeutungsvoll ist. Lediglich auf manchen Spezialsektoren wie z. B. der Heilmittelwerbung gibt es schon lange Schutzbestimmungen für den Umworbenen. Aus gesellschaftlichen und verbraucherpolitischen Überlegungen heraus wurden in letzter Zeit eine Reihe von gesetzlichen Bestimmungen geschaffen, die die Stellung der Verbraucher stärken und die werbliche Beeinflussung beschränken sollen. Die Bestimmungen betreffen:

- Inhalt und Gestalt der werblichen Aussage
- bestimmte Güter bzw. deren Anbieter
- Medien, mit denen geworben wird
- den Adressatenkreis der werblichen Aussage
- Umfang und Dauer von Werbeaussagen.

Neben den rechtlichen Vorschriften bestehen eine Reihe von Selbstbeschränkungen, die sich die Werbewirtschaft freiwillig auferlegt hat.

Da hier nicht Platz ist, auf sämtliche gesetzlichen Bestimmungen, die die Werbung betreffen, genau einzugehen, werden lediglich die wichtigsten Gesetze und Verordnungen sowie die Selbstbeschränkungsregeln der Werbewirtschaft angeführt.

1.1 Allgemeine gesetzliche Einschränkungen und Verbote

1.1.1 Gesetz gegen den unlauteren Wettbewerb (UWG)

Die Generalklausel (§ 1 UWG) verbietet Wettbewerbshandlungen im Geschäftsverkehr, die gegen die guten Sitten verstoßen. Darunter fallen insbesondere:

- Alle Handlungen, die geeignet sind, auf irgendeine Weise eine Verwechslung mit der Niederlassung, den Erzeugnissen oder der gewerblichen oder kaufmännischen Tätigkeit eines Wettbewerbers hervorzurufen.
- Falsche Behauptungen im geschäftlichen Verkehr, die geeignet sind, den Ruf der Niederlassung, der Erzeugnisse oder der gewerblichen oder kaufmännischen Tätigkeit eines Wettbewerbers herabsetzen.
- Persönliche Werbung z. B. «Kaufen Sie nicht bei A, der ist ja ein Ausländer!» (auch wenn dies den Tatsachen entspricht).
- Anlehnende Werbung (z. B. «Meine Ware ist ebenso gut wie das bekannte Produkt X»).
- «Anreißen» (das ist übertrieben aufdringliche und lästige Werbung)
- Psychischer Kaufzwang (der Adressat fühlt sich moralisch zum Kauf verpflichtet; z. B. Verkaufspartys mit sofortiger Bestellung).

- Preisunterbietung, sofern sie ausschließlich von Schädigungs- und Vernichtungsabsicht getragen ist, oder unter Verletzung einer rechtswirksamen Preisbindung.
- Nachahmung fremder Erzeugnisse soweit sie zur Irreführung über die betriebliche Herkunft führen kann und andere Gestaltungsmöglichkeiten bestanden hätten.
- Nachahmung fremder Werbemittel oder Werbemethoden, soweit diese ein bestimmtes Unternehmen kennzeichnen.
- Sonstige Irreführungshandlungen (z. B. Lockvogelangebote).

Eine Sonderstellung nimmt die sog. vergleichende Werbung ein, die im internationalen Vergleich sehr unterschiedlich geregelt ist. Man versteht darunter Werbung, in der zwei oder mehr Marken explizit miteinander verglichen oder in der zumindest die Produkte mit gut sichtbarer Markenbezeichnung nebeneinander präsentiert werden. Der Vergleich zwischen den Produkten, die aus derselben Produktgruppe sein müssen, bezieht sich auf ein oder mehrere Merkmale, wobei der Anspruch erhoben wird, daß die aufgezeigten Unterschiede im Zuge interner oder externer Recherchen aufgefunden wurden und objektiv nachprüfbar sind. Im Falle einer rechtlichen Beanstandung gilt umgekehrte Beweislast, das heißt, daß nicht der klagende Mitbewerber, sondern der Auftraggeber der vergleichenden Werbung den Wahrheitsbeweis antreten muß.

Befürworter vergleichender Werbung sehen in dieser Form der Ansprache die Chance für den Konsumenten, rascher und leichter zu entscheidungsrelevanten Informationen über das Produkt zu kommen. Außerdem würden Aussagen wie «Mein Produkt ist genauso gut wie Marke X, aber viel billiger!» die Erfolgschancen für kleinere Anbieter und Marktneulinge zum Nutzen der Konsumenten wesentlich erhöhen. Gegner halten dem entgegen, daß der Vergleich häufig über nicht relevante Aspekte geführt wird, wodurch Konsumenten lediglich verwirrt und verunsichert würden. Außerdem besteht die Gefahr, daß der Mißbrauch vergleichender Werbung sich in einer negativen Einstellung zur Werbung allgemein niederschlägt. Umstritten ist auch, ob vergleichende Werbung tatsächlich bessere Wirkung erzielt als herkömmliche, nicht-vergleichende. So ist zumindest die Gefahr, daß die zum Vergleich herangezogene Marke mit der eigentlich beworbenen verwechselt wird, deutlich erhöht.

Im internationalen Vergleich finden sich große Unterschiede hinsichtlich der gesetzlichen und außergesetzlichen Bestimmungen zur vergleichenden Werbung, aber auch zu ihrem Einsatz. Während beispielsweise in den USA, Kanada und Großbritannien dem Einsatz nur wenige Hindernisse in den Weg gelegt werden und dort vergleichende

Werbung auch häufig anzutreffen ist, ist sie in Deutschland oder Österreich von eher geringer Bedeutung. Sie ist zwar auch hier rechtlich zulässig, solange sie wahrheitsgemäß ist, wird aber aufgrund der derzeit eher restriktiven Rechtsprechung kaum eingesetzt.

Das UWG verbietet außerdem, in der Werbeaussage Angaben zu machen, die zur Irreführung über geschäftliche Verhältnisse geeignet sind.

Angaben im Sinne des § 2 UWG sind Äußerungen mit objektiv feststellbarem Inhalt. Das Gegenstück dazu ist die Meinungsäußerung, die allerdings in Sonderfällen zu einer Angabe werden kann, wenn sie tatsächliche Behauptungen implizit enthält bzw. einen objektiv überprüfbaren Tatsachenkern aufweist. So sind beispielweise Aussagen wie «Die Nummer 1 im Fensterbau» oder «Führende Werbeagentur» als Angaben gewertet worden. Als irreführend gelten Angaben, wenn die Vorstellung eines Großteils der Zielgruppe über die Bedeutung der Angabe nicht mit den tatsächlichen Verhältnissen übereinstimmt.

Häufig fehlt in der Werbung – vor allem im Bereich des Zusatznutzens – die vom UWG geforderte Objektivität der Aussage, so daß eine Irreführung im Sinne des § 2 nicht vorliegt. Auch in Fragen der Werbung mit Testimonials ist so lange keine Verletzung des Irreführungsverbots zu befürchten, als dem Testimonial nicht von Seiten der Zielpersonen überdurchschnittliche Kompetenz für den betreffeneden Produktbereich zugeschrieben wird.

Unzulässig sind jedenfalls unrichtige Angaben über:

- die Beschaffenheit von Waren oder Dienstleistungen (z. B. über die Zusammensetzung, die Qualität oder bestimmte Eigenschaften einer Ware),
- Ursprung von Waren oder Dienstleistungen (z. B. «Made in England» für ein österreichisches Erzeugnis),
- die Herstellungsart von Waren oder Leistungen (z. B. «Handarbeit»),
- die Preisbemessung von Waren oder Leistungen (z. B. «Fabrikspreise»),
- die Art des Bezuges oder die Bezugsquelle von Waren (z. B. «aus eigenen Importen»),
- den Besitz von Auszeichnungen
- den Anlaß oder Zweck des Verkaufs (z. B. «privater Gelegenheitskauf»),
- die Menge der Vorräte,
- den eigenen Betrieb (z. B. Fabrik, Haus),
- besondere Fähigkeiten des Unternehmers (z. B. gerichtlich beeideter Sachverständiger).

1.1.2 Rabattgesetz und Zugabengesetz

Nach dem Rabattgesetz besteht ein grundsätzliches Verbot, Preisnachlässe (Rabatte) anzukündigen oder zu gewähren, wenn im geschäftlichen Verkehr Waren oder Leistungen des täglichen Bedarfs im Einzelverkauf an den Letztverbraucher veräußert werden. Diese Bestimmung gilt auch für «Sonderpreise», die aufgrund der Zugehörigkeit zu bestimmten Verbraucherkreisen, Berufen, Vereinen oder ähnlichem eingeräumt werden.

Nach dem Zugabengesetz gilt das grundsätzliche Verbot, neben Waren oder Leistungen unentgeltlich Zugaben anzubieten, anzukündigen oder zu gewähren. Warenproben, auffallend und dauerhaft gekennzeichnete Reklamegegenstände und geringwertige Kleinigkeiten («Bagatellzugaben») dürfen zwar gewährt, nicht aber angeboten oder angekündigt werden.

1.1.3 Lebensmittelgesetz und Spezialitätenordnung

Durch die Bestimmungen des Lebensmittelgesetzes und der Spezialitätenordnung (Verordnung betreffend pharmazeutische Spezialitäten) sollen die Verbraucher vor (gesundheitlichen) Schäden, die in Folge des werblich geförderten Konsums von Lebensmitteln oder der Verwendung von Kosmetika oder in Folge werblich geförderter Selbstmedikation auftreten, geschützt werden.

Das Lebensmittelgesetz verbietet beispielsweise Falschbezeichnungen, die insbesondere gesundheitsbezogene Angaben betreffen. Die Spezialitätenordnung untersagt falsche Angaben über die Zusammensetzung oder Wirkung von Medikamenten, oder die Anweisung zur Selbstbehandlung von Krankheiten.

1.2 Beschränkungen und Verbote für bestimmte Berufe

Zweck der Werbebeschränkung bzw. des Werbeverbotes für bestimmte Berufsgruppen ist die Vermeidung unseriösen Wettbewerbs zwischen ihren Angehörigen. Ausmaß der werblichen Bemühungen (Größe der Praxisschilder, Briefköpfe etc.) oder Werbeanlässe (Eröffnung oder Verlegung der Praxis) werden beschränkt.

Nach dem Ärztegesetz bzw. Tierärztegesetz wird jegliche Werbung im Zusammenhang mit der Ausübung des ärztlichen bzw. tierärztlichen Berufes verboten. Ebenso verbietet das Krankenanstaltengesetz jede Art von Werbung für bestimmte medizinische Behandlungsmethoden sowie für die Verwendung bestimmter Arzneibehelfe.

Die Wirtschaftstreuhänder-Berufsordnung gestattet Werbung im Zusammenhang mit der Ausübung des Berufes lediglich im Rahmen der von der Kammer der Wirtschaftstreuhänder erlassenen Richtlinien.

Auch für die Ausübung des Rechtsanwaltsberufes gibt es eine Beschränkung der Klientenwerbung.

1.3 Beschränkungen der Rundfunk- und Fernsehwerbung

Die Kontrolle der Rundfunk- und Fernsehwerbung setzt sich in den meisten Ländern aus Komponenten staatlicher und selbstdisziplinärer Maßnahmen zusammen. In manchen Ländern allerdings existieren generelle Werbeverbote im Fernsehen, wie etwa in der Schweiz oder in Schweden.

In der Bundesrepublik Deutschland und in Österreich besteht ein generelles Verbot der Rundfunk- und Fernsehwerbung für Tabakwaren. In Österreich sind darüberhinaus auch das Verbot der Rundfunk- und TV-Werbung für harte alkoholische Getränke sowie das Verbot der unter der Wahrnehmungsgrenze liegenden Werbesendungen gesetzlich verankert.

Über diese gesetzlich geregelten Bestimmungen hinaus werden von den Rundfunkstationen eigene Bestimmungen erstellt, nach denen Werbung für bestimmte Produkte ausgeschlossen, abgelehnt bzw. nur beschränkt zugelassen wird. Diese Bestimmungen orientieren sich an den internationalen Verhaltensregeln, die von der internationalen Handelskammer als Richtlinien herausgegeben wurden. Nach den Geschäftsbedingungen des Österreichischen Rundfunks (ORF) sind beispielsweise neben Spots für Tabakwaren und Spirituosen, auch Anzeigen für privaten Geldverleih, Heiratsanzeigen oder Werbung, die an den Aberglauben appelliert, von der Sendung ausgeschlossen.

1.4 Selbstbeschränkungen der Werbewirtschaft

Während bei Verstößen gegen Gesetze oder Verordnungen rechtliche Sanktionen in Kraft treten, ist dies bei den Selbstbeschränkungsregeln nicht der Fall. Sie haben aber indirekte rechtliche Wirkung, da sich die Rechtsprechung bei der Beurteilung der Lauterkeit einer Werbemaßnahme an den Selbstbeschränkungsregeln orientieren kann.

Im allgemeinen liegt der Zweck der Selbstbeschränkungen darin, weitere gesetzliche Regeln zu verhindern.

1.4.1 Informationsbriefe für Werbetreibende («Werbebriefe»)

In der Bundesrepublik Deutschland werden vom Zentralausschuß für Werbung (ZAW) sogenannte «Richtlinien» herausgegeben, die sich mit vielerlei Themen der Werbung beschäftigen. Sie haben neben der

Lauterkeit der Werbung auch die Erleichterung des täglichen Werbegeschäfts durch Normierung und Standardisierung zum Inhalt.

Die österreichische Werbewirtschaft erhält ihre Richtlinien vom Fachverband für Werbung in den sog. «Werbebriefen». Folgende Themenbereiche wurden bisher behandelt:

- Kind und Werbung
  Auf Kinder darf kein psychischer Kaufzwang ausgeübt werden. Sie dürfen nicht als minderwertig dargestellt werden, weil sie ein bestimmtes Produkt nicht erwerben. Auch die Ausnützung des Anhänglichkeitsgefühls zwischen Eltern und Kindern im Sinne eines Produkterwerbes ist untersagt.
- Gesundheitsbezogene Werbung
  Hinweise auf Krankengeschichten, ärztliche Empfehlungen oder Gutachten sind untersagt.
- Werbung ohne Brutalität
  Verwendung negativer Charaktereigenschaften als Werbeargument, Darstellung aggressiven oder brutalen Verhaltens, sowie die Darstellung leichtsinniger Personen, die ihre eigene Sicherheit oder die anderer Personen gefährden, sind untersagt.
- Kennzeichnung von Anzeigen
  In den Printmedien sind bezahlte Werbung und Öffentlichkeitsarbeit sauber zu trennen: Ankündigungen, Empfehlungen und sonstige gegen Entgelt abgedruckte Berichte (Anzeigen) müssen eindeutig durch Worte als entgeltliche Veröffentlichungen erkennbar sein.
- Wahrheit in der Werbung
  Irreführung durch Andeutungen, Weglassungen, Doppeldeutigkeiten oder Übertreibungen sollen ebenso wie generalisierende Aussagen über Eigenschaften einer Ware, die nicht in jedem Fall und unter allen Bedingungen zutreffen, vermieden werden. Der Werbende muß jederzeit den Wahrheitsbeweis erbringen können.
- Mann und Frau in der Werbung
  Frauen sollen nicht als in technischen Dingen von vornherein ungeschickt gezeigt und nicht vorwiegend als Hausfrauen oder untergeordnete Angestellte dargestellt werden. Ebenso sollten auch Männer in verschiedenen Rollen gesehen bzw. beim Verrichten von Hausarbeiten nicht als ungeschickte oder komische Figuren gezeigt werden.

1.4.2 Internationale Verhaltensregeln

Von den Mitgliedern der internationalen Handelskammer wurde 1973 ein umfassender Katalog von Werberichtlinien erstellt. Ihre Einhaltung wird in Österreich vom österreichischen Werberat und in der Bundesrepublik Deutschland vom deutschen Werberat überwacht.

Da viele der internationalen Regeln ohnehin zum Rechtsbestand des UWG gehören, sollen nur mehr diejenigen herausgegriffen werden, die noch nicht dargestellt worden sind.

– Schutz des Privatlebens
  keine Abbildung oder sonstige Erwähnung von Personen in ihrer privaten oder öffentlichen Funktion ohne ihre vorherige Erlaubnis
– Anlehnende Werbung
  keine unberechtigte Verwendung des Namens oder der Bezeichnung anderer Unternehmen, Gesellschaften oder Institutionen;
  kein Ausnützen des guten Rufes fremder Unternehmungen oder Erzeugnisse als Vorspann für eigene wirtschaftliche Zwecke
– Gutachten und Zeugnisse
  Bezugnahme auf Gutachten und Zeugnisse nur bei deren Echtheit und Unbedenklichkeit
– Nachahmung
  keine zur Irreführung geeignete Nachahmung von Layouts, Texten, Slogans, bildlichen Darstellungen, Musik- und Geräuscheffekten oder dergleichen
– Sicherheitsrücksichten
  keine Abbildungen oder Texte in bezug auf gefahrverursachende Unsitten oder Situationen, die Sicherheitsrücksichten außer acht lassen; besondere Vorsicht bei Werbung und Abbildung von Kindern und Jugendlichen
– Kinder und Jugendliche
  kein Ausnützen der natürlichen Leichtgläubigkeit der Kinder und mangelnden Erfahrungen von Jugendlichen;
  Werbung, die sich an Kinder und Jugendliche wendet, soll nichts enthalten, was ihnen geistigen, moralischen oder psychischen Schaden zufügen kann.

Ziel all dieser oben angeführten Richtlinien ist es, lauteres Verhalten im Bereich der Werbung durch freiwillige Selbstdisziplin herbeizuführen und damit ein Gleichgewicht zwischen den Interessen der Anbieter und Abnehmer herzustellen.

Ein besonderer Fall freiwilliger werblicher Beschränkungen ist die sogenannte «Robinson-Liste», die in Österreich vom Fachverband für Werbung und in der Bundesrepublik Deutschland vom Adressenverleger- und Direktwerbeunternehmerverband geführt wird. In diese Liste können sich Verbraucher eintragen lassen, die kein Werbematerial zugesandt haben wollen. Dies bedeutet, daß der Konsument nicht nur von Interessensverbänden und Behörden geschützt wird, sondern daß er sich bis zu einem gewissen Grad auch aktiv dem Einfluß der Werbung entziehen kann.

Literaturverzeichnis zu IV,1

Einführende Literatur
Deutsche Gruppe der Internationalen Handelskammer (Hrsg.), Internationale Verhaltensregeln für die Werbepraxis, Köln 1973.
Friedl, G., Werbebeschränkungen und Verbote, hrsg. vom Fachverband Werbung, Wien 1981.
Kaiser, A., Werbung, Theorie und Praxis werblicher Beeinflussung, Vahlen, München 1980.
Nickel, V., Werbung in Grenzen, herausgegeben vom ZAW, Bonn 1980.

Weiterführende Literatur:
Aicher, J., (Hrsg.), Das Recht der Werbung, Orac-Verlag, Wien 1984.
Brandtmair, L., Die freiwillige Selbstkontrolle der Werbung, Carl Heymanns-Verlag, Köln, Berlin, Bonn, München 1978.
Deimel, U., Comparison Advertising in the United States and in Austria: A Study with Special Reference to the Terminological Aspect, Dissertation an der Wirtschaftsuniversität Wien 1990.
Pöchhacker, Ch., Suggestivwerbung und unlauterer Wettbewerb, Juristische Schriftenreihe Band 25, Verlag Österreichische Staatsdruckerei, Wien 1990.
Schmid, Ch., Irreführende Werbung, Rüegger, Diesenhofen 1976.
Schricker, G. (Hrsg.), Recht der Werbung in Europa, edition ZAW, Bonn 1990.
Zentes, J., Vergleichende Werbung, in: Kaiser, A., (Hrsg.) Werbung, Theorie und Praxis werblicher Beeinflussung, München 1980.

2 Werbung und Gesellschaft

2.1 Konsumentensouveränität

Konsumfreiheit stellt einen tragenden Pfeiler der Wirtschaftsordnung der freien Marktwirtschaft dar. Sie setzt jedoch voraus, daß jeder Verbraucher fähig ist, seinen eigenen Lebensraum zu gestalten und ihn gegen alle Anforderungen nach außen zu verteidigen. Die Ideologie des souveränen Konsumenten findet denn auch in den meisten Marketing-Lehrbüchern ihren Niederschlag.

Der souveräne Konsument entscheidet selbst, ob er ein Angebot – sei es ein Waren-, Leistungs- oder Informationsangebot – akzeptiert oder ablehnt. Somit trägt er auch die Verantwortung für sein Verhalten. Die Unternehmer richten sich nach dem Konsumenten und erfüllen seine Wünsche und Bedürfnisse.

Tatsächlich aber ist die Konsumentensouveränität beschränkt: Der Verbraucher wird von außen beeinflußt, und oft ist die Verhaltensbeeinflussung vom Betroffenen gar nicht gedanklich (willentlich) kontrollierbar.

2.2 Manipulation

Geht man vom Zweck der Kommunikation aus, so kann man generell zwischen zweckfreier Kommunikation, wie sie zum Beispiel als Geplauder und Unterhaltung vorkommt, und beeinflussender Kommunikation unterscheiden. Beeinflussende Kommunikation findet man in Form von Anweisungen, denen ein formeller Zwang zur Ausführung zugrunde liegt (z. B. Befehle), weiters in Form von Werbung und auch in Form von Manipulation (vgl. Abb. 77). Im Gegensatz zum Befehl liegt der Werbung kein formeller Zwang, nämlich insofern, daß die Nichtbefolgung des Kommunikationsinhaltes irgendwie sanktioniert werden könnte, zugrunde. Bei der Manipulation wird der formelle Zwang durch psychischen Zwang ersetzt. Dieser psychische Zwang ist in diesem Fall für die Zielperson nicht durchschaubar.

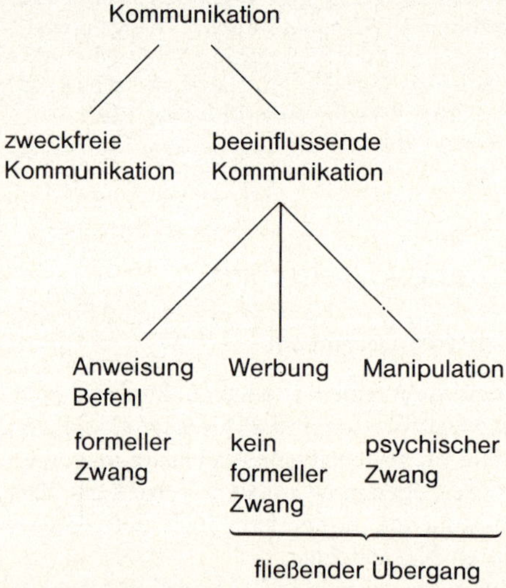

Abb. 77: Formen der Kommunikation

2.2.1 Definition der Manipulation

Im täglichen Sprachgebrauch ist das Wort Manipulation negativ besetzt. In der allgemeinsten Form handelt es sich bei Manipulation um «Beeinflussung des Menschen durch Menschen» (Meyers Enzyklopädisches Lexikon, Band 15, Mannheim, Wien, Zürich 1975, S. 564). Dieser Begriff ist sehr weit gefaßt, denn danach wäre alles, was in der Gesellschaft auf uns einwirkt, Manipulation.

Von Manipulation spricht man im allgemeinen dann, wenn die Beeinflussung vom Konsumenten nicht bewußt (willentlich) kontrolliert und durchschaut werden kann. Dabei ist unter willentlich kontrolliertem Verhalten ein von Bewußtseinsprozessen gesteuertes Verhalten zu verstehen: Der Mensch reagiert nicht automatisch auf dargebotene Reize, sondern er verarbeitet diese gedanklich und ist sich somit seiner Entscheidungssituation bewußt.

Es besteht, wie aus Abb. 77 hervorgeht, ein fließender Übergang zwischen Manipulation und Werbung. Zumeist enthält Werbung sowohl informative als auch suggestive Elemente. Inwieweit der Konsument dabei die Beeinflussungsabsicht willentlich kontrollieren und durchschauen kann, kann von Fall zu Fall sehr unterschiedlich sein.

Durchschaut der Konsument allerdings die manipulative Beeinflussungsabsicht, so reagiert er häufig mit Reaktanz, und die Beeinflussung wird nicht wirksam. Erkennt nämlich eine Person, die der Kommunikation ausgesetzt ist, daß auf sie Druck zu einer Meinungs- bzw. Verhaltensänderung ausgeübt wird, also ein ihr persönlich wichtiger Meinungsspielraum beschränkt werden soll, so wird sie versuchen, sich zu widersetzen: Die Beeinflussung führt zu keiner Meinungsänderung oder sogar zu einer Meinungsbildung, die der Absicht des Kommunikators entgegengesetzt ist (Bumerangeffekt).

Nach Kroeber-Riel und Meyer-Hentschel (1982, S. 193 ff.) hat der Manipulationsbegriff neben dem oben dargestellten sachlichen Inhalt auch eine wertende Komponente: Manipulation wird als Verhaltenssteuerung im Dienste «fremder» Zielsetzungen verstanden, die vom Empfänger nicht akzeptiert wird. Die negative Besetzung des umgangssprachlich benutzten Manipulationsbegriffes ist vor allem darauf zurückzuführen, daß er meist dann benutzt wird, wenn von Beeinflussungstechniken die Rede ist, die mit einem Verstoß gegen Ziele bzw. Werte, die in der Gesellschaft allgemein anerkannt werden, in Zusammenhang stehen. Kaum jemand bezeichnet Beeinflussungstechniken als «manipulativ», wenn sie z. B. in der Kindeserziehung oder in der Kirche eingesetzt werden, obwohl diese Techniken in der Regel vom Beeinflußten nicht bewußt kontrolliert werden können und sich die Beeinflußten ihnen nicht entziehen können. Doch die Ziele die dahinter stehen, werden von der Gesellschaft akzeptiert und eine Verhaltenssteuerung als legitim betrachtet. Der Manipulationsvorwurf richtet sich somit zumeist gegen Wertesysteme anderer gesellschaftlicher Gruppen. Beim Manipulationsvorwurf gegen die Werbung ist daher zu prüfen, welche

Wertung hinter dem sachlichen Inhalt steckt. Gegen geltende gesellschaftliche Zielsetzungen verstößt z. B. Werbung, die Konsumenten zum Kauf gesundheitsschädlicher Produkte auffordert.

2.2.2 Formen manipulativer Techniken in der Werbung

Manipulation kann durch verschiedene Formen erfolgen. Abb. 78 gibt einen Überblick über die wichtigsten Möglichkeiten, die Beeinflussungsabsicht zu tarnen.

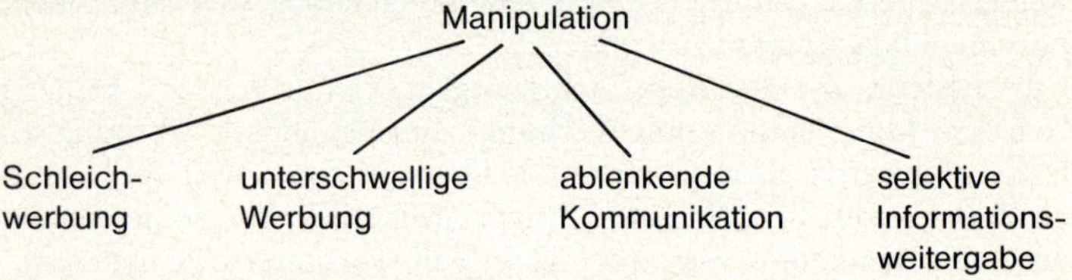

Abb. 78: Erscheinungsformen der Manipulation

Schleichwerbung

Die häufigste Form der Manipulation in der Absatzwerbung ist die Schleichwerbung. Sie betrifft fast alle Medien, sowohl Print als auch Rundfunk und TV. Bei der Schleichwerbung geht es vor allem darum, die werbliche Absicht gegenüber dem Umworbenen zu tarnen. Um Schleichwerbung handelt es sich z. B. dann, wenn bei manchen Fernsehserien bestimmte Getränkemarken, PKW-Marken oder ähnliches eingeblendet werden. Diese Form der Schleichwerbung ist besonders wirkungsvoll, denn hier beeinflussen Fernsehdarsteller oder Sportler als Leitbilder das Konsumentenverhalten.

Es ist dadurch auch möglich, selbst auferlegte Werbebeschränkungen oder Werbeverbote (z. B. für Alkohol) zu umgehen.

Schleichwerbung ist gegen das in letzter Zeit immer häufiger angewandte Product Placement schwer abzugrenzen (vgl. Kap. III, 6.1.14).

Eine andere Form der Schleichwerbung ist die Plazierung redaktionell gestalteter Anzeigen in Zeitungen und Zeitschriften ohne Kennzeichnung als Werbung. Beide Arten der Schleichwerbung verstoßen z. B. gegen das österreichische Mediengesetz.

Unterschwellige Werbung

Bei unterschwelliger Werbung werden Reize so kurzzeitig dargeboten, daß sie nicht bewußt wahrgenommen werden können (vgl. Kap. III,4.1.1.1). Ihre Wirkung ist allerdings unbewiesen, zumindest was ihren Einsatz bezüglich einer gedanklich nicht kontrollierbaren Verhaltenssteuerung hinsichtlich bestimmter Marken betrifft.

Der Einsatz unterschwelliger Werbung ist technisch auf Filme – TV- und Kino – beschränkt und er ist darüber hinaus in den meisten Ländern wie z. B. den USA und Österreich, explizit verboten.

Ablenkende Kommunikation

Durch diese Form der Kommunikation soll der Konsument vom Beeinflussungsziel abgelenkt werden. Die Ablenkung kann etwa dadurch erfolgen, daß der Sprecher einer Werbebotschaft in einem fremdländischen Akzent spricht, oder daß Bilder gezeigt werden, die nicht zur Argumentation passen und von dieser ablenken. Durch die Darbietung ablenkender Reize wird in den Informationsverarbeitungsprozeß eingegriffen, indem der Widerstand gegen eine Meinungsänderung geschwächt wird. Der Konsument durchschaut nicht, in welcher Weise sich der Beeinflussende seine kognitiven Mechanismen zunutze macht: Die willentliche Kontrolle wird umgangen, denn es werden weitgehend automatisch ablaufende Verhaltensweisen ausgelöst. (Vgl. Kroeber-Riel 1980, S. 591 und das zur «emotionalen Konditionierung» Gesagte im Kap. III,4.1.1.2.)

Aber nicht alle Techniken der ablenkenden Kommunikation sind für den Werber von vorteilhafter Wirkung. So kann es zum Beispiel vorkommen, daß der Ablenkungsreiz die Wirkung der Werbeansage überlagert.

Selektive Informationsweitergabe

Eine weitere Form der Manipulation, die weniger in der Werbung, sondern vielmehr im Journalismus Verwendung findet, ist die selektive Informationsweitergabe. Hier wählt der Journalist aus der Fülle des Informationsangebotes, das aufgrund von Ereignissen anfällt, nur solches für seinen Bericht aus, das seinen Zielsetzungen oder seiner Ideologie entspricht. D. h., das Publikum wird durch die Medien nur mit gefilterten Informationen versorgt, was vor allem in Ländern, die keine freie Presse haben, besonders kraß sein kann.

2.2.3 Grenzen der Manipulation

Seitens der Rezipienten sind der Beeinflussung durch Kommunikation natürliche Grenzen gesetzt. Erstens wirkt das Phänomen der selektiven Wahrnehmung (vgl. dazu Kap. III,4.1.1.1). Erreicht die Werbebotschaft auch den Verbraucher, so ist noch immer nicht sichergestellt, daß er sie auch wahrnimmt bzw. aufnimmt, denn aus der Gesamtheit aller Reize, die auf ihn tagtäglich einwirken, wählt er jene aus, die in irgendeiner Form für ihn bedeutsam sind. Es haben daher nur solche Botschaften eine Chance, verarbeitet und somit verhaltenswirksam zu werden, die den selektiven Filter durchdringen.

Weiters können Beeinflussungswirkungen durch den oben erwähnten Reaktanz-Effekt weitgehend abgeschwächt werden: Der Verbraucher merkt die Beeinflussungsabsicht der Werbebotschaft und reagiert ärgerlich. Auch wird Werbung von vielen Verbrauchern nur für eingeschränkt kompetent gehalten und sie nehmen daher den Werbeaussagen gegenüber von vornherein eine mißtrauische Haltung ein.

Für die Meinungsbildung selbst ist ein mehrstufiger Kommunikationsprozeß typisch: d. h., es bestehen innerhalb verschiedener sozialer Schichten Meinungsführer, die in der Massenkommunikation eine Art Vermittlerrolle spielen und für eine Gefolgschaft ihrerseits meinungsbildend wirken. Dieser Prozeß ist von den Werbetreibenden nur schwer kontrollierbar. Außerdem ist Werbung nur eine von vielen Informationsquellen: Der Konsument kann sich auch durch Verkäufer, Bekannte oder Freunde beraten lassen, oder Auskünfte bei Verbraucherberatungsstellen einholen, Testergebnisse von Warentests oder Berichte in Fachzeitschriften zu Rate ziehen u. v. m.

Schließlich wird die Manipulation durch Werbung auch dadurch eingeschränkt, daß die einzelnen Werbebotschaften zueinander in Konkurrenz stehen und sich dadurch zum Teil in ihrer Wirkung kompensieren.

2.3 Verbraucherpolitik

Von den Marketingaktivitäten geht eine Verhaltenssteuerung aus, die die Konsumentensouveränität beschneidet. Um diesen Einschränkungen entgegenzuwirken, haben sich im Laufe der Zeit soziale Bewegungen gebildet, die sich für Konsumentenschutz einsetzen und sich auf eine Überprüfung und Neuformulierung des gesamten Konsumstandards richten.

Die Diskussion um Marketing und Verbraucherpolitik entstand vor allem in den USA als sogenannte Konsumerismus-Bewegung. Auslösende Faktoren dafür waren J. F. Kennedys Proklamation der Grundrechte des Verbrauchers Anfang der 60er Jahre und konsumkritische Werke wie etwa Kenneth Gallbraiths «Gesellschaft im Überfluß» oder Vance Packards «Die geheimen Verführer». Durch den Konsumerismus werden nicht nur Ordnungsmaßnahmen seitens des Staates gefordert, um damit Rechte des Konsumenten zu schützen und auch durchzusetzen, sondern die Konsumgesellschaft selbst wird in Frage gestellt. Kritisiert wird dabei die ausschließliche Orientierung des Lebens am Konsum und die Ausdehnung der Konsumhaltung auf alle Lebensbereiche.

Ziel des Konsumerismus ist häufig, Rechte und Macht der Verbraucher gegenüber den Anbietern zu stärken. Aufgrund des bestehenden Ungleichgewichts zwischen Anbieter und Nachfrager sieht sich der Staat gezwungen, regulierend in den Wettbewerb einzugreifen, also aktiv Verbraucherpolitik zu betreiben. Unter Verbraucherpolitik versteht man alle staatlichen oder staatlich geförderten Maßnahmen, die darauf abzielen, das Ungleichgewicht zwischen Produzenten und Konsumenten zu mildern und dem Konsumenteninteresse zu angemessener Durchsetzung zu verhelfen (Scherhorn, 1975, S. 121).

Träger der Verbraucherpolitik sind neben staatlichen Instanzen eine Reihe von staatlich geförderten Institutionen der Interessensvertretung.

In der Bundesrepublik Deutschland bestehen beispielsweise die Arbeitsgemeinschaft für Verbraucher, Verbraucherzentralen, die Stiftung Warentest, die Stiftung Verbraucherinstitut und in Österreich der Verein für Konsumenteninformation. Diese Institutionen repräsentieren entweder die Verbraucherinteressen oder sie liefern für Verbraucherarbeit benötigte Dienstleistungen wie z. B. Beratung oder Informationen.

Die Instrumente, die üblicherweise von den Institutionen der Verbraucherpolitik eingesetzt werden, sind:

- Verbraucherinformation
- Verbraucherschutz
- Verbraucherbildung.

– Verbraucherinformation

Aufgabe der Verbraucherinformation ist es, den Konsumenten mit möglichst aktuellen Informationen über Preise, Qualitäten, Sicherheit usw. von Produkten und Dienstleistungen zu versorgen. Dadurch sollen die Unübersichtlichkeit und die einseitige, anbieterorientierte Information beseitigt werden.

– Verbraucherschutz

Zum Verbraucherschutz werden Vorschriften rechtlicher Art gerechnet, die Auswirkungen von Konsumprozessen, die für den Verbraucher negativ sind, von vornherein vermeiden, sowie rechtliche Vorschriften, die eine nachträgliche Korrektur von den Konsumenten zugefügten Schäden bezwecken.

Es ist allerdings fragwürdig, ob denkbare Gefährdungen oder Schäden von vornherein durch die Gesetzgebung geregelt werden können. Der gesetzlich geregelte Konsumentenschutz reicht hier etwa von der Produktkennzeichnungspflicht, Schutz vor überhöhten Preisen (Mietrechtsgesetz), Schutz von Qualitätsstandards (Lebensmittelgesetz, Arzneimittelgesetz) bis zur Gewährleistungshaftung von Produzenten.

– Verbraucherbildung

Aus der Erkenntnis, daß der Mensch ein Leben lang als Konsument in das Wirtschaftsgeschehen involviert und dadurch allen davon ausgehenden Einflüssen ausgesetzt ist, resultiert die Forderung nach Verbrauchererziehung und -bildung. Verbraucherbildung wird als lebensbegleitendes Erfordernis angesehen, zumal es auch lebenszyklusspezifische Verbraucherprobleme gibt, deren Lösung nicht ein für alle mal in der Schule gelernt werden kann. Daneben unterliegt auch die Wirtschaft einem ständigen Wandel, die Aufnahme neuen Wissens seitens des Verbrauchers erfordert.

Als Folge der Verbraucherbildung sollte der Konsument fähig sein, sozioökonomische Zusammenhänge bezüglich seiner Verbraucherrolle zu erkennen, seine Mittel durch selbstbestimmtes Handeln optimal einzusetzen, Bedürfnisse selektiv zu befriedigen, und außerdem selbst in der Verbraucherpolitik aktiv sein. Neben der in Schulen praktizierten Verbraucherbildung versuchen vor allem Konsumentenvereinigungen und Verbraucherberatungsstellen diese Ziele zu erreichen.

Die derzeit praktizierte Verbraucherpolitik richtet sich nur auf das kommerzielle Marketing, die Belange im gesundheitlichen, kirchlichen oder politischen Bereich aber blieben bislang völlig unberücksichtigt. Die Berücksichtigung dieser Bereiche würde allerdings eine Ausdehnung des bisher verwendeten Konsumentenbegriffes erfordern.

Literaturverzeichnis zu IV,2

Einführende Literatur

Bievert, B., Grundzüge der Verbraucherpolitik in der Bundesrepublik Deutschland, in: Hansen, U., Stauss, B., Riemer, M. (Hrsg.) Marketing und Verbraucherpolitik, C. E. Poeschel, Stuttgart 1972.

Hansen, U., Stauss, B., Marketing und Verbraucherpolitik – Ein Überblick, in: Hansen, U., Stauss, B., Riemer, M. (Hrsg.), Marketing und Verbraucherpolitik, C. E. Poeschel, Stuttgart 1972.

Kroeber-Riel, W., Konsumentenverhalten, Vahlen, München, 3. Aufl. 1984.

Kroeber-Riel, W., Meyer-Hentschel, G., Werbung, Steuerung des Konsumentenverhaltens, Physica-Verlag, Würzburg, Wien 1982.

Mähling, F. W., Manipulation des Konsumenten durch suggestive Werbung?, in: Markenartikel, Januar 1983.

Nieschlag, R., Dichtl, E., Hörschgen, H., Marketing, Duncker & Humblot, Bonn, 14. Aufl. 1985.

Rosenstiel, L. v., Psychologie der Werbung, Komar-Verlag, Rosenheim 1969.

Weiterführende Literatur

Auer, M., Kalweit, V., Nüssler, P., Product Placement, Econ-Verlag, Düsseldorf 1988.

Bruhn, M., Sponsoring, Th. Gabler, Wiesbaden 1987.

Hansen, U., Stauss, B., Riemer, M. (Hrsg.) Marketing und Verbraucherpolitik, C. E. Poeschel, Stuttgart 1982.

Scherhorn, G., Verbraucherinteresse und Verbraucherpolitik, Schwartz, Göttingen 1975.

Wiswede, G., Soziologie des Verbraucherverhaltens, Ferd. Enke-Verlag, 1972.

Sachregister

L

M

N

O

P

Q

R